基诺族语言使用现状及其演变
The *Status Quo* and Evolution of Language Use of the Jinuo Nationality

戴庆厦　主编

Edited by
Dai Qingxia

作者　戴庆厦　罗自群　田　静
　　　金海月　吴　铮　蒋光友
　　　时　建　邱　月　赵　敏

Authors　Dai Qingxia　Luo Ziqun　Tian Jing
　　　　Jin Haiyue　Wu Zheng　Jiang Guangyou
　　　　Shi Jian　Qiu Yue　Zhao Min

商务印书馆
The Commercial Press
Beijing

图书在版编目(CIP)数据

基诺族语言使用现状及其演变/戴庆厦主编.—北京：商务印书馆,2007
(新时期中国少数民族语言使用情况研究丛书)
ISBN 978-7-100-05372-3

Ⅰ.基… Ⅱ.戴… Ⅲ.基诺语—语言调查—调查研究—中国 Ⅳ.H249

中国版本图书馆 CIP 数据核字(2007)第 023270 号

所有权力保留。
未经许可，不得以任何方式使用。

JĪNUÒZÚ YǓYÁN SHǏYÒNGXIÀNZHUÀNG JÍQÍ YǍNBIÀN
基诺族语言使用现状及其演变
戴庆厦　主编

商　务　印　书　馆　出　版
(北京王府井大街36号　邮政编码 100710)
商　务　印　书　馆　发　行
北京瑞古冠中印刷厂印刷
ISBN 978-7-100-05372-3

2007年6月第1版　　　开本 787×1092　1/16
2007年6月北京第1次印刷　印张 16　插页 6
定价：38.00元

调查组成员与基诺族长老沙车一家

目 录

第一章 绪论 ··· (1)
　第一节 开题缘由 ··· (1)
　第二节 基诺族概况 ··· (2)
　第三节 调查设计 ··· (7)

第二章 基诺语使用的现状及其成因 ······································· (12)
　第一节 基诺语是基诺族最重要的交际工具 ··························· (12)
　第二节 基诺语稳定使用的条件和因素 ································· (34)

第三章 基诺族全民双语制的建立及其成因 ······························ (43)
　第一节 基诺族全民双语制的建立 ······································ (43)
　第二节 基诺族全民双语制的成因 ······································ (51)

第四章 基诺语受汉语影响引起的变化 ···································· (60)
　第一节 基诺语中的汉语借词 ··· (60)
　第二节 受汉语影响引起的语音变化 ··································· (72)

第五章 青少年语言状况的新问题 ·· (85)
　第一节 部分青少年母语能力的减退 ··································· (85)
　第二节 极少数少年儿童不懂母语 ······································ (98)

第六章 预测 ·· (104)
　第一节 基诺族语言使用情况的启示 ··································· (104)
　第二节 对基诺语使用今后演变的预测 ································ (105)

附录
　一 村寨个案调查材料 ·· (108)

二　访谈录 …………………………………………………………………（194）
三　基诺语五百词测试表 …………………………………………………（213）
四　调查日志 ………………………………………………………………（230）
五　调查表及调查问卷选登 ………………………………………………（235）
六　照片 ……………………………………………………………………（245）

参考文献 ………………………………………………………………………（247）

后记 ……………………………………………………………………………（248）

Contents

Chapter 1 Introduction ⋯⋯ (1)
   1.1 A brief account of the program ⋯⋯ (1)
   1.2 A survey of the Jinuo nationality ⋯⋯ (2)
   1.3 Designing of the investigation ⋯⋯ (7)

Chapter 2 The *Status Quo* of Use of Jinuo and Contributing Factors ⋯⋯ (12)
   2.1 Jinuo as the most important tool of communication for the Jinuo nationality ⋯⋯ (12)
   2.2 The conditions and factors contributing to the stable use of Jinuo ⋯⋯ (34)

Chapter 3 The Establishment of Universal Bilingualism and its Contributing Factors ⋯⋯ (43)
   3.1 The establishment of universal bilingualism ⋯⋯ (43)
   3.2 The factors contributing to the establishment of universal bilingualism ⋯⋯ (51)

Chapter 4 Evolution of Jinuo under the Influence of Mandarin Chinese ⋯⋯ (60)
   4.1 Mandarin Chinese loanwords in Kjy^{44}no^{44} ⋯⋯ (60)
   4.2 Phonological variations with Mandarin Chinese impact ⋯⋯ (72)

Chapter 5 New Problems with the Teenager Use of Jinuo ⋯⋯ (85)
   5.1 Decline of some teenagers' mother tongue competence ⋯⋯ (85)
   5.2 Incompetence to use Jinuo with a tiny minority of teenagers ⋯⋯ (98)

Chapter 6 Predicting the Future Evolution of Jinuo ⋯⋯ (104)
   6.1 Rethinking the *status quo* of use of Jinuo ⋯⋯ (104)
   6.2 A tentative prediction of the future evolution of Jinuo ⋯⋯ (105)

Appendices

Cases of Village Investigation ……………………………………… (108)

Interviews ……………………………………………………………… (194)

10 Test Forms of 500 Jinuo Words ………………………………… (213)

Selected Forms and Questionnaires ………………………………… (230)

The Journal of Investigation ………………………………………… (235)

Photographs …………………………………………………………… (245)

References ……………………………………………………………… (247)

Postscript ………………………………………………………………… (248)

第一章 绪论

在我们这样一个多民族国家里，进入现代化建设的过程中，人口较少的民族与主体民族的语言竞争中，能否独立地、稳定地保持母语的使用，不至于出现语言功能衰退，或走向濒危，这是语言关系研究中的一个重大理论问题。这个问题的研究，不仅具有理论意义，而且还具有很强的应用价值。

为了帮助读者理解本书所要论述的问题，本章将先介绍本课题的开题缘由、基诺语使用有关社会背景，并交待调查工作中涉及的一些方法问题，包括调查点的选择、语言能力的区分、调查问卷的设计以及调查方法等问题。

第一节 开题缘由

语言是民族的重要特征之一。语言的使用和变化与民族的发展和变化息息相关。语言还是文化的一个重要组成部分，与民族的其他文化特征的保存与发展，诸如文化、习俗、宗教等密切相关。任何一个民族都会十分关心自己语言的状况及其发展的前途，对母语使用的变化都会有敏感性。

基诺族是我国55个少数民族中人口较少的一个民族，使用着属于汉藏语系藏缅语族彝语支的一种语言。长期以来，基诺语是基诺族的主要交际工具，负载着基诺族丰富的传统文化内容，是基诺族智慧的结晶。基诺语是我国百花园里众多语言的一种，与其他民族语言一样具有同等的珍贵价值。

但是，语言学界对基诺语当前的使用状况并不很清楚，特别是对它的历史变化还缺乏理性的认识。有许多重要的问题摆在我们面前，需要我们去调查、去分析、去认识。比如：像基诺族这样一个人口少的民族，在强势语言汉语、亚强势语言傣语的包围下，是否还能健全地保持下去，其使用状况究竟如何？应当怎样对其使用状况做出比较准确的估量和科学的回答？制约基诺语使用的因素究竟是什么，应当怎样从共时和历时、内部和外部、局部和全局的不同角度进行综合分析？半个多世纪以来，基诺族的语言使用经历了重大的变化，其特点和规律是什么，是什么因素使得基诺族能够在上世纪80年代实现了由全民单语到全民双语的类型演变？基诺族普遍掌握汉语的动力和条件又是什么？再说，基诺族能在较短的时间成为双语民族是由什么因素决定的，这对加快我国少数民族地区的双语进程能有什么启示？

基诺族随着与汉族交往的日益密切，以及文化教育水平的不断提高，基诺语受汉语的影响也不断增多，语言结构的特点发生了一定的变化。应当怎样认识基诺语受汉语影响所发生的变化，这是语言学研究的一个重要课题。

随着改革开放的不断发展，基诺族的一些封闭的地区已逐渐走向开放，外地来基诺山经营或打工的人越来越多，不少基诺族人出外工作或打工。在这样的形势下，青少年的母语能力有的出现减弱的现象，有的甚至出现了语言转用。应当怎样认识这种变化，其变化的"度"又如何？这也是我们所要关注的。

基诺语伴随着基诺人的历史已经走过了漫长的道路，今后还将沿着历史的轨迹继续向前走。基诺族的未来将是怎样一幅情景，应当怎样预测基诺语的走向，这虽然是一个难题，但却是人们所关心的一个新问题。预测语言的未来不是一件易事，因为语言的发展往往受到多种因素、多种条件的制约，但人们总是要关心语言的未来，总是要对语言的未来做些可能的预测。

为了认识基诺族语言使用的现状和历史变迁，我们中央民族大学"985工程"创新基地"基诺族语言使用情况课题组"一行8人，于2006年6月28日赴云南省西双版纳傣族自治州景洪市基诺山基诺族乡（以下简称基诺乡）进行近一个月的田野调查。在当地干部、群众的大力支持下，我们获得了大量的第一手材料，并形成了对基诺族语言使用现状及历史变迁的一些认识。

第二节 基诺族概况

基诺语是属于基诺族的语言，所以只有联系基诺族的社会情况，才有可能准确地把握基诺语使用的基本特点。

一 基诺族的人口、分布及历史沿革

基诺族是我国人口较少的民族之一，共有人口20899人（2000年）。基诺族是一个高度聚居的民族，主要分布在云南省西双版纳傣族自治州景洪市基诺山基诺乡，约有11400人，占基诺族总人口的53.2%。此外，在景洪市的勐旺乡补远村、勐养镇、大渡岗镇、勐腊县的勐仑镇和象明乡等地也有分布，约有5000人，占总人口的23.9%。基诺族人口主要分布在农村，城镇人口的比例很小。见图1-1：

新中国建立前，基诺族仍然处于刀耕火种、刻木记事的原始社会末期向阶级社会过渡的农村公社阶段。新中国成立以后，基诺族从原始社会直接跨入社会主义社会。1979年6月6日，基诺族被国务院正式确认为一个单一的民族，成为我国20世纪最后确认的一个少数民族。

图 1-1

基诺族自称 kjy^{44}no^{44} "基诺"。在零星的汉文文献记载中被称为"攸乐"。这种称谓一直沿袭至今。在当地汉语方言中,称"基诺族"为"攸乐族",称"基诺话"为"攸乐话",称"基诺山"为"攸乐山"。本民族也使用"攸乐"这一名称。确定为单一民族后,统一称"基诺族"。

基诺族与彝、哈尼、傈僳等彝缅语民族一样,都是原始氐羌人的后代。他们的祖先最早居住在今中国的西北部,后逐渐南迁到中国的南部。基诺语属汉藏语系藏缅语族彝语支。与彝、哈尼、傈僳、纳西、拉祜等语言比较接近。基诺族没有文字。

二 基诺乡基本情况

基诺乡位于西双版纳傣族自治州中部,景洪市的东北部,是景洪市的两个民族乡之一。地处东经101°,北纬22°,属亚热带北缘山区。全乡东西长约70公里,宽约50公里,总面积约为622.9平方公里。基诺乡乡政府距离景洪市政府所在地约27公里。全乡东距勐腊县勐仑镇42公里,西距勐养镇19公里。南连橄榄坝(勐罕镇),北邻大渡岗乡。小腊公路(小勐养——勐腊)自西北向东南穿乡而过。

基诺山地势东北部高,东南部低,最高海拔1691.6米,最低海拔750米,相差941.6米。境内气候温和,年平均气温在18—20℃左右,雨量充沛,适宜种植橡胶、茶叶和砂仁等热带经济作物。历史上，基诺山位居盛产普洱茶的六大茶山之首。清初曾在龙帕寨设过茶场。现在基诺山已成为西双版纳自治州生产绿色环保茶的重要基地。

十一届三中全会以前，基诺乡仍然是"吃粮靠返销，花钱靠救济"的贫困乡。改革开放后，基诺乡进行了山区开发规划，实行"以林为主，多种经营，全面发展"的方针，形成了以橡胶、茶叶、砂仁为支柱产业，水果、畜牧等为辅助产业的山区经济发展格局。如今已是村村通公路、通自来水、通电，电视、电话、手机、摩托车已经基本普及，不少人家还购买了拖拉机、微型汽车和卡车。基诺乡呈现出一派欣欣向荣、蒸蒸日上的新景象。

基诺乡现辖7个村委会，包括45个村民小组和1个种植场。全乡各村委会、组民小组的人口统计（2005年）如下：

表 1-1

序号	村委会	村民小组	户数	总人口	男	女
1	巴亚	巴亚新寨	106	468	247	221
		巴亚中寨	73	310	163	147
		札果	78	378	197	181
		札吕	75	305	121	184
		巴破	89	359	177	182
		茶地	45	186	102	84
		6个组小计	465	2006	1007	999
2	司土	司土老寨	80	307	143	164
		司土小寨	42	177	82	95
		巴伞二队	85	337	207	130
		回鲁	62	276	140	136
		回珍	44	205	109	96
		巴秀	56	256	129	127
		阿波	36	125	64	61
		7个组小计	405	1683	873	810
3	巴来	巴来下寨	74	342	175	167
		巴来中寨	86	366	189	177
		巴来小寨	74	336	173	163
		巴昆	40	214	112	102
		普细	13	51	26	25
		小巴伞	49	223	110	113
		巴伞一队	68	318	166	152
		7个组小计	404	1850	951	899

4	新司土	司土新寨	58	236	126	110
		巴朵	63	295	181	114
		巴飘	55	239	119	120
		洛特	58	243	135	108
		么卓	71	289	142	147
		亚诺	108	357	184	173
		6个组小计	413	1659	887	772
5	洛特	洛特二队	28	117	69	48
		洛特老寨	34	145	77	68
		曼哇老寨	25	106	66	40
		曼武	28	102	58	44
		曼贵	33	128	71	57
		么羊	27	125	65	60
		帕尼	47	173	94	79
		7个组小计	222	896	500	396
6	巴卡	巴卡新寨	46	165	87	78
		巴卡老寨	67	257	136	121
		巴卡小寨	69	255	128	127
		巴别	40	146	92	54
		洛科大寨	30	130	56	74
		洛科新寨	28	136	87	49
		银场上寨	10	44	18	26
		银场下寨	25	125	57	68
		种植场	15	63	31	32
		9个组小计	330	1321	692	629
7	茄玛	生牛	52	195	124	71
		曼哇新寨	44	198	101	97
		巴亚老寨	76	316	175	141
		茄玛	27	120	58	62
		4个组小计	199	829	458	371
8	乡机关单位	乡政府等	460	1156	611	545
	合计		2898	11400	5979	5421

基诺乡的主体民族是基诺族。全乡共有 11400 人,其中基诺族有 11112 人,占全乡总人口的 97.5%。还有少数其他民族的人口,包括汉族 175 人,占 1.5%,哈尼族 89 人,占 0.7%,拉祜族 14 人,占 0.1%,傣族 8 人,仅占全乡总人口的 0.1%。他们杂居在基诺族之中。各村委会人口的民族分布(2006 年)如下:

表 1-2

序号	村名	全村人口	基诺	汉	哈尼	拉祜	傣	佤	其他
1	巴亚	2006	1993	6	6	0	1	0	0
2	司土	1683	1659	10	9	5	0	0	0
3	巴来	1850	1835	11	3	1	0	0	0
4	新司土	1659	1643	9	7	0	0	0	0
5	洛特	896	883	11	2	0	0	0	0
6	巴卡	1321	1304	13	4	0	0	0	0
7	茄玛	830	827	3	0	0	0	0	0
8	乡机关单位	1155	965	112	58	8	7	1	4
合计		11400	11112	175	89	14	8	1	4

这次调查,我们一共走访了基诺乡的 9 个村民小组和乡机关单位,共计 10 个调查点。这 10 个点的民族成分及人口数字如下:

表 1-3

调查点	户数	总人口	基诺	汉	哈尼	拉祜	傣	佤	彝	回	瑶	布朗
巴朵	61	290	274	6	7	1	0	1	1	0	0	0
巴亚老寨	76	311	311	0	0	0	0	0	0	0	0	0
巴秀	54	255	252	3	0	0	0	0	0	0	0	0
幺羊	28	134	130	4	0	0	0	0	0	0	0	0
巴亚新寨	100	435	430	2	0	0	1	0	0	0	0	2
巴破①	85	321	318	1	2	0	0	0	0	0	0	0
洛科新寨	24	121	115	4	1	0	0	0	0	0	1	0
巴昆	39	196	186	8	0	0	0	0	2	0	0	0
洛科大寨	29	121	121	0	0	0	0	0	0	0	0	0
乡机关单位②	123	330	197	73	21	16	4	0	11	8	0	0
合计	620	2514	2334	101	31	17	5	1	14	8	1	2

① 因到巴破上门的外族女婿的户籍均保留在原籍,故不计在巴破村的总人口数之内。特此说明。
② 该栏数据为抽样调查数据。

第三节　调查设计

一　调查方法的宏观把握

我们使用的方法,主要是个案穷尽调查和点面结合。为此,我们先后到一些有代表性的村寨逐户进行语言使用情况的调查,还到中小学、机关、集市、医院等单位进行调查,并走访了村民、村寨长老、基层干部、教师学生等各方面有代表性的人物。计有:村寨的个案调查有10个,调查对象涉及2000多人,访谈对象有160多人,语言能力测试40多人。

事实是永恒的,语料具有最珍贵的价值。我们力图在本书中多反映一些我们这次田野调查的材料,并在感性认识的基础上形成一些理性的认识。如果能把基诺族现时的语言使用和语言变化做一全面描述,能为这一领域的研究提供比较丰富的语料,而且能有一些理性认识,也就心满意足,也算是达到了我们的目的了。

我们在调查、研究中,重视不同学科的整合。这种整合,坚持以语言学为主,综合民族学、人类学、文化学的知识和方法对个案进行综合分析,试图通过不同学科的知识和方法的有机结合,对调查对象进行科学的、合理的解释。一个月的调查实践,证明上述的宏观把握是可行的,可操作的。

二　关于调查点的选择

语言使用的差异往往与地理分布密切相关。我们根据地理位置的不同来选择调查点。我们一共选取了7个村委会的9个自然村,加上乡机关单位,一共是10个点作为主要调查对象。从整体的地理位置上看,调查范围是以新司土村巴朵组为中心,向全乡各个村辐射。见图1-2:

这10个点分属以下四种类型:

1. 国道沿线型:如巴朵组、巴破组、乡机关单位,位于小腊公路沿线。巴朵是全乡45个自然村中距离乡政府最近的一个村,距离乡政府1.3公里。巴破距离乡政府约4公里。巴破近年来大力发展旅游业,已建成基诺山民族山寨旅游点,并正式对外营业。预计在不远的将来,旅游业将成为巴破重要经济来源之一。巴朵组和巴破组的基诺语保存完好。乡机关单位的基诺语使用与年龄段有关,中老年基诺语熟练的比较多,青少年的基诺语熟练的很少,水平多为一般或略懂。

2. 乡(村)道沿线型:巴亚新寨、巴亚老寨。巴亚新寨是1960年从巴亚老寨分出来的新寨,距离乡政府约7公里。巴亚老寨距离乡政府约27公里。均已通乡村公路,较好的路段由碎石铺就而成,不好的路段完全是黄土路面,下雨天车辆无法通过。当地人称这样的路为"毛路"。基诺乡的第一个人民政权、生产文化站以及第一所小学,于1956年左右在巴亚老寨

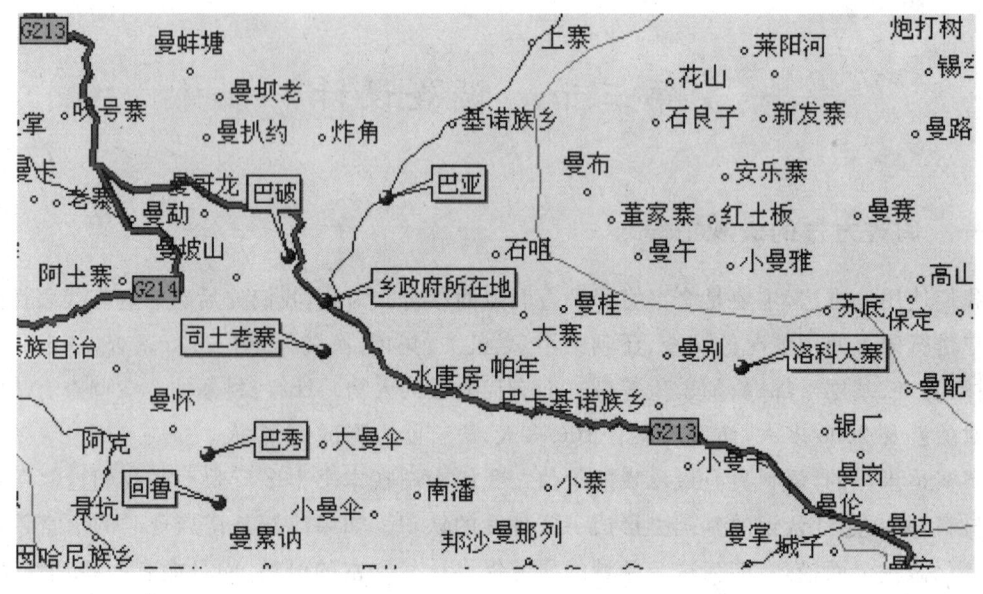

图 1-2

成立。

3. 橄榄坝型：巴秀、巴昆。在地理位置上，与橄榄坝傣族地区靠近，相距十几到二十几公里不等。与其他村相比，距离乡政府较远，没有直达的公路相连。在行政管辖上，属基诺乡管辖。要去乡政府办事，必须先到橄榄坝，然后到景洪市转车至基诺山。他们以种植橡胶为主，由于种植时间较早，割胶面积较大，经济水平比基诺山这边的村寨更高一些。特别是巴昆组，人均经济收入在全乡名列前茅，今年的人年均收入将达到 8000 元。虽然与傣族村落相邻近，但基诺语保存得很好。

4. 茶马古道沿线型：么羊（普米）、洛科大寨、洛科新寨。基诺山历史上位居盛产普洱茶的六大茶山之首。茶马古道是古代重要的商业栈道，至今仍清晰可见。它穿越基诺乡全境，东联勐仑，西接勐养，绵延数百公里。自称"本人"的基诺族主要分布在么羊、洛科大寨、洛科新寨，多使用汉语。18 岁以下的青少年大多转用汉语，中青年的基诺语一般或略懂，甚至有的老人也不会说基诺语。除这 3 个寨子外，曼武、银场上寨和银场下寨等组的基诺族不会说基诺语。据介绍，这几个寨子的部分基诺族原本是汉族，长期与基诺族杂居在一起，互相通婚，在报民族成分时均改报成了基诺族。

三　语言能力等级的划分

不同地区、不同年龄、不同民族的人的基诺语水平是有差异的。为了比较贴近实际地认识基诺族语言使用的现状和特点，我们对语言能力的等级进行了划分。语言能力一般包括听、说、读、写四项基本技能，但对于无文字的语言来说，则不要求具有读、写两项技能，只能从听、说两个方面来考察他们的语言能力。根据实际需要还将听、说技能进一步细分。比如,单从能够听懂或说出的内容的多寡、深浅,区分出强、弱、不会三个层次来。

依据听、说的标准,我们把操用基诺语的人的语言能力分为四个等级:熟练、一般、略懂和不会。不同等级与听说能力强弱的关系见下表("＋"表示能力强,"－"表示能力弱,"○"表示不会):

表 1-4

等级	听的能力	说的能力	能否交际
熟练	＋	＋	能
一般	＋	－	能
略懂	－	○	部分
不会	○	○	不能

具体说来,这四个等级的定位是:(1)"熟练":指能在日常生活中自如地运用基诺语进行交际,听、说能力俱佳。基诺乡土生土长的基诺族多属于这种情况。(2)"一般":指能听懂基诺语,也会说,但在日常生活中多说汉语当地方言。一些来基诺山投婚者(嫁来的媳妇或上门的女婿,包括汉族、哈尼族、拉祜族等)的外族人多属于此类。他们在该地区生活了较长时间(大多是十年、二十年以上),已能听、说基诺语,而且有的已算在基诺族人口之内。(3)"略懂":指只能听懂简单的会话,一般不说。到基诺山生活时间不长(约三五年不等)的人、乡机关单位中长大的少量青少年属于此类。(4)"不会":指既听不懂基诺语,也不会说基诺语。刚到基诺山定居的外地人和乡机关单位中极少数儿童属于这种情况。

概而言之,"熟练"级和"一般"级的人具有基诺语的交际能力,而"略懂"级具有基诺语的部分交际能力,"不会"级的人则完全不具有基诺语的交际能力。

四　年龄段的划分

语言能力在不同年龄段上会或多或少地出现差异,可称之为语言使用的"代际性特点"。基诺族的情况也是这样。不同代际的人(包括祖父母辈、父母辈和子女辈以及孙子女辈等)的语言能力有所差异,而且差异是有规律的。

从整体上来观察,基诺族使用母语的差异可以划分出四个年龄段:(1)小学段或儿童段:6—12岁;(2)中学段或少年段:13—18岁;(3)中青年段:19—59岁;(4)老年段:60岁以上。由于6岁以下儿童的语言能力不稳定,所以我们把调查对象的年龄划在6岁以上。19—59岁这一年龄段相差40岁,实际上涵盖了青年和中年两个年龄段。之所以把这两个年龄段合二为一,是考虑到这两个年龄段的人的语言能力已经比较成熟、稳定,不容易改变。虽然青年人和中年人的语言能力存在一些差异,但同大于异,而且差异不大,可以不必区分。

五 机关单位抽样调查方法

基诺语的使用在村寨内部不同人中差异较小,但在乡机关单位内,不同人使用基诺语存在较大的差异,具有不同于村寨的特点。基诺乡共有 16 个机关单位,包括乡政府、农技站、信用社、税务所、财政所、兽医站、林业站、农业综合服务中心、外贸站、二道班、供销社茶场、乡镇企业种植场、中心小学、中学、粮管所、乡镇企业办和土地所。我们从中随机抽样出 6 个单位进行调查:粮管所、中学、供销社茶场、二道班、乡镇企业种植场和卫生院。这 6 个单位中的户数、人口及民族分布情况具体如下:

表 1-5

序号	单位	户数	人口	民族成分						
				基诺	汉	哈尼	彝	傣	拉祜	回
1	粮管所	14	44	43	1	0	0	0	0	0
2	中学	39	65	32	28	0	2	2	1	0
3	供销社茶场	8	32	0	27	5	0	0	0	0
4	二道班	17	88	10	36	12	6	1	15	8
5	乡镇企业种植场	17	62	58	2	0	1	0	0	0
6	卫生院	18	39	27	5	4	2	1	0	0
	合计	113	330	197	73	21	11	4	16	8

从表 1-5 可以看出,乡机关单位不像各个村寨那样民族成分较为单一,其职工的民族成分较多。比如,在二道班的 17 户职工家庭中,共有 7 个民族,其中,汉族人口最多,占 40.9%,拉祜族其次,占 17.0%,基诺族比例较小,只占到 11.4%。据了解,现今的二道班是在 1986 年与勐养镇的一道班合并而成的。在道班成立之初,职工主要来自外地,因为基诺山本地的基诺族都不愿意做这项工作。又如,供销社茶场的 32 名人员中,汉族有 27 人,占 84.4%,却没有一个是基诺族。通过了解,我们得知在上世纪 90 年代初期(约在 1993 年前后),乡供销社营业状况不佳,职工不能按时领到工资,于是当时的供销社领导决定开办茶场来扭亏转盈,从墨江县(属思茅地区管辖)调配一些哈尼族和汉族的职工。茶场位于乡镇企业种植场的北面,这些外来职工聚居在这里,不与基诺族杂居在一起,所以他们虽然到基诺山定居生活了十来年,仍然没有学会基诺语。

乡机关单位的工作语言主要是汉语和基诺语。平时基诺族之间都使用基诺语,不同民族之间都说汉语。公务人员的基诺族家庭,语言使用情况各有不同:有的家庭父母之间使用基诺语,与子女交流则使用汉语当地方言;也有少数家庭内部仍然使用基诺语。

我们对乡机关单位的调查范围,仅限于基诺族家庭。凡家庭成员中有基诺族的,我们都把它归入"基诺族家庭"类型。还有一种情况是,户主在基诺乡工作,但家在外地,或者尚未婚配,家庭成员只有 1 人，我们就不把它作为调查对象。这种情况在基诺山民族中学特别突出，共有 24 户。排开以上这些家庭，共留下 41 户。下面是这 41 户的人口数字和民族成分表：

表 1-6

序号	单位	户数	人口	民族			
				基诺	汉	哈尼	彝
1	粮管所	12	40	39	1	0	0
2	中学	7	23	22	1	0	0
4	二道班	2	7	5	1	1	0
5	乡镇企业种植场	16	59	56	2	0	1
6	卫生院	4	16	14	1	0	1
	合　计	41	149	140	6	1	2

六　调查阶段的划分

我们的调查分为四个阶段。第一个阶段是准备阶段，调查组成员先熟悉与课题有关的资料，制定调查计划和调查大纲，设计调查问卷和调查表。第二个阶段是进村入户调查，积累第一手材料，并酝酿终极成果的写作提纲。第三阶段是讨论写作提纲，分工。第四阶段是写作阶段。在写作过程中，有意识地补充调查所缺少的材料。（详见附录"调查日志"）

第二章 基诺语使用的现状及其成因

本章主要使用调查组实地调查的材料,分析基诺语使用的现状,确定基诺语在基诺族现实生活中的活力,并分析形成这种使用现状的各种因素。

第一节 基诺语是基诺族最重要的交际工具

我们从不同村寨、不同代际(年龄段)、不同场合和不同时期等视角,对基诺语的使用情况进行全方位、多角度、立体式的考察。重视共时与历时相结合,考察不同的时间、空间、使用者、使用场合下基诺语使用的共性和差异。

基诺语使用的基本特点是:1.基诺语是基诺族日常生活中最重要的交际工具。2.基诺语仍然具有较强的活力,但在不同村寨、不同代际(年龄段)、不同场合的使用有一定差异。3.基诺语在少数地区、少数人中出现衰退迹象。

一 基诺语是基诺族日常生活中最重要的交际工具

我们选择了7个村委会中的9个村民小组以及乡机关单位共10个点进行调查,逐一统计了每个家庭、每位成员的姓名、性别、年龄、民族、文化程度、基诺语和汉语(有的还有第三语言)的语言能力。为了区别主次,我们把10个村落(包括乡机关单位)分为两种类型:一是中心区类型,包括6个带"巴"字头的村寨。这一类型人口占绝大多数,基诺语保存最好。各寨的使用特点也比较一致。另一是边缘区类型,包括其他4个非"巴"字头的村寨。由于长期的历史原因,这一类型的基诺语使用不太普遍。

现先介绍中心区的基诺语使用情况。

(一) 6个村寨的基诺语使用情况考察

我们根据中心区语言使用的不同类型,选择了6个调查点进行穷尽式的调查、统计。调查对象是6岁以上(含6岁)、有正常语言功能的人,还包括少量来基诺乡定居的外族人。具体情况如下:

表 2-1

| 调查点 | 总人口 | 熟练 || 一般 || 略懂 || 不会 ||
		人口	百分比	人口	百分比	人口	百分比	人口	百分比
巴秀	252	252	100	0	0	0	0	0	0
巴亚老寨	303	302	99.7	1	0.3	0	0	0	0
巴亚新寨	434	431	99.3	3	0.7	0	0	0	0
巴破	310	307	99.0	3	1.0	0	0	0	0
巴朵	280	270	96.4	7	2.5	3	1.1	0	0
巴昆	184	168	91.3	13	7.1	3	1.6	0	0
合计	1763	1730	98.1	26	1.5	7	0.4	0	0

从表 2-1 可以看出，中心区 6 个调查点的基诺语使用情况非常一致。表现在两个方面：一是各村寨熟练使用基诺语的比例都很高，平均值是 98.1%。巴秀、巴亚老寨、巴亚新寨、巴破的"熟练"级比例均在 99% 以上。其中，巴秀的"熟练"级比例最高，达 100%。"熟练"级比例最低的巴昆组，也达到 91.3%。绝大多数人熟练使用基诺语的客观事实，表明现阶段中心区的基诺语仍保持着强大的生命力，没有濒危的迹象。

二是各村寨中基诺语水平属"不会"级的人数均为零，说明在中心区既不会听、也不会说基诺语的人是不存在的。表 2-1 的数据显示，各村寨中基诺语水平属"略懂"级的比例也很低，6 个调查点总共只有 7 人，占调查总人口的 0.4%。

中心区的巴秀、巴亚老寨、巴亚新寨和巴破 4 个村寨中都没有基诺语属"略懂"级的人。也就是说，这 4 个组的人的基诺语水平都高于"略懂"级。上文说过，这 4 个组的 99% 以上的人的基诺语都是"熟练"级。

总的来看，基诺语在中心区各村寨仍然保留完好。下面我们对表 2-1 的统计数据作进一步分析。

(1) 表 2-1 属"熟练"和"一般"级的，均能听懂也会说基诺语，二者都具有基诺语的交际能力。把"熟练"和"一般"两级的人数相加所得到的和，就是会说基诺语的人数。这个人数是 1756 人，占总人口的 99.6%。比例如此之高，说明中心区的基诺族在日常生活中说的最多的语言是基诺语，使用最频繁的语言也还是基诺语。

(2) 表 2-1 属"略懂"级的，虽然不会说基诺语，但能听懂简单的日常会话。所以，如果我们把"熟练"、"一般"和"略懂"三级的人数相加得到的和，即是能听懂基诺语的人数。这个数字是 1763 人，占 100%。这就是说，凡有正常语言机能的人（不包括 6 岁以下的儿童以及因聋哑、智障等造成语言功能有障碍的人），均能听懂基诺语。在中心区，完全不会基诺语的人是不存在的。

(3) 表 2-1 属"熟练"级的，在日常生活中主要说基诺语。也就是说，熟练级的人以基诺语为主要的交际工具,共有 1730 人,占总人口的 98.1%。据我们观察,基诺语水平属"一般"级的人在日常生活中,大多数时间说的是汉语(当然偶尔也说基诺语)。而基诺语水平属"略懂"级的人在生活中只会说汉语,不说基诺语。"一般""略懂""不会"这三级人数相加所得的和,即是在日常生活中不说基诺语、以汉语为主要交际语言的人。这个数字是 33 人,占总人口的 1.9%。很显然,基诺语是基诺族群众在日常生活最主要的交际语言。

我们在村寨里调查时见到的情景与以上调查数据是一致的。从刚踏进村寨到调查结束的整个过程,我们耳边自始至终萦绕着基诺语。无论是男女老少之间,还是在家庭内外,大家都用基诺语打招呼、自由交谈。虽然绝大多数的基诺族都会说汉语,但他们却乐意使用自己的母语——基诺语。我们与调查对象交谈时用的是汉语,但中途来了其他基诺族老乡,他们之间就马上转用基诺语交谈。我们几乎没有见到基诺族之间不用基诺语对话的。在基诺山近一个月的调查生活中,我们最强烈的感觉是,基诺语在基诺族群众生活中不可或缺,这里的社会生活和家庭生活要靠基诺语来维系,基诺族之间的感情、信息要靠基诺语来传递。

这 6 个点基诺语的使用虽然大体一致,但也存在细微的差异。在表 2-1 中,按照从上至下的排列顺序,各村寨"熟练"级的比例依次渐降,而"一般"和"略懂"级的比例则依次渐升。特别值得注意的是,巴朵、巴昆两组中属"一般"级和"略懂"级的比例明显高于其他组。原因何在?这与这几个村寨的交通相对方便,经济发展情况相对较好,以及族际婚姻家庭比例较高有关系。

这里要解释一下为什么巴朵和巴昆各有 3 人的基诺语水平属"略懂"级。经过调查,我们发现他们其中有 5 人是到基诺山时间不长的外来人口,1 人是 8 岁的小孩。巴朵组基诺语属"略懂"级的 3 人分别是第 6 户的左文虎、第 25 户的周玉莲和第 31 户的布鲁基。他们家庭成员的基本情况如下:

表 2-2

序号①	家庭关系	姓名	年龄	文化程度	第一语言及水平	第二语言及水平	备注
6	户主	白腊车	53	小学	基诺语,熟练	汉语,熟练	
	妻子	木腊施	48	小学	基诺语,熟练	汉语,熟练	
	二女	车吕	22	初中	基诺语,熟练	汉语,熟练	
	女婿	左文虎	25	初中	哈尼语,熟练	汉语,熟练	基诺语略懂,哈尼族,墨江人
	孙女	左庭庭	2	学龄前			
25	户主	沙白车	32	初中	基诺语,熟练	汉语,熟练	
	妻子	周玉莲	31	不详	汉语,熟练	基诺语,略懂	汉族,四川人
	长女	车妹	2	学龄前			

---

① 序号是各个村寨内部每户家庭的编号。下同。

31	户主	大白腊杰	58	文盲	基诺语,熟练	汉语,熟练	
	妻子	三妹	53	文盲	基诺语,熟练	汉语,熟练	
	长子	布鲁杰	36	高中	基诺语,熟练	汉语,熟练	
	妻子	李晓芳	31	小学	拉祜语,熟练	汉语,熟练	基诺语一般,拉祜族,澜沧人
	长孙女	布鲁基	8	上小学	汉语,熟练	基诺语,略懂	汉名"白思琴"

巴昆组基诺语属"略懂"级的3人分别是第4户的徐昌兰、第23户的何阿美和第33户的阿芳。他们家庭成员的基本情况如下：

表 2-3

序号	家庭关系	姓名	年龄	文化程度	第一语言及水平	第二语言及水平	备注
4	户主	沙汽	57	初小	基诺语,熟练	汉语,熟练	
	妻子	腰得	55	文盲	基诺语,熟练	汉语,一般	
	长子	沙国强	27	中专	基诺语,熟练	汉语,熟练	
	儿媳	徐昌兰	23	高中	汉语,熟练	基诺语,略懂	
	长孙	沙景胜	2	学龄前			
23	户主	木拉布鲁	46	高小	基诺语,熟练	汉语,熟练	
	妻子	木拉机	45	初中	基诺语,熟练	汉语,熟练	
	长子	沙飘	25	初中	基诺语,熟练	汉语,熟练	
	长媳	何阿美	21	高中	汉语,熟练	基诺语,略懂	汉族,普洱人
	长女	鲁晓英	23	初中	基诺语,熟练	汉语,熟练	
	次女	鲁娅婷	22	初中	基诺语,熟练	汉语,熟练	
	三女	鲁娅芳	18	初中	基诺语,熟练	汉语,熟练	
33	户主	婆资	29	中专	基诺语,熟练	汉语,熟练	
	妻子	阿芳	22	中专	汉语,熟练	基诺语,略懂	汉族,镇远人
	长子	涛涛	1	学龄前			

从表2-2、表2-3可以看出,除巴朵组的布鲁基只有8岁外,其他5人的年龄均在20—30岁之间。他们都不是基诺族,也不是本地人,都是从外地嫁来的媳妇或上门的女婿。到基诺山定居的时间都不长,最长的约3年,短的还不到1年。因为原本不会基诺语,而且接触基诺语的时间也不算长,所以这些人的基诺语水平尚处于略懂阶段,即只能听懂简单的生活对话,但还不会说。虽然有的人会说几句简单的基诺语,但由于发音不标准,碍于面子,所以还不好意思、不太习惯说基诺语。从表2-2、表2-3还可以看出,这6户人家的其他成员的第一语言都是

基诺语,而且在日常生活中仍然熟练使用,因而形成了一个天然的习得基诺语的家庭语言环境。所以我们推测,再过四五年,这些外族人的基诺语水平一定会大有提高,达到"一般"级。

8 岁的布鲁基(汉名"白思琴"),基诺语水平在巴朵组 6—12 岁年龄段的儿童中处于最低,只达到"略懂"级。而同年龄段儿童的基诺语均为"熟练"级。布鲁基基诺语水平在该组为什么偏低?当我们向同组的儿童白门(9 岁,汉名"优会明")、木腊车(8 岁)、拉查(7 岁,汉名"郑晓强")问起"你们寨子里有哪些小朋友不会说基诺语"时,他们异口同声地回答:"白思琴。"这几位小朋友告诉我们,白思琴"只会说一点儿基诺语,其他小朋友和她玩时都说汉语"。布鲁基基诺语水平低的原因在于出生在一个族际婚姻家庭,她的母亲李晓芳是拉祜族,基诺语水平一般。李晓芳与丈夫布鲁杰、公公大白腊杰、婆婆三妹都是说汉语。自布鲁基开始学说话起,家里人都教她汉语。布鲁基的基诺语是从爷爷、奶奶与父亲之间的对话以及同村寨里的小朋友玩耍时听来的,所以十分有限。

(二) 不同年龄段的人的基诺语水平考察

下面,主要考察四个不同年龄段的人的基诺语使用情况。

1. 60 岁以上

表 2-4

调查点	总人口	熟练		一般		略懂		不会	
		人口	百分比	人口	百分比	人口	百分比	人口	百分比
巴朵	29	29	100	0	0	0	0	0	0
巴亚老寨	24	24	100	0	0	0	0	0	0
巴秀	30	30	100	0	0	0	0	0	0
巴昆	23	23	100	0	0	0	0	0	0
巴破	31	31	100	0	0	0	0	0	0
巴亚新寨	43	43	100	0	0	0	0	0	0
合计	180	180	100	0	0	0	0	0	0

60 岁以上这一年龄段最显著的特点就是,所有老人的基诺语水平全都是"熟练"级。这当中既有基诺族,也有汉族、哈尼族等其他民族。

基诺族老人的第一语言都是基诺语,在日常生活中也主要使用基诺语。与使用汉语相比,老人们十分乐意而且更加习惯于说基诺语。这一年龄段的基诺族老人,文化程度多是文盲或者初小,汉语水平总体上不如中青年,有的甚至还不会说汉语。

而非基诺族老人的情况则有些不同。他们大多是从外地来的,比如巴朵组的丛弟(女,汉族,77 岁)、李忠全(男,汉族,70 多岁,已去世)、巴亚老寨的张妹(女,95 岁)等。有的是父辈从外地来的,比如巴朵组的郑老哈(男,73岁)。这些老人的第一语言都不是基诺语,但长期在基诺山生活,都逐渐习得了基诺语,并且都很熟练。据巴朵组组长沙金寿介绍,该组的汉族老人郑老哈还能讲述基诺族的历史。我们曾询问郑老哈的孙子拉查(7岁,汉名"郑晓强")、孙女咪菲(9岁,汉名"郑梅琼")是否知道自己的爷爷是汉族,两个孩子都说"不知道"。直到外婆者施(51岁,回振人)说"是汉族"后,他们才相信爷爷是汉族。这说明居住在基诺山的非基诺族老人,不仅在语言上已经兼用基诺语,而且在生活习惯等方面已全方位地融入到基诺族中去了,和基诺族没有区别。

60岁以上老人的语言使用情况可分为两种类型:

(1)基诺语单语人。指只会说基诺语,不具有汉语交际能力(又包括两类:一类是完全不会汉语,还有一类是只能听懂简单的汉语会话,但不会说)。下面是中心区各村寨的基诺语单语人的统计表:

表 2-5

组名	全组该年龄段总人数	汉语水平 不会 人数	百分比	略懂 人数	百分比
巴朵	29	12	41.4	5	17.2
巴亚老寨	24	1	4.1	13	54.2
巴秀	30	25	83.3	0	0
巴昆	23	9	39.1	0	0
巴破	31	6	19.4	6	19.4
巴亚新寨	43	16	37.2	12	27.9
合计	180	69	38.8	36	20.2

从表2-5可以看出,中心区60岁以上的老人中共有105人是基诺语单语人,占该年龄段总人口的59%。而且以高龄、女性和文盲居多。司土村回鲁组会计周白告诉我们,他的母亲木腊机(70多岁),基诺语单语人,不会说也听不懂汉语。老人喜欢看电视但看不懂,所以需要身边的人翻译成基诺语给她讲解。在基诺乡调查时,我们在吉卓餐厅就餐时遇到这样一位只会说基诺语的老人,她是餐厅老板的母亲,六十多岁,不会说汉语,但能听懂汉语。她头戴传统的基诺族三角形尖顶帽,在餐厅帮忙干一些轻活,比如烧水、煮饭、烤干巴。我们试图用普通话和她交谈、了解情况,但她以点头和微笑表示听懂,却无法用汉语回答。

(2)基诺语—汉语双语人。属于这一类型的共有73人,占这一年龄段总人口的41%。在不同的双语人中,两种语言的水平存在差异。有的是基诺语好于汉语,有的是汉语和基诺语都很好,但实际上还是基诺语略好于汉语。在调查中我们没有发现汉语好于基诺语的,也没有汉语单语人。(详见第二章第一节)

2. 19—59 岁

表 2-6

调查点	总人口	熟练		一般		略懂		不会	
		人口	百分比	人口	百分比	人口	百分比	人口	百分比
巴亚老寨	202	202	100	0	0	0	0	0	0
巴秀	174	174	100	0	0	0	0	0	0
巴亚新寨	291	288	99.0	3	1.0	0	0	0	0
巴破	209	206	98.6	3	1.4	0	0	0	0
巴朵	188	179	95.2	7	3.7	2	1.1	0	0
巴昆	118	108	91.6	7	5.9	3	2.5	0	0
合计	1182	1157	97.9	20	1.7	5	0.4	0	0

这一年龄段的基本特点是：(1)"熟练"级比例占 97.9%，说明该年龄段绝大多数人能说流利的基诺语。(2)有 1.7% 的人基诺语水平一般，约有 0.4% 能听懂简单的基诺语，但不会说。该年龄段没有完全不会基诺语的人。基诺语属于"一般"、"略懂"的人数加起来共有 25 人，占总人口的 2.1%。这说明该年龄段中，只有很小的一部分人在日常生活中主要说汉语。

基诺语属"略懂"的 5 人中，居住在巴朵的有 2 人，巴昆有 3 人。他们多数不是本村寨土生土长的基诺族，从外地来到基诺山的时间不长(详见上文)。巴亚老寨和巴秀这一年龄段的中青年的基诺语全都是"熟练"级。此外，其他 4 个组共有 20 人基诺语水平处在"一般"级，他们都不是本地的基诺族。下面我们对各村寨的情况分别加以说明。

巴亚新寨有 3 人，分别是第 15 户的玉帕，第 64 户的玉勇，第 86 户的玉罕。他们家庭成员的基本信息以及语言使用情况如下：

表 2-7

序号	家庭关系	姓名	年龄	文化程度	第一语言及水平	第二语言及水平	备注
15	户主	白腊周	48	文盲	基诺语，熟练	汉语，熟练	
	妻子	路施	46	文盲	基诺语，熟练	汉语，不会	
	长子	周白	25	小学	基诺语，熟练	汉语，熟练	
	长媳	玉帕	24	小学	傣语，熟练	汉语，熟练	傣族，曼戈龙人，基诺语一般
	次子	周明	21	小学	基诺语，熟练	汉语，熟练	
	孙子	李亚康	3	学龄前	基诺语，一般	汉语，一般	

64	户主	飘仙	56	小学	基诺语,熟练	汉语,熟练	
	妻子	沙都	55	小学	基诺语,熟练	汉语,一般	
	姨母	白腊都	71	文盲	基诺语,熟练	汉语,不会	
	长子	先子	33	小学	基诺语,熟练	汉语,熟练	
	长媳	玉勇	23	小学	布朗语,熟练	汉语,熟练	布朗族,基诺语一般
	长女	先收	30	初中	基诺语,熟练	汉语,熟练	
	长孙	李云	6	学龄前	基诺语,熟练	汉语,熟练	
86	户主	木腊资	47	小学	基诺语,熟练	汉语,熟练	
	妻子	保侣	48	小学	基诺语,熟练	汉语,一般	
	长子	资布鲁	24	小学	基诺语,熟练	汉语,熟练	
	长媳	玉罕	22	小学	布朗语,熟练	汉语,熟练	布朗族,基诺语一般

巴破组有3人,分别是第9户的鲍树坤,第31户的张恒兰,第73户的白云珍。他们家庭成员的基本信息以及语言使用情况如下:

表 2-8

序号	家庭关系	姓名	年龄	文化程度	第一语言及水平	第二语言及水平	备注
9	户主	去格	59	小学	基诺语,熟练	汉语,熟练	
	妻子	温则	57	小学	基诺语,熟练	汉语,一般	
	长子	陈志平	31	小学	基诺语,熟练	汉语,熟练	
	长媳	鲍树坤	31	小学	哈尼语,熟练	汉语,熟练	基诺语,一般
	长孙	陈志荣	9	上小学	汉语,熟练	基诺语,熟练	
	长孙女	陈志鹏	8	上小学	汉语,熟练	基诺语,熟练	
31	户主	阿明	33	初中	基诺语,熟练	汉语,熟练	
	妻子	张恒兰	34	小学	汉语,熟练	基诺语,一般	
	长女	布鲁绕	14	小学	汉语,熟练	基诺语,熟练	
	次女	布鲁吕	12	上小学	汉语,熟练	基诺语,熟练	
73	户主	婆施	76	文盲	基诺语,熟练	汉语,不会	
	长子	切周	36	小学	基诺语,熟练	汉语,一般	
	长媳	白云珍	29	小学	哈尼语,熟练	汉语,一般	基诺语,一般
	长孙	周腰	10	上小学	汉语,熟练	基诺语,一般	
	长孙女	周吕	9	上小学	汉语,熟练	基诺语,一般	

巴朵基诺语"一般"的有 7 人，分别是第 2 户的周永生，第 11 户的周会琴，第 13 户的罕慧，第 24 户的李国优，第 31 户的李晓芳，第 50 户的郭小二和第 61 户的刘正伯。他们家庭成员的基本信息以及语言使用情况如下：

表 2-9

序号	家庭关系	姓名	年龄	文化程度	第一语言及水平	第二语言及水平	备注
2	户主	甘福	53	小学	基诺语,熟练	汉语,熟练	
	妻子	木腊机	51	小学	基诺语,熟练	汉语,熟练	
	长女	甘云珍	33	初中	基诺语,熟练	汉语,熟练	
	次女	甘云花	27	初中	基诺语,熟练	汉语,熟练	
	长婿	周永生	38	小学	汉语,熟练	基诺语,一般	汉族,思茅人
	孙子	周江明	11	上小学	汉语,熟练	基诺语,熟练	
11	户主	小扫者	52	小学	基诺语,熟练	汉语,熟练	
	妻子	资麦	53	小学	基诺语,熟练	汉语,熟练	
	长子	周白	36	初中	基诺语,熟练	汉语,熟练	
	长媳	周会琴	38	初小	哈尼语,熟练	汉语,熟练	基诺语一般,哈尼族,墨江人
	次子	周健凯	26	初中	基诺语,熟练	汉语,熟练	基诺名"周布鲁"
	长孙女	周玲丽	8	上小学	汉语,熟练	基诺语,熟练	
13	户主	腰布鲁	56	文盲	基诺语,熟练	汉语,熟练	
	妻子	布鲁则	56	小学	基诺语,熟练	汉语,熟练	
	母亲	婆升	68	文盲	基诺语,熟练	汉语,不会	
	长子	布鲁资	29	初中	基诺语,熟练	汉语,熟练	
	长媳	罕慧	30	小学	哈尼语,熟练	汉语,熟练	哈尼族,澜沧人,基诺语一般,拉祜语略懂
	长孙女	资珍妮	2	学龄前			
24	户主	李国优	43	小学	汉语,熟练	基诺语,一般	汉族,镇源人
	妻子	木腊叶	34	小学	基诺语,熟练	汉语,熟练	
	母亲	群针	73	文盲	基诺语,熟练	汉语,一般	
	长子	优周	17	初中	基诺语,熟练	汉语,熟练	
	长女	优则	14	初中	基诺语,熟练	汉语,熟练	

31	户主	大白腊杰	58	文盲	基诺语,熟练	汉语,熟练	
	妻子	三妹	53	文盲	基诺语,熟练	汉语,熟练	
	长子	布鲁杰	36	高中	基诺语,熟练	汉语,熟练	
	妻子	李晓芳	31	小学	拉祜语,熟练	汉语,熟练	基诺语一般,拉祜族,澜沧人
	长孙女	布鲁基	8	上小学	汉语,熟练	基诺语,略懂	汉名"白思琴"
50	户主	发生	50	小学	基诺语,熟练	汉语,熟练	
	妻子	郭小二	49	小学	汉语,熟练	基诺语,一般	佤族,澜沧人
	长子	阿三	29	初中	基诺语,熟练	汉语,熟练	
	儿媳	阿英	32	初中	基诺语,熟练	汉语,熟练	巴卡人
	孙女	白瑞	11	小学	基诺语,熟练	汉语,熟练	
61	户主	刘正伯	48	小学	汉语,熟练	基诺语,一般	汉族,四川人
	妻子	包麦	46	小学	基诺语,熟练	汉语,熟练	
	母亲	白腊妞	64	文盲	基诺语,熟练	汉语,不会	
	长子	刘前林	24	初中	基诺语,熟练	汉语,熟练	
	次子	刘川云	22	中专	基诺语,熟练	汉语,熟练	

巴昆组基诺语"一般"的有7人。分别是第2户的李天英,第16户的鲁国萍,第18户的小张,第19户的冯芬,第29户的小叶,第32户的李发芬和第38户的张丽英。他们家庭成员的基本信息以及语言使用情况如下:

表 2-10

序号	家庭关系	姓名	年龄	文化程度	第一语言及水平	第二语言及水平	备注
2	户主	周永祥	34	高中	基诺语,熟练	汉语,熟练	
	妻子	李天英	31	初中	汉语,熟练	基诺语,一般	汉族,临沧人
	长子	周梓良	7	上小学	汉语,熟练	基诺语,一般	
	次子	周梓康	3	学龄前			
16	户主	操白	55	高小	基诺语,熟练	汉语,一般	
	妻子	木拉得	46	小学	基诺语,熟练	汉语,一般	
	长子	包杰	33	高中	基诺语,熟练	汉语,熟练	
	长媳	鲁国萍	28	初中	汉语,熟练	基诺语,一般	彝族,镇源人
	长女	白玫	28	中专	基诺语,熟练	汉语,熟练	
	次女	包都	26	初中	基诺语,熟练	汉语,熟练	
	长孙女	杰媛	8	上小学	汉语,一般	基诺语,熟练	
	长孙	杰瑞	7	上小学	汉语,一般	基诺语,熟练	

18	户主	婆布鲁	53	文盲	基诺语,熟练	汉语,一般	
	妻子	阿珍	49	文盲	基诺语,熟练	汉语,略懂	
	次女	婆都	27	初中	基诺语,熟练	汉语,熟练	
	女婿	小张	30	初中	汉语,熟练	基诺语,一般	汉族,景谷人
	三女	布鲁都	19	初中	基诺语,熟练	汉语,熟练	
	长孙	阿华	4	学龄前			
19	户主	婆些	76	文盲	基诺语,熟练	汉语,一般	
	妻子	包都	75	文盲	基诺语,熟练	汉语,不会	
	次子	先摩拉	38	小学	基诺语,熟练	汉语,熟练	
	次媳	冯芬	30	小学	汉语,熟练	基诺语,一般	汉族,镇源人
	长孙女	波婷婷	6	上小学	汉语,一般	基诺语,一般	
	长孙	波志朝	4	学龄前			
29	户主	沙吕	36	高小	基诺语,熟练	汉语,熟练	
	丈夫	小叶	40	初中	汉语,熟练	基诺语,一般	汉族,景东人
	长女	叶佳佳	14	上初中	汉语,熟练	基诺语,熟练	
	长子	叶飞飞	12	上小学	汉语,熟练	基诺语,熟练	
32	户主	野白	71	文盲	基诺语,熟练	汉语,一般	
	妻子	资麦	71	文盲	基诺语,熟练	汉语,不会	
	长子	老三	43	初中	基诺语,熟练	汉语,熟练	
	长媳	李发芬	36	初中	汉语,熟练	基诺语,一般	汉族,普洱人
	长孙	三景顺	7	上小学	汉语,一般	基诺语,熟练	
	长孙女	三景丽	5	学龄前			
38	户主	资白	65	高小	基诺语,熟练	汉语,熟练	
	妻子	标都	59	文盲	基诺语,熟练	汉语,一般	
	长子	阿林	32	中专	基诺语,熟练	汉语,熟练	
	长媳	张丽英	30	中专	汉语,熟练	基诺语,一般	彝族,景东人
	长孙	林子强	6	上小学	汉语,一般	基诺语,一般	
	次孙	林子尽	4	学龄前			

从表2-10提供的信息中可以看出,基诺语属于"一般"级的人具有以下几点共性:

(1)在民族成分上,他们都不是基诺族。其中有的是汉族,有的是傣族、哈尼族、布朗族、彝族、佤族等其他少数民族。

(2)在籍贯上,除巴破的张恒兰是在基诺山出生、长大的以外,其他19人都是"外来户"。他们主要来自基诺乡的周边地区,如墨江、澜沧、普洱、镇沅、景谷、景东等地,也有从四川来的。

张恒兰虽然是在基诺山出生、长大,但其父亲是从外地来的汉族。在日常生活中,她与人交流时都是说汉语。用巴破寨会计阿三的话说,"张恒兰很害羞,十几年没听她说过基诺话。"

(3)他们的第一语言都不是基诺语。除张恒兰外的其他19人,都是在成年后才来到基诺山。张恒兰第一语言为汉语,第二语言才是基诺语。

(4)他们的平均年龄是33.25岁。绝大多数人到基诺山定居的时间超过五年以上。时间最长的要算巴朵组的郭小二。她告诉我们,她是1971年12月从澜沧嫁过来的,到现在已经快35年了。时间较长的还有巴朵组的刘正伯,1979年从四川来到基诺山打工后定居下来的。基诺族老乡告诉我们,外地人到基诺山一两年后,基本上都能听懂简单的基诺语。过五六年后,就学会说基诺语了,在日常生活能够用基诺语交流。

可以认为,上述4点因素是造成外族人的基诺语水平处于"一般"级的主要原因。另外,个人性格的因素对于掌握一种新语言也是有影响。比如,巴朵组的周玉莲性格比较内向,不善于与周围邻居交流,到基诺山3年时间了,其基诺语水平处于"略懂"级。而与她同年嫁到基诺山的罕慧,性格外向、活泼,已经能说比较流利的基诺语。她告诉我们,基诺语和哈尼语比较接近,有很多相同的词汇,所以很快就学会了基诺语,现在她在日常生活中和婆家的人都说基诺语。

3. 13—18岁

我们把这一年龄段称为少年段或中学段。这个年龄段的孩子除少数辍学的外,大多数都在中学里念书。

表 2-11

调查点	总人口	熟练		一般		略懂		不会	
		人口	百分比	人口	百分比	人口	百分比	人口	百分比
巴朵	39	39	100	0	0	0	0	0	0
巴亚老寨	48	48	100	0	0	0	0	0	0
巴秀	31	31	100	0	0	0	0	0	0
巴昆	27	27	100	0	0	0	0	0	0
巴亚新寨	61	61	100	0	0	0	0	0	0
巴破	43	43	100	0	0	0	0	0	0
合计	249	249	100	0	0	0	0	0	0

表2-11数据显示,各村寨13—18岁的少年全都能熟练使用基诺语。他们中的大部分来自族内婚姻家庭,也有部分来自族际婚姻家庭,但都是在基诺山出生、长大的,不属于外来人口。而且民族成分都已报成基诺族。

我们调查发现,虽然这一年龄段少年的基诺语程度都是"熟练"级,但族内婚姻家庭和族际婚姻家庭的少年习得基诺语的途径不尽相同。

在族内婚姻家庭中,由于家庭成员都是基诺族,在日常生活中主要说基诺语,孩子的第一语言是基诺语,第二语言才是汉语。基诺语是在家庭内部习得的。而族际婚姻家庭则不同。族际婚姻家庭语言使用情况不完全相同:有的家庭使用汉语;有的家庭当外族成员不会说基诺语时用的是汉语,而当学会基诺语后便转用基诺语。有的使用"基诺语—汉语"的双语模式:基诺族之间说基诺语,不同民族之间说汉语。族际婚姻家庭中孩子的第一语言大多数是汉语,第二语言才是基诺语。孩子在家庭中能够习得汉语,虽然也能习得基诺语的听的技能,但说的技能却很差。所以,与族内婚姻家庭相比,族际婚姻家庭不能提供给语言学习者(比如孩子、第二语言学习者)完整的基诺语习得环境。他们是在社会和学校中学会基诺语的,基诺语的传承在这样的家庭里受到一定的限制。村寨和学校为族际婚姻家庭的孩子提供了习得基诺语的天然语言环境。在与村寨里的孩子们一起玩耍,与同学们在学校里的互相交流的过程中,这些来自族际婚姻家庭、第一语言为汉语的孩子们逐渐习得了熟练的基诺语。可见,家庭之外的社会环境对族际婚姻家庭的孩子习得基诺语起到了重要的链条性的作用。也可以说,在族际婚姻家庭孩子习得基诺语的过程中,社会环境起到的作用比家庭更为重要,本应由家庭来承担的基诺语传承,转移给了社会。这种转移是自然而然的,既不依赖于国家某项特殊政策的保护,也不是靠人为的呼吁。当然,这与基诺乡存在如此强大的基诺语使用社团和刚劲的语言生态活力分不开的。

总之,中心区处于13—18岁年龄段的孩子,无论是出生于单一民族家庭还是族际婚姻家庭,无论其第一语言是基诺语还是汉语,他们成长到这个年龄段后,都能习得基诺语,并且能熟练使用。二者习得基诺语的区别在于途径不同。

4. 6—12岁

表 2-12

调查点	总人口	熟练		一般		略懂		不会	
		人口	百分比	人口	百分比	人口	百分比	人口	百分比
巴亚新寨	39	39	100	0	0	0	0	0	0
巴秀	17	17	100	0	0	0	0	0	0
巴破	30	30	100	0	0	0	0	0	0
巴亚老寨	29	28	96.6	1	3.4	0	0	0	0
巴朵	24	23	95.8	0	0	1	4.2	0	0
巴昆	16	9	56.3	7	43.7	0	0	0	0
合计	155	146	94.2	8	5.2	1	0.6	0	0

这一年龄段的特点是：没有不会基诺语的，但"熟练"级的比例是 4 个年龄段中最低的。"一般"和"略懂"的比例在这个年龄段中较低，只有 9 人，占该年龄段的 5.8%。但与其他 4 个年龄段相比，却是最高的。其原因有二：

一是这个年龄段族际婚姻家庭的孩子有 6 个，占三分之二，而族际婚姻家庭因素对家庭成员语言使用的影响，主要是在这个年龄段。因而在这个年龄段，族际婚姻家庭孩子的基诺语水平，与非族际婚姻家庭相比就会相对差些。比如，巴朵组的布鲁基（汉名"白思琴"），基诺语处于"略懂"级，是因为其母亲是拉祜族，家庭用语是汉语（详见上文）。又如，巴昆组有 7 名儿童基诺语水平属"一般"级，其中有 4 人出生在族际婚姻家庭。分别是：第 2 户的周梓良，第 3 户的切志强、切弓兄弟俩，第 19 户的波婷婷，第 38 户的林子强（详见上文）。第 3 户的家庭成员的基本信息和语言使用情况如下：

表 2-13

序号	家庭关系	姓名	年龄	文化程度	第一语言及水平	第二语言及水平	备注
3	户主	腰木拉	57	初小	基诺语,熟练	汉语,熟练	
	妻子	肖都	54	文盲	基诺语,熟练	汉语,一般	
	长子	木拉切	30	初中	基诺语,熟练	汉语,熟练	
	儿媳	佐丛英	30	初中	汉语,熟练	基诺语,熟练	汉族,景东人
	长孙	切志强	8	上小学	汉语,熟练	基诺语,一般	
	次孙	切弓	6	上小学	汉语,熟练	基诺语,一般	

二是越来越多的父母考虑到将来激烈的社会竞争，对汉语的重视程度要超过基诺语，从小注重培养孩子的汉语能力。有的家庭在孩子开始学说话时，就主动地教汉语；有的家庭在孩子还没有上幼儿园之前，就有意识地教孩子认读汉字，学习汉语。我们在巴朵组调查时看到，村民布鲁资家的墙上贴着汉语拼音方案挂图，这是布鲁资夫妇为了教 2 岁的资珍妮学习汉语特意从城里买来的。家长们普遍表示，他们在家里不教孩子学说基诺语，也不担心孩子将来不会说基诺语，因为孩子们出去和别的小朋友一起玩就自然能学会基诺语。所以，有的基诺族家庭中的儿童出现了双母语的现象，有的甚至是以汉语为第一语言，基诺语是第二语言。这就造成一些儿童的基诺语水平达不到"熟练"级。表 2-14 是巴昆第 28 户车艳华和车艳梅、巴亚老寨第 7 户白佳的家庭成员基本信息和语言使用情况：

表 2-14

序号	家庭关系	姓名	年龄	文化程度	第一语言及水平	第二语言及水平	备注
28	户主	婆得	66	文盲	基诺语,熟练	汉语,不会	巴昆组
	次子	包车	34	高小	基诺语,熟练	汉语,熟练	
	次媳	玉过	31	初中	基诺语,熟练	汉语,熟练	
	长孙	车艳华	9	上小学	基诺语,一般	汉语,熟练	
	长孙女	车艳梅	7	上小学	基诺语,一般	汉语,熟练	
7	户主	沙车	76	文盲	基诺语,熟练	汉语,一般	巴亚老寨
	长子	沙布鲁	34	初中	基诺语,熟练	汉语,熟练	
	长媳	木腊得	31	高中	基诺语,熟练	汉语,熟练	
	长孙女	白佳	6	小学	基诺语,一般	汉语,一般	
	次孙女	白娟	4	学龄前			

诚然,上述9名6—12岁的儿童基诺语水平处于"一般"或"略懂"级,但这只是现阶段的暂时情况。正如上文所指出的,基诺族少年儿童习得基诺语有两条途径:家庭的和社会的。随着年龄的增长,以及与社会接触的更加频繁,儿童完全有可能从村寨里的同伴或学校里的同学那里学到熟练的基诺语。

综上所述,4个不同年龄段的基诺语使用情况可以归纳为以下几点:

1. 中心区不同年龄段的人之间的基诺语使用情况比较一致,差异较小。在每个年龄段中,熟练使用基诺语的比例都很高,最高的是60岁以上和13—18岁年龄段,"熟练"使用比例均高达100%;最低的是6—12岁年龄段,是94.2%。各村寨中没有发现完全不会基诺语的人。

2. 从整体上来看,中心区的基诺语使用没有呈现出明显的代际性特征。也就是说,基诺语水平的高低与年龄大小没有关系。上文说过,60岁以上、13—18岁这两个年龄段中,熟练使用基诺语的比例都是100%。可见,中心区的老年和少年都能熟练使用基诺语。

3. 从历史和现阶段的情况来看,族际婚姻对6—12岁儿童的基诺语有一定影响,但其力量不足以造成基诺族出现语言转用或语言断层。在儿童的成长过程中,通过社会途径可以习得熟练的基诺语。13—18岁年龄段少年的数据可以说明这个问题。

4. 19—59岁以及60岁以上外族人的基诺语水平,能由"不会"级逐渐过渡到"略懂"级、"一般"级,甚至"熟练"级,说明现阶段基诺语在基诺山仍然是强势语言,外族人要想在这里定居生活,就必须学会基诺语,也能够学会。通用语汉语虽然有其重要的作用,但目前还不能替代基诺语在日常生活中的主导地位。

(三) 不同场合基诺语的使用情况

语言的使用场合又称"语域"。不同场合中,语言的选择和使用有不同的特点。基诺乡是使用"基诺语—汉语"的双语型社区。基诺语和汉语的关系既存在竞争的一面,也有和谐相处的一面。在不同的使用场合中,基诺语和汉语既有分工,又有互补。即使在同一个场合中,既可以使用基诺语,也能使用汉语。这时,究竟选择使用哪一种语言,则要取决于交际双方的语言能力和交际需要。在日常生活中,如果双方都是基诺族,都会说基诺语,那么一定会使用基诺语。而如果其中的一方不是基诺族,那就要看他是否会听、说基诺语,因此有三种可能。即:(1)非基诺族一方如果会说基诺语,双方则使用基诺语。(2)非基诺族一方如果不会听说基诺语,双方则使用汉语。(3)如果基诺族一方不会说或不习惯说汉语,但能听懂,而非基诺族一方不会说或不习惯说基诺语,但能听懂,那么,双方各说自己的语言来完成对话,互不干扰,互相配合。

下面具体分析一些典型的场合中语言使用的特点。

1. 家庭内部

族内婚姻家庭和族际婚姻家庭语言的使用情况存在差异。具体有以下几种情况:

(1)族内婚姻家庭以基诺语为主。

族内婚姻家庭的成员若都是基诺族,一般都会说基诺语和汉语。在这样的家庭里,祖父母辈、父母辈、子女辈等不同辈分的人之间都用基诺语交流,很少说汉语。在日复一日的生产劳动和生活作息中,基诺族家庭一刻都不曾离开过基诺语。每一个基诺族人在成长过程中,都通过基诺语接受长辈传授给的生产经验、生活常识,平时的聊天、谈笑也都说的是基诺语。即使是现在年轻人到外地打工回来后,也是用基诺语向长辈描绘外部的世界、打工的生活。在基诺山,如果不会基诺语,就无法融入到本族的生活中去。

如今,随着经济的发展,电话、手机在基诺山已经基本普及,在基诺山随处可见基诺人利用现代化的通讯手段互相联络,大声说着基诺语。有的基诺族姑娘远嫁他乡,虽然在日常生活中已改说其他语言,但在电话中与基诺山的娘家人说的还是基诺语。比如,巴朵组腰布鲁、布鲁则夫妇告诉我们,他们两个女儿[1]嫁到外地,日常生活中都已使用汉语,但每次打电话回来说的都还是基诺语。又如,巴朵组会计白腊先的女儿先温嫁到关平县,丈夫彭浩是湖南人,夫妻之间说当地汉语方言。当先温回到基诺山,还是说基诺语。

越来越多的基诺族家庭认识到汉语的重要性,所以非常重视孩子的汉语学习。家长们辅导孩子学习,都是说汉语。我们调查时询问巴朵组的小学生优会明(基诺名"白门"),什么时候和父母说汉语?优会明很快就回答:"做作业的时候说汉语。"我们让他再想想还有没有说汉语的时候,他想了一会儿,摇摇头,说:"没有了。"

(2)族际婚姻家庭一般是使用"基诺语—汉语"双语。嫁到基诺山的外地媳妇或到基诺山

---

[1] 大女儿布鲁收(汉名"腰一芬")嫁给勐腊县的傣族,和丈夫说当地汉语方言,小女儿布鲁蕾(汉名"腰为华")嫁给内蒙古的汉族,和丈夫说普通话。

上门的外地女婿,都不是基诺族,也都不会说基诺语。所以与家庭成员交流都是说汉语,但家庭中的基诺族之间说的是基诺语。比如,巴朵组的白腊车、木腊施一家,女婿左文虎是墨江的哈尼族,到基诺山3年左右的时间,能听懂一些基诺语,但平时都说汉语,不说基诺语。左文虎与妻子车吕以及其他家庭成员都说汉语,而其他成员之间都说基诺语。再如,在乡政府附近开米粉店的四川人胡荣,10余年前到基诺山从事木工改板的活儿,娶巴亚新寨的基诺族女子布鲁则为妻。我们在他家调查时,正好布鲁则的姐姐、母亲来商量建新房的事情。我们观察到整个谈话过程中,胡荣都是说汉语,而她们对胡荣说汉语,她们之间则说基诺语。最有意思的是,布鲁则跟胡荣说了汉语之后,转过头跟其姐姐说基诺语。这时,胡荣用汉语插话,姐姐来不及转换语言,直接用基诺语说开了。交谈中,母亲很少说话,一开口就说基诺语。我们问胡荣,基诺语是否都听懂了?他说"听懂了"。再问母亲都听懂胡荣说的汉话了吗?母亲也回答"听得懂"。这就是双语家庭中的语言使用情况。选择使用什么语言,都是因人而异。

还有的族际婚姻家庭使用基诺语。这些家庭最初也是经历过"基诺语—汉语"双语阶段。随着时间的推移,外族人逐渐学会并掌握了基诺语,在日常生活中能够熟练使用。所以,家庭内部主要使用基诺语。以巴朵组的车切、布鲁得家庭为例,儿媳罗琼芬(31岁,哈尼族,墨江人),1995年嫁到基诺山。刚来时,一句基诺语都不会说。现在,基诺语已经非常流利、熟练。用村里人的话说:"现在她吵架都用基诺语,基诺族的人还吵不过她呢。"罗琼芬有两个儿子:老大腰木拉,11岁;老二腰飘,8岁。全家六口人之间都说基诺语,不说汉语。

2. 学校

目前,基诺乡已经建立了较完善的九年制义务教育体系,包括学前教育(幼儿园、学前班)、小学教育和初中教育。自1956年建立第一所小学开始,基诺乡的学校除了在低年级作为辅助教学语言外,开设的课程都是用汉语授课,没有开设过专门以学习和掌握基诺语为目的的课程。特别是近年来,省、州教委进行教学改革,要求老师使用普通话教学,还提出小学三年级必须开设英语课程。所以,在基诺山学校的课堂教学中(除英语课使用英语教学外),老师、学生说的都是汉语普通话。

在学前教育以及小学低年级的课堂教学中,情况则有所不同。由于大多数基诺族的小孩第一语言都是基诺语,上小学之前汉语水平大都十分有限,如果直接使用普通话教学会有困难。为了教学的需要,有经验的老师采用基诺语辅助汉语来组织课堂教学。比如,基诺乡前任乡长纳培(52岁,基诺族,巴卡人)曾先后在札果小学、乡中心小学工作了22年(1974—1996年),曾在小学一至三年级的教学中用基诺语来辅助汉语教学,学生的语文、数学成绩提高很快,在全州的统考中名列前茅。巴亚老寨的腰飘高中毕业后,1996—2000年间曾在巴亚老寨小学教小学,现在村里任会计。他说在教学中有时汉语讲不明白的地方,用基诺语来解释,学生一下子就能理解了。又如,巴卡小学是全省第一所正式挂牌的省级半寄宿制完小,现有学前班、一到六年级共7个教学班,有132个学生,约70%是基诺族,30%是拉祜族等其他民族。到巴卡小学就读的学生主要来自使用基诺语的巴卡新寨、巴卡中寨和巴卡小寨等地,有的小孩上学之前都不会说汉语,所以,学前班和低年级的老师都适当地采用双语教学,即以普通话教学为主,以基诺语来辅助教学。又如,现在巴秀完小任教的李文秋(27岁,基诺族,亚诺人)老师告诉我们,虽然他自己主张应该用普通话教学,但在学前班和小学一、二年级的教学中,完全使用普通话却是行不通的。他说,在巴秀小学教课的困难是,有些小孩刚来学校时连最基本的汉语都不懂,更别说普通话了。他刚到巴秀时,遇到一年级的学生李艳,李老师用汉语问她:"你今天吃早饭了没有?"她没有回答。改用基诺语问后,她用非常流利的基诺语详细地回答了早饭吃了些什么。李老师说,学前班学生中有的汉语好一点,有的不好,所以上课时需要用基诺语辅助解释。一年级的情况会好一些,到了二年级,学生们就基本适应普通话教学了。当然,每个学生也有差异。老师上课用普通话提问,学生有的用汉语回答,有的则用基诺语回答。这种现象在一年级比较多,二年级以后基本上都能用汉语普通话来回答了。

可见,在课堂教学中,小学中高年级以及初中的教学都是围绕汉语展开的。学前教育和小学低年级的教学中,以汉语教学为主、基诺语辅助教学。而在课下,老师之间、学生之间以及老师与学生之间,说基诺语还是说汉语则因人而异。具体情况如下:

(1) 老师之间

中小学教师的民族成分多,除了基诺族外,还有汉、哈尼、彝、傣、拉祜等其他民族。老师之间说什么语言,与其民族成分有关。一般是基诺族老师之间说基诺语,基诺族老师与非基诺族老师之间说汉语。有的非基诺族老师还会听或会说简单的基诺语。以基诺乡中学为例。全校共有39户教职工,65人,其中基诺族32人,占全校总人口的49.2%,汉族28人,占43.1%。此外,还有彝族、傣族和拉祜族,共5人,约占7.7%。非基诺族在中学的总人数占50.8%。主管后勤的副校长布鲁车(汉名"白志华",45岁,基诺族)说,基诺族老师之间都说基诺语,而那些非基诺族老师都是大学毕业后分配到基诺山的,大多不会说基诺语,所以平时老师们之间都说当地汉语方言。

基诺乡中心小学的情况也如此。语文教师白友仙(38岁,基诺族,札果人)告诉我们,在上课的时候,同事之间一般要说普通话,但私下聊天时就说基诺语。虽然老师们用汉语交际一点问题也没有,不过在说到基诺族的事情时,总觉得用汉语有点隔膜,有些话题用基诺语交流起来更亲切。又如,巴卡小学共有11名教师。其中有9名老师是基诺族,他们之间说基诺语。而另外的1名汉族和1名哈尼族老师,与基诺族老师之间都是说汉语,哈尼族老师还会说简单的基诺语。

(2) 学生之间

基诺乡共有1所中心小学,曼海、茶地、巴卡和么羊4个完小点,1所民族中学。根据当地的实际情况,乡中心小学和乡民族中学办成了寄宿制学校。绝大多数的基诺族学生在这里接受和完成了小学、初中教育。学生之间在下课以后说什么语言,与他们的民族成分有关系。一般情况是:基诺族和非基诺族学生之间说汉语当地方言,基诺族学生之间一般都说基诺语。但有部分不会说基诺语的基诺族学生,他们与其他同学之间都说汉语。中学生罗云霞(13岁,基诺族,巴朵人,在乡中学上初一)能说流利的基诺语,与同组的李俊娇(14岁,基诺族,在乡中学上初二)是好朋友,经常在一起排练舞蹈,她俩之间都是说基诺语。罗云霞在学校里还结交了十多个说汉语的朋友(有的是基诺族学生),她们之间则说当地汉语方言。小学生张婕妮(11岁,基诺族,在乡中心小学上五年级)也能说流利的基诺语。她所在班级共31名学生,其中有七八个不说基诺语(有的是基诺族)。她与同班的杨柠、杜姗姗是好朋友,但杨、杜二人都不会说基诺语,所以,当她们三人一起玩耍的时候都是说汉语。而张婕妮与会说基诺语的同学之间,则用基诺语交谈。

有的基诺族村寨由于交通原因,距离傣族坝子更近,家长们就近把孩子送到傣族地区的学校上学。比如,回鲁组组长资泽的小儿子泽布鲁(汉名"胡志成")、会计周白的女儿包吕(汉名"周美英")都在橄榄坝(勐罕镇)中学上初二。橄榄坝是傣族聚居的乡镇,所以橄榄坝中学大多数是傣族学生,只有十几名基诺族学生。泽布鲁和包吕告诉我们,课间基诺族学生之间都说基诺语,而和傣族同学则说汉语。

还有的基诺族由于各种原因,离开基诺山到景洪市上学。比如,上文提到的李文秋老师和洛科新寨的杨小禾、么卓的胡秀兰因为学习成绩优异但家庭贫困,被乡政府保送到景洪市民族中学上初中。李老师告诉我们,在景洪他们三个在一起的时候是说基诺语。又如,回鲁组村民杨建华(32岁)把两个女儿送到教学质量更好的景洪市上小学,周围的同学都是傣族、汉族等其他民族,课后,两姐妹在一起的时候都是用基诺语交流。

(3)老师与学生之间

基诺乡学生的民族成分比较单一,以基诺族为主。而老师的民族成分比较多,除了汉语,很少说基诺语。正如乡中心小学的白友仙老师所说"普通话是工作语言",在学校里一般要说普通话。据中学生罗云霞介绍,在乡中学基诺族的老师跟他们一般都说普通话,很少说基诺语。我们问巴秀小学的李文秋老师:"课下您和学生聊天是说基诺语还是汉语?"李老师回答:"下课的时候,我用普通话和学生聊天,胆大的用汉语和我聊,胆小的说基诺语。"小学教师李忠华(基诺族,巴来人)告诉我们,在校园里他与学生一般说普通话。即使学生不说普通话,作为老师也要跟他(她)说。这样做的目的是为了培养学生族外,还有汉族、哈尼族等其他民族。老师与学生在课下用什么语言交流,主要是由教师职业的特殊性决定的。在基诺乡,学校是学习和传播汉语普通话的唯一社会场所,老师的普通话水平普遍高于从事其他职业的人,因而,教师这一身份与汉语普通话紧密联系在一起。据调查,老师与学生之间说得较多的是普通话。

此外,老师与学生在课下说什么语言,与其民族成分有一定的关系。在中小学,不同民族的老师、同学之间说汉语,有的基诺族老师和学生说基诺语。我们以"教师家访时使用什么语言"为题在巴朵组进行了专项调查,结论是汉族老师说汉语,基诺族老师说基诺语。

3. 乡机关单位

(1)乡政府

乡政府干部以基诺族为主体,有少数来自外地的汉族、哈尼族干部。各民族干部之间,一般都说汉语。调查期间，与我们接触较多的副乡长陶簧旺（分管全乡教育，回振人）、乡长助理刘祖宏（景洪市人）和文教干事杨少华。其中，陶、杨二人都是基诺族，基诺语熟练。杨少华还会演唱基诺族民歌，一张名为《我的家乡基诺山——基诺族民歌精选》的 VCD 中收录了他唱的歌曲。乡长助理刘祖宏是汉族，娶了基诺族妻子，到基诺山工作有十来年，已能听懂基诺语，会说简单的基诺语。上班时间，陶和杨之间以说汉语为主，有时也说基诺语，而他们两人与刘一直都说汉语。因调查需要，我们还接触到综合办公室秘书钟少英、妇联副主席罗者施、共青团书记车慧芬、宣传干事张云、统计员张包资等基诺族干部。他们既能说流利的基诺语，也能说普通话。

我们还看到，每天有很多基诺族群众到乡政府办事，凡遇到会说基诺语的干部，一般都说基诺语。而与不会说基诺语的干部，则说汉语。所以，在基诺乡工作，会说一些基诺语是十分必要的。综合办公室的秘书王玲（哈尼族，勐腊人）2005 年通过考试获得公务员资格后，来到乡政府工作。不到一年的时间，王玲已学会说一些简单的基诺语。她说，在基诺山工作就得学会一些基诺语，不然的话，开展起工作就不那么顺手。

对乡干部来说，下到村寨里检查工作算得上是"家常便饭"了。据了解，基诺乡的现任乡长罗建宁是基诺族，会说基诺语。而乡党委书记李红是四川的汉族，不会说基诺语。所以，当乡长到村里检查工作时，村干部、老百姓和乡长用基诺语交流；而书记下到村里时，村干部用汉语向他汇报工作情况，老百姓也用汉语与书记交谈。乡政府退休干部李双友（60 多岁，汉族，勐养人）60 年代复员转业到基诺山参加工作，退休前在乡政府主管经济工作。据他回忆，20 世纪 70 年代，干部们下到各个村寨里给老百姓宣讲文件、政策都是用汉语，但老乡听不懂，只好让基诺族干部用基诺语作简单的翻译。而现在直接用汉语就可以了，很少需要用基诺语解释。据茄玛村委会主任切周（36 岁，巴亚老寨人）介绍，村里的干部都是用汉语准备会议的发言、报告。村里安装有广播，会前村干部用基诺语通知开会的时间、地点。会上，村干部用汉语宣读文件、传达上级指示精神。偶尔遇到老百姓不清楚的地方，则用基诺语解释。在讨论的时候，基诺族群众都说基诺语。

（2）邮电所

邮电所是服务性行业，与基诺山老百姓的日常生活紧密相关。我们调查乡邮电所语言使用情况时，当班的职工是基诺山出生的汉族，30 多岁，能听懂一些基诺语但不会说。据他的介绍，邮电所负责信件、包裹的邮寄、收发等工作，没有开办邮政储蓄业务。要通过邮政储蓄的渠道汇钱的话，则需到有半小时路程远的勐养镇。现在家家户户都安装了电话，所以工作量也减轻了很多。他说，老乡来邮电所寄信或拿包裹的时候，一般都跟他说汉语。有的老乡说基诺语，他也能听懂。

4. 集市、商店

集市和商店是商品的集散地，人口流动性大，常常汇聚了不同的民族和语言。基诺乡在太阳广场旁修建了一个长约 50 米、宽约 20 米的农贸市场，主要经营食品，包括各种蔬菜水果、鸡鸭鱼肉、粮油、服装等,还有的定点经营早点摊和夜宵。市场里的生意人一般都是早上6、7点开始摆摊,傍晚收摊回家。生意人多是本地的,也有部分外地商人。而顾客大都是本地人,所以,用基诺语讨价还价的现象到处可见。外地商人虽然不会说基诺语,但为了获得基诺族群众的认同,很多人都学会了当地汉语方言。有的外地商人还能听懂简单的基诺语。有一位从湖南来的经营服装摊的汉族女老板,四十岁左右,到基诺山7、8年了,刚看到她时,她挎着一个基诺族砍刀布做的布包,说一口纯正的当地汉语方言,我们还以为她就是基诺族。但她不会说基诺语,所以基诺族老乡向她买东西时都说当地汉语方言。

在农贸市场两旁,有十几家大大小小的商店。老板多是外地人,本地人较少。我们做"商店的语言使用情况"专项调查时随机抽样了以下6家:(1)勐养的白族人经营的1家食品店和1家音像文具饰品店;(2)湖南邵阳人经营的2家日常生活用品、服装店;(3)昆明人经营的五金、生产用具商店;(4)基诺族青年人郭松经营的食品店。调查中了解到,除了基诺族开的食品店,老板跟基诺族顾客说基诺语外,其他商店里都是用汉语经营买卖。我们在勐养人开的音像文具饰品店做调查时,一位60多岁的基诺族妇女来买项链、手镯,她说的汉语十分流利,与店老板的讨价还价过程都是用汉语完成的。

综上所述,在基诺乡的不同场合中,基诺语和汉语在使用上存在两种关系:一是互补,一是交替。所谓的"互补关系",就是在某一场合,以一种语言为主,另一种语言作为补充,比如低年级的课堂教学。所谓的"交替关系",是指在某一场合,两种语言都可以使用,没有主次关系。用表格表示如下:

表 2-15

使用场合			互补		重叠
			以基诺语为主,以汉语为辅	以汉语为主,以基诺语为辅	两种语言同时使用
家庭	族内婚姻		+		
	族际婚姻			+	
学校	课堂教学	幼儿园、学前班		+	
		小学低年级		+	
		小学中高年级		+①	
		初中		+②	
	课下				+
机关单位	乡政府				+
	信用社				+
	邮电所				+
集市、商店					+

① 在小学高年级课堂中,使用汉语,一般不说基诺语。
② 同上。

二 边缘区基诺语使用情况考察

与基诺语使用频繁的中心区不同,乡政府所在地以及洛科新寨、洛科大寨、曼武、银场上寨、银场下寨、么羊等村寨,熟练使用基诺语的人口少。这类地区,我们称之为基诺语使用的"边缘区"。我们抽样调查了乡机关单位、洛科大寨、洛科新寨和么羊4个点。各调查点基诺语使用情况如下:

表 2-16

调查点	总人口	熟练 人口	熟练 百分比	略懂① 人口	略懂① 百分比	不会 人口	不会 百分比
乡机关单位	141	81	57.4	52	36.9	8	5.7
么羊	133	40	30.1	4	3.0	89	66.9
洛科新寨	115	10	8.7	79	68.7	26	22.6
洛科大寨	118	7	5.9	100	84.7	11	9.4
合 计	507	138	27.2	235	46.4	134	26.4

我们将边缘区和中心区的基诺语使用情况进行对比,见下表:

表 2-17

调查点	总人口	熟练 人口	熟练 百分比	略懂 人口	略懂 百分比	不会 人口	不会 百分比
中心区	1763	1730	98.1	33	1.9	0	0
边缘区	507	138	27.2	235	46.4	134	26.4

用柱状图来表示:

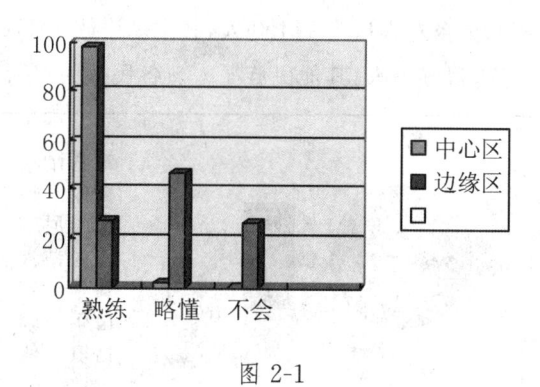

图 2-1

---

① 在边缘区调查时,我们把"一般"和"略懂"级归并为一级,即"略懂"级。下同。

可以看出,边缘区的基诺语使用与中心区有明显区别,突出地表现在:"熟练"级的人口和比例大大低于中心区,而"略懂"级、"不会"级的人口及比例远高于中心区。

边缘区熟练使用基诺语的比例低,而处于"不会"级的比例高。原因有以下几点:

1. 乡机关单位的人员来自多方面,有的是本地的基诺族,有的是从外地来的非基诺族。即使是基诺族,也是分别来自全乡的不同村寨。在抽样调查的6个单位共330人中,基诺族197人,占59.7%,非基诺族133人,占40.3%。其中,汉族73人,占22.1%,哈尼族21人,占6.4%,拉祜族16人,占4.8%,其他民族23人,占7.0%。在这样一个以基诺族为主体民族、多民族杂居的格局中,不同民族在一起工作使用汉语自然是最好的选择。在机关出生的第二代、第三代基诺族,从小与非基诺族小孩在一起,主要使用汉语,大多数孩子都只能听得懂基诺语,但不会说。

2. 幺羊、洛科大寨和洛科新寨熟练使用基诺语的比例分别是30.1%、8.7%、5.9%,而使用汉语的比例高达69.9%、91.3%、94.1%。据当地人介绍,幺羊、洛科大寨和洛科新寨等寨子的基诺人,有的与汉族通婚,有的与汉族杂居,所以,他们的基诺语水平不如中心区基诺族聚居的村寨。

第二节 基诺语稳定使用的条件和因素

如上所述,半个多世纪以来,基诺语还能够在基诺族中稳定地使用,发挥其交际功能的作用,不至于在与强势语言的接触和影响下出现语言衰退。这是为什么?本节主要分析制约基诺语稳定使用的条件和因素。

一 基诺族分布高度聚居是基诺语稳定使用的客观条件

就整个基诺乡而言,基诺族的分布呈高度聚居状态,是"单一民族高度聚居区"。据乡政府最新的人口统计数字(2006年),全乡总人口为11400人,其中基诺族11112人,汉族175人,哈尼族89人,拉祜族14人,傣族8人,佤族1人,其他民族4人。各民族人口所占比例见饼形图:

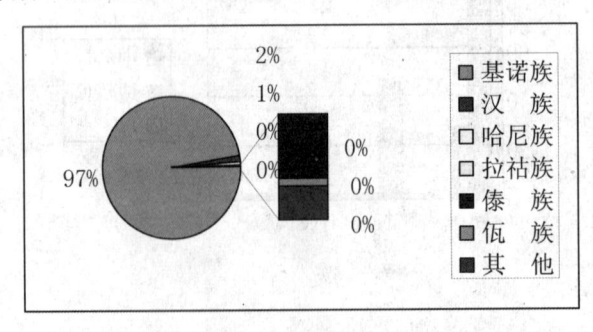

图 2-2

基诺族占全乡总人口的比例高达 97% 以上,其分布显然是呈高度聚居状态的。

从单一村寨来看,基诺族的分布同样呈高度聚居状态。基诺乡 8 个村寨中基诺族家庭户数所占比例如下:

表 2-18

自然村	全寨户数	基诺族家庭户数	基诺族家庭户数占全寨户数百分比
巴亚老寨	76	76	100
巴亚新寨	100	93	93
巴破	85	73	85.9
巴朵	61	45	73.8
巴秀	54	54	100
茄玛	29	26	89.7
回鲁	62	59	95.2
合计	468	427	91.2

从统计情况看,在单一村寨中,基诺族家庭占全寨户数的比率最高为 100%,最低为 73.8%,平均比率高达 91.2%,基诺族分布的高度聚居性是显而易见的。

随着社会经济的发展,人口流动性的增强,基诺乡的族际婚姻和外来务工人员有逐渐增多的趋势,但族际婚姻的存在和外来务工人员的流入目前还没有改变基诺山人口分布的高度聚居性。

先说族际婚姻。族际婚姻在基诺乡的分布并不均衡,总体上讲,在远离乡(镇)政府驻地、交通干道的村寨中,族际通婚家庭一般较少,个别村寨甚至无族际通婚的家庭。像回鲁寨共有 62 户,仅有 3 户族际婚姻家庭。巴亚老寨共有 76 户,无一户族际婚姻家庭。在临近乡(镇)政府驻地、交通干道的村寨中,族际婚姻比率通常较高。像巴朵寨,全村 61 户中族际婚姻家庭有 16 户,族际婚姻家庭占 16.2%;巴破寨共有 85 户,族际婚姻有 12 户,族际婚姻家庭占 14.1%。族际婚姻家庭较少的情况自然不会影响基诺族分布的高度聚居,数量相对多一些情况的影响也是极其有限的。原因何在?一方面,所谓族际婚姻家庭数量的多与少只是相对而言。即使是在那些族际婚姻家庭数量多一些的村寨里,像巴朵、巴破,基诺族家庭所占的比率仍是相当高的。近年来随着经济的发展,族际婚姻家庭数量有递增趋势,但总体来看还是少数。另一方面,族际婚姻家庭分布上呈分散状态,嫁入(入赘)的外族人在生活、劳动中每天所接触的都是基诺族人,无时不受到基诺语的影响,大都能在较短时间内就不同程度地掌握了基诺语,并且很快就能融入到基诺族社会中,成为基诺族大家庭中的一员。比如,巴朵寨的刘正白(男,46 岁,汉族)是来自四川安岳的"改板"师傅,妻子、所育二子均为基诺族,基诺语熟练。尽管仍旧保留着汉族身份,但刘师傅现在不管是饮食起居,还是外出务工都操着一口流利的基诺语,言谈举止、生活习惯也都与当地人无异,用他小儿子的话讲"我阿爸现在完全就是一个基诺人了"。族际婚姻家庭数量上尚未形成"气候",分布上又呈散居状态,嫁入(入赘)的外族人在语言、生活习俗等方面也都逐渐地与基诺族人趋于一致。可见,族际婚姻家庭对基诺族人口分布高度聚居性的影响是极其有限的。

外来务工人员的流入同样没有改变基诺族人口分布的高度聚居的特征。基诺山地区由于土地肥沃、气候适宜、资源丰富,人口密度较低,所以,早在上世纪改革开放之前,就有附近汉、哈尼、傣、布朗等民族进入该地区,从事木工、建筑、种植等工作。改革开放以后,尤其是近年来随着经济的转型,橡胶、茶叶等经济作物成为基诺乡的支柱产业。有些村民由于经济作物种植面积大,每到农忙时(主要是橡胶开割、茶采摘季节),都雇用了一些外族劳务人员。以乡中心小学勤工俭学基地为例,该校有橡胶园约 200 亩,橡胶树 6000 余棵。由于缺少人手,每年的 3—9 月(橡胶开割时间)都要雇用一些主要来自云南墨江的拉祜、哈尼、汉等民族的人员。又如,基诺乡供销社有 100 多亩茶叶,每逢茶叶采摘时节也都需要雇用一些外来人员。据孙阿明(男,71 岁,基诺族)老人介绍,目前在基诺乡,农忙时节几乎每个村寨都有"来割胶的"。尽管如此,外来务工人员并没有改变基诺族的高度聚居状况。外来人员流入基诺山具有季节性、短期性的明显特征,他们通常是农忙时前来帮工,农闲时就或回本地或到别处做工,用当地年轻人的话讲就是"来也匆匆,去也匆匆"。我们在住所附近看到的一些雇工招聘广告也印证了这种说法。此外,外来人员通常聚居于村寨外围一些临时搭建的工棚里,离基诺人较远,对基诺族聚居的交叉分割的态势尚未形成。

不难发现,整个基诺乡的人口分布呈现基诺族高度聚居状态。族际婚姻的存在、外来务工人员的流入无论是对整个基诺山还是就单一村寨而言都没有对基诺族聚居的高度集中性产生根本影响。基诺乡人口分布的高度聚居性为基诺族提供了一个母语使用的广阔空间,是基诺语能够长期完整留存下来的客观条件。

二 国家语言政策是基诺语得以稳定使用的保障

中华人民共和国宪法所规定的"各民族都有使用和发展本民族语言文字的自由"的政策,从根本上保障了各少数民族都可以根据自己的条件和意愿使用和发展本民族的语言和文字。基诺语的情况也不例外。基诺族虽然是一个人口较少的民族,但同全国其他少数民族一样享有国家民族语言政策所赋予的权利。

我们看到,在基诺山乡政府、村委会和村民小组,基诺语同汉语一样都是通用工作语言。在乡政府中,基诺族公务员的比例高达 70%以上,工作中他们都是根据实际需要来决定语言的使用。据基诺乡前任乡长纳培(男,51,基诺族,景洪市提案法制文史委员会主任)介绍,在乡政府主持工作期间,他通常使用汉语做工作报告,同时还习惯用基诺语对报告内容进行解释或者强调。与我们座谈的基诺族村民也多次提到,跟乡政府的基诺族干部或者办事人员一起时,既可以讲基诺语也可以讲汉语。在基诺乡的各村委会、各村民小组中,基诺语的使用要更为普遍一些。茄玛村委会主任切周(男,33岁,基诺族)告诉我们:"我们村委会开会都是讲基诺话,传达上级文件的时候,我们一般是先用汉语读,然后还喜欢再用基诺话去说明一下。"村寨里干部遇到有事要通知村民,无论是以前的广播,还是现在的固定电话、手机,通常说的都是基诺语。我们在去巴朵寨入户调查时,组长沙金寿(男,46岁,基诺族)就是通过高音喇叭用基诺语通知受访村民到场的。

基诺语还广泛用于学校教育中。早在上世纪60年代,当地小学低年级就已普遍开展了基诺语、汉语双语教学,成效较为显著。纳培介绍说,他曾任教过的巴亚村小学和乡中心小学就长期将基诺语作为教学辅助语言,学生成绩在州、乡各类考试中经常名列前茅。此次我们在做双语教学专题调查中也了解到,目前在基诺乡,80%以上的小学教师都是基诺族人,他们在学前班和小学低年级(1—3年级)教学中普遍将基诺语作为辅助性教学语言,教学效果良好。乡中心小学语文教师白友仙(女,38岁,基诺族)称:"给基诺族学生上课还是要用到基诺语的,特别是低年级学生。用基诺语辅助教学,学生理解得快,成绩提高得也快。"

基诺语在银行、派出所、医院等机构内也是最主要的交际工具。乡农村信用合作社5名职员中4名为基诺族,工作中他们主要是根据储户的民族情况来选用语言,据介绍,营业期间还是以讲基诺语的情况为多。乡派出所5名警员中4名为基诺族,在执行公务时,如果是基诺人与外族人发生了纠纷,他们就一般用汉语来解决。处理本族人之间的纠纷,则要使用基诺语。在乡中心医院,基诺族的医务工作者的人数占到80%以上,他们与本族患者交流都讲基诺语,同其他民族的患者就用汉语。医院里的非基诺族医务工作者大多也都能听得懂基诺话,能够同基诺族患者进行简单的交流。

国家民族语言政策是基诺语得以广泛使用的有利保障,是半个多世纪以来基诺语能够较完整保留下来的制度性前提。

三 稳固的民族意识和母语观念有利于基诺语的稳定使用

民族意识是单一民族对民族身份、民族文化等方面的一种自觉认同心理。基诺族对民族身份的唯一性以及传统文化的源远流长充满了自豪感,对母语的传承、使用与发展表现出极大的关注。基诺族稳固的民族意识以及深入的母语观念对基诺语的留存与稳定使用起到了重要作用。

在民族身份被国家正式确认之前,基诺族就普遍认为自己是与周围其他民族完全不同的单一民族,并渴望早日得到国家的确认。巴朵寨组长沙金寿称:"早先的时候,不管别人怎么称呼我们,攸乐人也好,其他什么人也好,我们都认为自己是基诺族,都希望政府能早点确认,越早越好。"1979年6月6日国务院正式批准基诺族为第55个少数民族后,整个基诺山欢欣鼓舞,衷心感谢党和政府对他们的关怀。为了表达成为单一民族的喜悦,村民们特地从巴朵寨抬来一面木鼓,安放在乡政府西侧的球场上,擂鼓庆祝,当日参加庆典的群众逾万人。1999年6月,基诺乡政府还举行了一系列的活动,庆祝基诺族成为单一民族20周年,出版并发行"纪念国务院正式确认基诺族为全国单一少数民族20周年特刊"宣传手册《走向新世纪的民族——基诺族》。

基诺族一向重视本民族的传统文化,随着民族身份的正式确认以及经济的飞速发展,基诺族更加关心重视传统文化的发扬与传承。上世纪80年代初,乡政府恢复了古老的传统节日"特懋克"节,每年乡里都出面指定一个村寨来隆重举办,并将2月6日至8日定为"特懋克"节的法定时间。为了整理、记载民间文学,发展基诺族的文化事业,乡政府于1980年成立了乡文化站。文化站在广泛收集整理民间文化的同时,也为研究基诺族的国内外专家、学者提供了大量帮助。基诺人还重视民族文化的传播,大胆地走出山寨、国门,积极介绍、宣传本民族的传统文化。由基诺族民间艺人白腊先(男,52岁,基诺族)所编导的基诺族传统舞蹈曾在全国14个省份上演;巴朵村的布鲁则(女,55岁,基诺族)于2001年10月应邀远赴韩国,参加由韩国绢织研究院民族造型研究所举办的"韩中民族造形艺术特别交流展",表演基诺族传统的腰机织布。目前,基诺乡政府根据"十一五"规划,正积极筹建集传承民风民俗、伦理道德和卓巴祭祀、民族节日、民间体育为一体的基诺族卓巴生态文化园,努力打造民族文化品牌。

民族意识决定语言观念。所谓语言观念,又称语言观或语言态度,是指个人或集团(包括方言区、民族)对某种语言的价值及行为倾向的评价,包括如何认识和理解某种语言的地位,采取何种情感。基诺族具有稳固的民族意识,因而十分重视作为民族身份标志和传统文化要素之一的母语。

基诺族普遍重视母语的习得。基诺乡45个自然村中,大多数人的第一语言都是基诺语。我们对一些村寨中基诺语作为第一语言的情况进行了统计,其中巴亚新寨为99.9%,巴亚老寨为100%,巴昆为93.5%,巴破99.1%,巴秀100%。在基诺乡的有些家庭中,儿童是同时习得基诺语和汉语,或是先习得汉语然后才习得基诺语,其中的一个重要的原因就在于家长担心孩子入学后在语言方面存在障碍,影响学习成绩。即便是在那些先习得汉语的家庭里,基诺语的传承同样受到重视。我们在巴亚老寨调查时遇到了曼哇新寨的李继伟(男,33岁,基诺族),他的情况有一定的代表性。他说:"我很小就学会了汉语,而且说得还很流利,上学当然不吃力了。但我的基诺语讲得不好,磕磕巴巴的。当时家里人很着急,父亲总跟我讲,我们是基诺族,应该学会讲自己的话。那时我还不太理解父亲的意思。以后我的孩子,不管先学会的是什么语,基诺话是一定要会讲的。"

基诺人不仅将基诺语作为最重要的交际工具,还将基诺语的使用与民族感情、民族文化紧密结合在一起。在日常生活中,基诺语是普通百姓须臾都不可离开的最主要的交际工具。我们调查组所到之处,无论是在公路沿线的城镇,还是在偏僻的村寨,不论是在家庭内部,还是在机关、学校,所见到的基诺族人都是在用本族语进行交谈,即使有外族人在场也是如此。新司土村巴朵寨村民刘川云(男,22岁,基诺族),父亲是汉族人,母亲是基诺族人。虽然生活在族际婚姻家庭里,自己的汉语也属于熟练型,但他在家里、村寨中都使用基诺语,"汉话平常很少说,只是在跟汉族、傣族朋友一块的时候才讲。"我们用"词汇测试表"对基诺族母语能力进行测试时,发现大部分基诺族人都能较快说出最常用和较常用的词汇,较慢说出或者遗忘的,通常是一些目前使用频率较低的词汇。在基诺乡,基诺语的使用还总是与民族情感、民族认同紧紧地联系在一起。我们调查中注意到,基诺族老乡跟我们交谈时讲汉语,但转过脸去跟其他基诺人就马上改用基诺语,哪怕仅仅是说一句话也要用自己的母语来讲。很多人都说"见到基诺人不说基诺话害羞","大家都讲基诺语,感觉就像一家人一样","寨子里谁跟谁闹了矛盾,用基诺语去劝一劝,问题马上就解决了"。在统计"基诺族语言观念调查表"时我们注意到,在回答"如果有人在外地学习或工作几年后回到基诺山,不再愿意说家乡话或者基诺语,您的态度是什么"的选项时,多数受访者都选择了"反感""听着别扭"或"不习惯"。巴朵组的白腊先说"不管在外面说什么话,到了寨子里就要说基诺话……"。年纪稍长一些的基诺族老乡甚至认为"不说基诺语就是忘本""不说基诺语了,基诺族也就消失了"。基诺乡现任副乡长陶簧旺(男,39岁,基诺族)以前做过教师,现分管乡文教工作,他对基诺语与民族感情、民族存在的看法具有一定的代表性:"基诺族人对基诺语是很有感情的。基诺语中有我们的文化,我们的传统。没有了基诺语,基诺族就算不上是完整的。"

语言是有多种功能的。包括交际需要、认识客观世界、发展文化教育、传承传统文化、表达民族感情等。但是,不同民族语言的这些功能的分配是不完全一致的。对基诺族而言,基诺语具有以上所述的多种功能。比如,在老一代的人中,只有讲基诺语才可以真正做到理解世界、感悟生活、沟通情感,汉语更多的是被当作因人而异、因场景而异的实用工具和一种特定的交际策略。他们还普遍重视语言的民族情感,把基诺语的使用与对民族的认同紧紧地联系在一起。这种语言功能的分配也不同程度地传承到下一代。下一代人由于社会发展的需要,他们一方面重视汉语交际功能,另一方面还延续着前辈对母语的情感。所有这些都有利于基诺语的保留和稳定使用。

四 基诺族经济模式是基诺语稳定使用的有利的客观条件

基诺山地区经济模式迄今大致可分为三种类型:原始种植业、传统种植业与特色种植业。对不同经济模式中农作物的种植、商业活动的开展以及土地占有形式等方面的考察可以发现,半个多世纪以来,基诺山所经历的三种经济模式均有利于基诺语的保留与稳定使用。

原始种植业与传统种植业是基诺语保留与传承的土壤。建国初期,基诺族仍旧处于原始社会末期的农村公社发展阶段,延续着"刀耕火种"的原始种植业方式。"刀耕"是指用刀具砍伐轮歇山地的树木,为当年或来年农业的犁耕做好准备;"火种"指的是焚烧被砍倒的树木,将燃烬的木灰作为肥料。在这个阶段,农作物的种植主要以旱稻为主,兼种少量玉米、棉花等作物。男子的狩猎与竹编,女子的纺织和采集是主要副业,是"刀耕火种"经济中的辅助性经济。该阶段尚无严格意义上的商业活动,手工艺品、酒、棉花等通常留作自用,打制的铁器一般也不用于交换。原始种植业阶段的土地占有形式大致可分三类,一是以村社为单位的土地共有制,约占15%;二是以氏族或姓为单位的共有制,约占80%;三是个体家庭的私人占有制,约占

5%，以父系氏族为单位的土地共有制在三种土地占有形式中占绝对优势。原始种植业阶段，生产力低下，基诺人过着几乎与世隔绝的贫困生活。

从上世纪50年代中期到80年代初期，基诺山经济模式为传统种植业阶段。该阶段以旱稻、水稻的种植为主，此外，政府还根据山区特点在个别村寨小范围推广茶叶种植和砂仁、紫胶的生产。50年代后期基诺山地区开始建立供销社，以货币交换形式收购当地土特产品，供应人民生活、生产用品，六七十年代在各村寨还设立了贸易小组，负责收购农副产品及零售日用品，其他一切商业活动则大都被禁止。在传统种植业阶段，土地实行国有，村民以自然村为单位集体劳动，评工计分，实行按工分进行劳动产品分配的制度。由于"极左"政策的干扰、原有基础的薄弱，基诺山地区经济发展缓慢，村民的温饱问题尚未从根本上得到解决。

原始种植业与传统种植业两种经济模式均有利于基诺语的稳定使用。原始种植业以旱稻种植为主，以父系氏族土地共有制为主体的山地农业；传统种植业是以旱稻、水稻种植为主，以土地国有、集体耕作为主体的山地农业。两类模式均具有以村寨为中心，以土地为依托，"人不离寨"、"民不离土"的共同特点。在原始种植业和传统种植业阶段，基诺人聚居在一起，固守在土地上、村寨里，与外界交流相对匮乏。这种生活、生产方式有利于基诺语完整保留与传承，成为基诺语稳定使用的土壤。

特色种植业没有从根本上对基诺语的稳定使用产生冲击。从上世纪80年代初开始，基诺山经济模式出现了转型，进入了特色种植业阶段。基诺族乡政府根据本地区特点，确定了"特色经济、市场导向、产业促进、持续发展"的经济发展方针，以橡胶、茶叶、砂仁为支柱产业，水果、畜牧等为辅助产业的山区经济发展格局。近十年来，橡胶种植面积扩大，产量逐年递增，村民收入稳步提高，已经成为基诺人的"绿色银行"。此外，在稳定以杂交水稻种植为主的粮食生产基础上还加快发展了家庭养殖业。在这个阶段，商品经济观念开始渗入到基诺族农民的头脑中。农民往往到基诺山周边勐养、橄榄坝等地购买农药、农机设备，出售橡胶、茶叶、水果。有些农民还从事短途客运、理发、摄影、餐饮、娱乐等行业。该阶段土地实行联产责任制，包产到户，个人土地不仅可承包，而且可以有限转租。土地使用形式的变革激发了农民生产的积极性。我们在巴亚新寨调查时，正值橡胶收割季节，寨子里只剩下一些老人和孩子。村长资周从橡胶地里赶回来，解释说："全村人早晨四五点钟就出去割胶，晚上七八点才能回来，每天都是这样。"改革开放20多年来，基诺山地区不仅解决了温饱问题，经济水平也得到大幅度提高。

以经营橡胶园、种植茶叶与砂仁特色为主的特色种植业标志着基诺山地区经济模式的转型。但是，经济模式的转型并未从根本上改变该地区以村寨为中心，以土地为依托发展经济的总体模式。在现阶段，农业依然是主要生产部门，人们将全年大部分的劳动时间都投入在土地上；商业活动规模有限，交易品主要集中于橡胶、茶叶、水果等为数不多的几种农副产品，商业从业者不仅数量较少且大多同时为农业生产者，农忙时节（一般为橡胶开割、茶叶采摘期）还要返回村寨；家庭联产责任制和包产到户政策的实行也只是让农民将更多的精力和财力投入到土地上而不是转向其他行业。可见，特色种植业阶段的经济模式依然以村寨为中心，以土地为依托。与前两个阶段比较,经营模式的变迁主要是体现在区域内的纵深化与精细化,区域间的横向联系并未呈现规模化延伸的态势。

综上所述,转型前的原始种植业和传统种植业为基诺语的保留提供了适宜的土壤,转型后的特色种植业尚未从根本上对基诺语的稳定使用产生冲击,基诺山的经济模式成为基诺语稳定使用与发展的有利的客观条件。

五 家庭与社区的语言教育是基诺语稳定使用的重要保障

语言的连续使用既要靠一代一代人的自然传承,还要靠家庭与社区的语言教育。基诺族很重视对下一代人的母语教育,不论是在家庭或是在社区,都在着力营造着母语使用的氛围。

家庭语言教育主要是指对学龄前儿童(一般为 0—6 岁)母语的自然习得。该阶段家庭成员(主要是父母)对儿童母语教育的有意识引导与启蒙至为重要。家庭语言教育为儿童一生语言表达能力、语言交际能力的培养奠定了基础。民间艺人白腊先回忆说:"我小时候先学会的是基诺语,这是祖宗传下来的话,学会了一辈子都忘不了。""基诺话看起来好像是自己在不知不觉中学会了的,其实还是跟父母的重视分不开的。"巴亚新寨会计先资(男,41 岁,基诺族)称:"基诺语不需要在学校里教,我们当父母的都会教他们。"在有些家庭中,由于各种原因孩子在学龄前阶段基诺语掌握得不太好,父母往往都会采取一些措施加以补救。副乡长陶箐旺和妻子工作都比较繁忙,平日没有太多的时间来顾及孩子的母语教育,孩子基诺语说得不太流利,所以他们每逢寒暑假就将孩子送到爷爷奶奶身边,让老人给他"补补课"。基诺人稳定的、连续的家庭语言教育为基诺语世代相传奠定了坚实的基础。

社区语言教育是指具有基本语言能力的母语习得者在社区母语环境下浸入式语言能力的获得、强化与提升过程,也是语言观念的萌生、形成与定型过程。社区教育又是一种终生教育,它主要包括家庭、村寨、校园以及其他一切以使用基诺语为主的各类场景,时间跨度向前可延伸至学龄前阶段,向后能绵延人的一生。

入学以前,获得了基本母语表达与交际能力的儿童在村寨、家庭等场景所构成的母语环境中,通过与家人、同伴、邻居的语言交流,母语使用得越好,对本族的语言观念就越强。我们在对巴亚老寨的一名初中学生(周红,女,15 岁,基诺族)进行语言能力测试时,附近一起玩耍的四个小孩子先是窃窃私语,接着就争先恐后地回答起测试问题来。我们对他们也做了一个测试,发现他们虽然只有七八岁,但掌握的基诺语基本词汇很多。在问到基诺语何以掌握得如此之好的原因时,其中一个年龄稍大些的称"因为我们是基诺族的"。基诺乡石嘴一队的胡可可(男,24 岁,基诺族)在回忆自己小时候学语言的经历时也提到:"小时候,家里人给我们讲基诺族故事,小伙伴们一起唱基诺族儿歌,背基诺族的童谣。现在回想起来,我能讲基诺话,愿意讲基诺话,都跟小时候的影响很有关系。"调查中我们注意到,基诺族老乡常把"基诺族的一出生就会讲基诺语"挂在嘴边,这种说法固然可以理解为基诺人对民族的自豪感,对母语的热爱,但从中也不难看出,在社区母语环境下,耳濡目染对语言能力的获得以及母语观念的形成所起到的不可或缺的作用。入学之后,基诺族学生除去课堂上使用汉语外,课余的大部分时间仍未脱离母语环境。乡中心小学语文教师白友仙称,教师只是要求学生课堂上要用汉语回答老师问题,在其他场合也只是鼓励他们多说汉语。但一般来讲,基诺族学生普遍比较害羞,在一起时主要还是以讲基诺语为主。就读于橄榄坝中学的初中二年级学生泽布鲁(男,15岁,基诺族)也称:"课堂上一定要说汉语,课下就随便了,我们基诺族的学生只要在一起就都说基诺语。""基诺族的就应该说基诺话。"阿妹(女,21岁,基诺族)是高中毕业以后回到乡种植厂的。在读高中时,虽然学校里基诺族学生数量不多,但她只要是跟本族同学一起就讲母语。"我们可以谈'特戀克'、'吃新米'、'上新房',还有寨子里的新鲜事,感觉特别亲切。越是在外边,就越要讲基诺话。"可见,即使在校园里,基诺族学生也仍旧生活在与同伴一起所营造的"小"的母语环境中,母语表达与交际能力得到保持与进一步的发展,语言观念逐步形成。毕业之后,大部分基诺族学生都要返回到村寨中。改革开放之前,整个基诺山地区的教育水平普遍较低,小学文化程度即为高学历,小学毕业生无例外地都要回到寨子里从事农业劳动。改革开放后,尤其是近年来随着基诺乡"普六"、"普九"义务教育的全面实现,基诺族适龄儿童入学率达到100%,初中的升学率也近100%。但由于受经济发展、教学管理等诸多因素的影响,初中阶段辍学现象严重,初中升高中(含职高、技校)比例总体偏低。这就意味着初中毕业后,仅有一小部分学生可以到景洪、昆明等城市继续学习,绝大部分学生都要回到村寨。即便是那些读了高中、技校,甚至中专、大专的学生,也有相当一部分人在毕业之后,受本乡经济形势快速发展的影响而选择返回村寨。在以村寨为中心的广阔的社区语言环境里,他们的母语表达与交际能力均得到全面的强化与提升,语言观念走向定型化。

综上所述,家庭语言教育中对母语的重视奠定了基诺人母语能力的基础,社区语言教育中母语环境又使母语能力得到提高、保持及全面提升,母语观念从萌生、形成到定型化,家庭与社区的语言教育无疑在基诺语的稳定使用中起到了强劲的促进作用,成为基诺语稳定使用的重要保障。

第三章 基诺族全民双语制的建立及其成因

第一节 基诺族全民双语制的建立

基诺族是一个全民型的双语民族。他们除了使用自己的母语外，绝大部分人都还兼用汉语。在基诺山我们很容易看到，无论是交通便利、信息快捷的乡政府机关所在地还是交通不便、信息不畅的偏僻村寨，基诺族基本上都能说汉语，而且中青年人汉语说得都很流利。为什么基诺族能够在建国后较快的时间内基本实现双语化？是什么因素使得他们能够保存自己的母语外，又能兼用汉语？双语所带来的问题又是什么？带着这些疑问，我们深入村寨，走访了当地的干部群众，查阅了有关资料，逐渐形成了对基诺族双语的形成过程、形成因素、使用情况等方面的认识。

一 全民双语制建立的过程及现状

双语制也叫双语现象或双重语言制。双语指的是个人或语言（方言）集团使用两种或两种以上语言（或方言），是随着民族接触、语言接触而产生的。过去很多学者对双语的标准，即兼用另一种语言究竟达到什么程度才能算作是双语，存在一些分歧。本文对"双语"概念的界定，是指除使用自己的母语外，能够使用另一种语言进行日常交际。"双语人"是指能够转换用两种或两种以上语言进行交际的人。

基诺族的双语从兼用语种来看可以分为三类：一是兼用汉语；二是既兼用汉语又兼用傣语；三是兼用汉语又兼用哈尼语（爱尼话）。在这三种类型中，属于第一种类型的人数最多、最为普遍，影响也最大。

基诺族的双语制是在过去单语制的基础上产生的。

基诺族在历史上曾经长期是单语制。新中国建立之前，基诺族社会还处于原始社会末期，那时生产力极为落后，而且交通又不便，不同地区之间的交流与往来不多；母系氏族的遗迹、农村公社的地缘观念成了凝聚基诺族各地成员的纽带。那时基诺族主要使用基诺语就已能保证日常生活交际的需要。但到了近代，基诺族由于与汉族、傣族的交流不断增多，一些人兼用了汉语和傣语。

随着新中国的建立，过去那种相对单一、闭塞的语言生活必然要打破。解放后，基诺人进入了国家统一的政治、经济生活，大批汉族干部、教师来到基诺山，与基诺族一起建设社会主义新生活。1956年开始的全民教育,1958年底开始的基诺山寨扫盲运动,这些都为实现全民双语制起到重要的作用。随着社会的不断发展,基诺族的生活发生了巨大的变化,由封闭逐渐走向开放,其语言生活也迅速地由主要是单语制逐渐向双语制发展,即开始由只使用基诺语,发展成基诺语和汉语并存并用。

据戴庆厦、傅爱兰、刘菊黄80年代调查的材料,基诺族已基本上实现了从单语向双语发展的全过程。那时,"基诺族除以基诺语为主要交际工具外,还广泛使用汉语。人们用汉语同外族人交谈,做买卖,听汉语广播,欣赏电影、电视,阅读汉文的报刊、杂志。在人们的心目中,汉语与本民族语言一样,已是人们生活、工作、学习的不可缺少的重要工具。基诺族双语现象的特点是全民性与普遍性。主要表现在两个方面:一是掌握双语的普遍性,即男女老少大多数人都掌握两种语言;二是使用双语的普遍性,即在许多场合,如在学校、商店、医院、区公所等几乎都是两种语言交替使用,在有的家庭里也交替使用两种语言。以较偏僻的巴卡乡巴卡新寨为例。这个寨子有193人,全部都是基诺族,其中会说汉语的有128人,不会汉语的65人,其中37人是学龄前儿童和幼儿,除去这部分少儿,不会汉语的只有28人,占会讲汉语人数的21.8%,占全寨人数的14.5%,而会讲汉语的人数则占全寨人数的85%以上。"[①]

20年后的今天,我们看到基诺族的双语制在过去的基础上无论是深度还是广度又有了新的发展。

先看一看距离乡政府所在地约23公里远、相对偏僻的基诺乡茄玛村巴亚老寨汉语能力情况。这个寨共有311人,均为基诺族,其中1人为聋哑人,另有7人为六岁以下儿童,不计入汉语能力统计中。对巴亚老寨汉语语言能力的统计结果如下:

表3-1 基诺乡茄玛村巴亚老寨汉语语言能力统计表

年龄段	熟练 人口	熟练 百分比	一般 人口	一般 百分比	略懂 人口	略懂 百分比	不会 人口	不会 百分比
6—12岁	25	86.3	3	10.3	1	3.4	0	0
13—18岁	48	100	0	0	0	0	0	0
19—59岁	176	87.1	19	9.4	4	2	3	1.5
60岁以上	4	16.7	6	25	13	54.2	1	4.1
合 计	253	83.5	28	9.2	18	6	4	1.3

从表3-1中我们可以看出,巴亚老寨汉语熟练者高达83.5%,只有1.3%的人不会汉语。

---

① 参考戴庆厦、傅爱兰、刘菊黄《普及教育、开放经济是双语发展的重要因素》(《民族团结》1987年第3期)。

年轻人的汉语能力则相对较高,18岁以下的人汉语能力大多数为"熟练"或"一般",19—59岁的中青年汉语能力达到熟练者也高达87.1%。据进一步调查,不会汉语的有4人(其实也能听懂一点)。调查组到了茄玛村,看到茄玛村是基诺乡7个村中距离乡政府驻地较远的村寨,地处偏僻,交通不便。但即使是如此偏僻的村寨,掌握汉语的人数也如此之多。至于那些交通比较方便、与外界接触相对多的村寨,掌握汉语的人的比例就更高了。巴亚老寨人母语全部为基诺语,而且说得都非常熟练,村民之间通常都说基诺语,如果其他民族的人来访或遇见陌生人,他们就说汉语,两种语言交替得十分自如。

再以距离乡政府所在地约1公里远的基诺乡新司土村巴朵为例。巴朵全寨290人,除去6岁以下的儿童,全寨汉语语言能力的情况统计如下:

表 3-2　基诺乡新司土村巴朵汉语语言能力统计表

年龄段	人口	熟练 人口	熟练 百分比	一般 人口	一般 百分比	略懂 人口	略懂 百分比	不会 人口	不会 百分比
6—12岁	24	22	91.7	2	8.3	0	0	0	0
13—18岁	39	39	100	0	0	0	0	0	0
19—59岁	188	180	95.7	5	2.7	3	1.6	0	0
60岁以上	29	5	17.2	7	24.2	5	17.2	12	41.4
合计	280	246	87.9	14	5.0	8	2.8	12	4.3

从表3-2中我们可以看到,汉语熟练或一般的人高达92.9%。不会汉语的总共有12人,均为60岁以上的老人。18岁以下的青少年,汉语能力皆为熟练或一般。当我们去巴朵村寨的布卢则(女,56岁)家调查时,女主人热情地用汉语普通话招呼我们,与我们交谈。女主人告诉我们说,全家6口人,除68岁的老母亲不会说(能听懂一点)汉语外,其他5人全都会汉语。孙女今年2岁,能听懂基诺语也能听懂汉语。我们正聊得起劲的时候,女主人的儿子布鲁资(男,28岁)来电话,女主人则用基诺语跟儿子说话。过了几分钟,儿子骑着摩托从橡胶园里回来,见到我们就用非常流利的汉语与我们交谈,还不时地说一些幽默的话。其间他还转身用基诺语问母亲一些事,两种语言转换非常自如。在基诺乡像布卢则这样能使用两种语言的家庭是非常普遍的。

在基诺山,人们的日常生活、劳动主要用基诺语,基诺语的使用频率很高,占据了他们生活中的大部分时间。汉语则广泛用于社会交际,如地方行政管理、商品交易、学校教学、宣传用语、不同民族的交际等。基诺人的"基—汉"语码转变是十分灵活的。一般根据交际对象的不同能够灵活地使用基诺语、当地汉语方言和汉语普通话。这里用表格表示如下:

表 3-3

交际对象	本地基诺族	本地非基诺族		外地非基诺族
		懂基诺语	不懂基诺语	
使用语言	基诺语	基诺语	当地汉语方言	汉语普通话

在学校,教学用语是汉语,课外学生与老师交流也都是汉语,但学生在私下也有用基诺语交谈的。孩子回到家后与父母交流时,用的是基诺语,但如果父母辅导孩子功课时,说的又是汉语。当我们跟老乡们聊天时,老乡跟我们说的是汉语,而他们之间说的是基诺语,两种语言使用的界线非常清楚,而且转换非常自如。

在乡政府所在地的机关、企业、道班等部分基诺族家庭,其汉语的使用大大高于村寨。在大多数家庭,汉语已经成为日常普遍使用的用语,代替了原有的基诺语。以资都(16 岁,基诺族,初中毕业)家为例,全家 4 口人。父亲 42 岁,母亲 38 岁,父母之间有时说汉语,有时说基诺语;哥哥 20 岁,会说基诺语,但与父母不说;资都出生在基诺乡,从小说汉语,与父母兄弟都说汉语,基诺语也能听懂,但不习惯说。又如杜姗姗(11 岁,基诺族,小学 4 年级)一家,全家 5 口人。父亲 40 岁,母亲 39 岁,父母之间有时说汉语,有时说基诺语。70 多岁的爷爷、奶奶之间有时说基诺语,有时也说汉语,跟儿子、儿媳有时说基诺语,有时说汉语。杜姗姗出生在基诺乡,从小说汉语,跟爷爷、奶奶、爸爸、妈妈说的都是汉语,基诺语会说,但不怎么说。

二 基诺族使用汉语的不同类型

从语言习得的途径来分,基诺族的汉语来自三个途径:一是通过正规而系统的学校教育习得而来的;二是在日常生活交往中自然而然地掌握的;三是通过家庭的语言教育获得的。

建国初期,基诺族学习汉语的途径主要是第一种。平时没有语言环境,汉语主要是在学校学习的。后来,第三种类型逐渐增多。很多家庭为了使孩子尽快适应学校的学习,开始有意识地辅导孩子学习汉语,这些孩子的汉语和基诺语几乎是同时习得的。至于极少数没有受过学校教育的,他们在日常生活中也能通过与外族的交往习得一些常用的汉语。随着外地人来基诺山的增多,基诺人通过自然习得的条件在不断改善,学校的语言教育与社会的语言熏陶相结合,使基诺人的汉语水平有了不断的提高。

从语言习得的顺序来分,双语的获得可以分为三类:一是第一语言为基诺语、第二语言为汉语;二是第一语言为汉语、第二语言为基诺语;三是两种语言同时习得,不分先后。这三类中,第一类最为普遍。属于第二类的多是族际婚姻家庭的孩子。在目前,第三类习得者已有日趋增多的趋势。举例来说,新司土村巴朵村寨 61 户人家中,有包资、优白、沙白 3 户人家的 6 个儿童,属于这第三类。

基诺族两种语言的社会功能,实际上存在差异。双语人依语言使用的频率大致可分为两类:一类是"基诺语—汉语型"。这种类型以基诺语为主要交际工具,使用频率高,汉语只在特定场合使用。这类人群通常是基诺语比汉语熟练。分布在村寨里的基诺族,大部分人都属于这种类型。另一类是"汉语—基诺语型"。这种类型以汉语为主要交际工具,汉语使用频率高,基诺语只在少数特定场合使用。属于这一类的双语人数量不多,通常是汉语比基诺语熟练。他们多是居住在乡政府所在地以及么羊、巴秀、曼武、洛科新寨、洛科老寨等地的基诺族。

历史上,基诺族在经济生活、地理分布等方面都与傣族有着密切的关系。公元1160年,傣族的叭真统一了勐泐各部落,建立勐泐国之时,基诺山的基诺族就被纳入了傣族统治者统治的范围。之后虽然中央政权有所变化,但因两个民族地处相邻,孟罕(橄榄坝)等部分靠近傣族的地区还存在"基诺语—傣语"双语类型。此外,临近哈尼族村寨的地区,过去也曾出现过"基诺语—哈尼语"双语现象。如今随着汉语的普及,这些双语类型已逐渐变为"基诺语—汉语—傣语"或"基诺语—汉语—哈尼语"三语类型。

三 "基诺语—汉语"全民双语型的基本特点

双语类型是由民族的社会经济文化特点,以及人口分布、民族关系的特点决定的。不同的民族由于社会、经济等特点的差异,双语类型也会出现不同的特点。与其他少数民族地区的双语现象相比较,基诺族的双语现象可归纳为如下几个特点:

1. 双语的普遍性

在基诺族地区双语的使用是非常普遍的。无论是在乡镇还是在村寨;无论是老人还是儿童,无论是男的还是女的,无论是文化程度高的还是低的,都能自如地使用基诺语和汉语。

在基诺乡政府所在地,我们对103户基诺族家庭的398人进行了调查,结果是除了2户族际婚姻家庭中的6人以外,其他392人全部都使用"基诺语—汉语"双语。我们又对司土村回鲁小组15户基诺族家庭的71人进行了调查,结果是除了5个1岁儿童以及2个60岁以上老人以外,其他64人均使用"基诺语—汉语"双语。

几个具有代表性的寨子的双语使用情况如下:

表3-4

寨名	人口	使用双语		使用单语	
		人口	百分比	人口	百分比
巴朵	280人	268人	95.7	12人	4.3
巴亚新寨	435人	415人	95.4	20人	4.6
巴破	310人	304人	98.1	6人	1.9
巴亚老寨	303人	299人	98.7	4人	1.3
巴昆	184人	173人	94	11人	6
巴秀	252人	226人	89.7	26人	10.3
合计	1764人	1685人	95.5	79人	4.5

表3-4的1764人(不包括6岁以下的儿童及聋哑人)中,有95.5%的人在使用双语,只有4.5%的人在使用单语。

双语普遍使用于不同年龄、不同性别。相比较而言,儿童及中青年使用双语的比率高,老年人稍低些。以茄玛村巴亚老寨为例,使用双语的人占全寨人口的96.1%,儿童及中青年使用双语占全寨人口的100%。只使用单语的人总共有4人,分别为37岁、36岁、58岁、79岁。再以巴亚村巴破组为例,使用双语的人占全寨人口的98.1%,其中,中青年使用双语占中青年人口总数的100%。单语使用者都是60岁以上的老人,其中3个男性、3个女性。详见表3-5及表3-6:

表3-5 茄玛村巴亚老寨双语使用情况表

年龄段	人口	性别及人口	使用双语 人口	使用双语 百分比	使用单语 人口	使用单语 百分比
6—12岁	29	男15	15	100	0	0
		女14	14	100	0	0
13—18岁	48	男29	29	100	0	0
		女19	19	100	0	0
19—39岁	136	男74	73	98.6	1	1.4
		女62	61	98.4	1	1.6
40—59岁	66	男37	37	100	0	0
		女29	28	96.6	1	3.4
60岁以上	24	男12	12	100	0	0
		女12	11	91.7	1	8.3
合计	303	男167	166	99.4	1	0.6
		女136	133	97.8	3	2.2

表3-6 巴亚村巴破组双语使用情况表

年龄段	人口	性别及人口	使用双语 人口	使用双语 百分比	使用单语 人口	使用单语 百分比
6—12岁	30	男20	20	100	0	0
		女10	10	100	0	0
13—18岁	43	男19	19	100	0	0
		女24	24	100	0	0
19—39岁	136	男72	72	100	0	0
		女64	64	100	0	0

40—59 岁	73	男 38	38	100	0	0
		女 35	35	100	0	0
60 岁以上	28	男 16	13	81.2	3	18.8
		女 12	9	75	3	25
合计	310	男 165	162	98.2	3	1.8
		女 145	142	97.9	3	2.1

2. 双语的层次性

基诺族的双语除了具有一定的普遍性外,其内部还具有明显的层次性。形成层次的因素之一是年龄差异。老、中、少掌握汉语和基诺语的程度不同。通常是老年人基诺语比较好,掌握固有词语更多,相反汉语水平稍差一些;中青年基诺语比老年人稍差一些,所说的基诺语中掺杂着很多汉语借词;相反他们的汉语无论是发音还是表现力,都比老年人要好一些;青少年则汉语水平很高,相反基诺语水平要比老年人、中青年人差很多。有些青少年第一语言是汉语,第二语言才是基诺语或者从小汉语和基诺语一起说,两种语言同时学习。

据我们在巴朵、巴破、巴亚新寨、巴亚老寨、巴昆 5 个寨子的调查:几乎所有的老年人(60 岁以上)基诺语都非常熟练,89%的中青年人(19—59 岁)基诺语熟练,79%的青少年(6—18 岁)基诺语熟练;相反老年人中只有 55%汉语达到熟练,中青年中 69%的人汉语达到熟练,青少年中 82%的人汉语达到熟练。

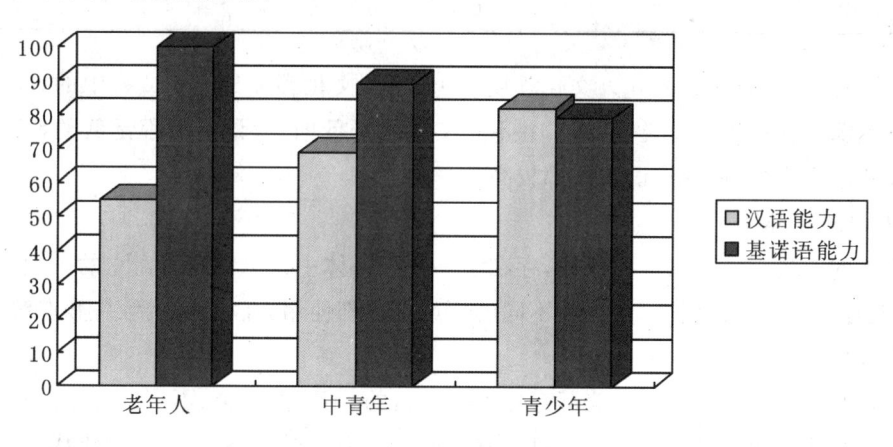

图 3-1

形成层次的另一因素是文化水平的差异。文化水平高的,双语能力较强;反之亦然。基诺族双语现象的形成过程中,学校的教育(包括学前班)起到了非常重要的作用。基诺族从小大多说基诺语,真正接触汉语是在学校,再加上基诺族普遍重视教育,因此往往是学历高者汉语水平则更高。我们根据受教育水平的不同对巴亚老寨的汉语语言能力进行了如下的统计:

表 3-7　巴亚老寨不同教育程度的人的汉语能力统计(6 岁以上)

教育程度	熟练 人口	熟练 百分比	一般 人口	一般 百分比	略懂 人口	略懂 百分比	不会 人口	不会 百分比
文盲半文盲	22	42.3	14	26.9	12	23.1	4	7.7
小学	138	88.5	13	8.3	5	3.2	0	0
初中	85	100	0	0	0	0	0	0
高中	7	100	0	0	0	0	0	0

从表 3-7 中可以看出,不会汉语的 4 人皆为文盲。具有高中或初中文化程度的,汉语能力皆为熟练。

再看一看巴亚村巴破组的情况:

表 3-8　巴破组不同教育程度的人的汉语能力统计(6 岁以上)

教育程度	熟练 人口	熟练 百分比	一般 人口	一般 百分比	略懂 人口	略懂 百分比	不会 人口	不会 百分比
文盲	10	23.8	19	45.2	7	16.7	6	14.3
小学	140	84.3	26	15.7	0	0	0	0
初中	92	99	1	1	0	0	0	0
高中	4	100	0	0	0	0	0	0

表 3-8 显示,不会汉语的 6 人文化程度皆为文盲,文化程度是高中或初中的,汉语能力绝大多数为熟练。在这里需要说明的是,并不是文化水平低的,汉语能力都是低的,其中也有高的。但文化水平高的,通常汉语水平都较高。

3. 双语的互补性

基诺人的双语——基诺语和汉语,存在于一个统一体中。二者既有对立的一面,也有统一的一面;既有分工,又有互补。各自在不同的领域里分别使用,互相补充,维持和谐统一。这种互补关系表现为以下两点:

一是使用功能的互补。语言交际存在不同的目的、不同的场合、不同的对象。双语是为了语言交际的需要而出现和发展的。在过去基诺族生产力落后、与外界隔绝的年代,只有基诺语单语也就够了。但现代化建设的新时代,基诺族随着与外界联系的不断扩大、民族交流的不断增强,光有基诺语是不够的,必须学习、掌握国家通用语——汉语。在学校教育中、在政府机关的工作中,以及与外族的接触中,都必须使用汉语。因而,基诺语与汉语在基诺人的语言生活中互相补充,难以或缺。

二是表达功能的互补。我国各民族语言都从别的语言中吸收自己所需要的成分来丰富自己,以增强表达能力。长期以来,特别是新中国建立以来,基诺语从汉语中吸收了大量的词汇丰富自己,扩充了基诺语的词汇。这样既增强了基诺语的表达能力,又有助于学习汉语。

4. 普通话的普及性

基诺族的双语有一个显著的特点是,他们不但能使用当地汉语方言,而且还普遍地能使用汉语普通话。由于知道我们是从外地来的,当地基诺族都主动地用普通话回答我们的问题,而且普通话发音也比较好。但当他们与当地汉族或其他民族谈话时则都用当地汉语方言。

学校教育和媒体是基诺族掌握汉语的一个重要途径。基诺乡主要聚居的是基诺族,在长期的历史发展过程中汉族很少。新中国建立以后,进入基诺山的汉族所占的比例也是有限的,未能成为主流。并且,进入基诺山的汉族和其他民族,在基诺山生活一段时间后,大多学会了基诺语,融入到了基诺族社会中。因而,基诺族不可能通过社会中汉语的流通习得汉语,只能靠小学的汉语教育。基诺族儿童进入小学后,只需一两年就能基本掌握汉语的日常用语,而老师教给他们的是普通话。因而普通话的习得早于汉语方言。待他们进入社会后,通过同当地汉族与其他民族的广泛接触,他们又掌握了当地方言。

学校使用普通话教学为基诺人学会普通话打下了基础,而传媒(主要是电视,此外还有广播、电影)中普通话的广泛应用又为基诺人巩固、提高普通话水平提供了绝好的条件。如今,基诺族家庭电视机的普及率很高,几乎是每个家庭都有一台,而且他们每天晚上的文化生活都离不开电视,这就为他们学习普通话创造了良好的环境和条件。另外,基诺语的语言特点也有助于他们学好普通话。从语音上看,基诺语有较丰富的辅音和元音,所以掌握汉语普通话语音相对来说容易一些。

第二节 基诺族全民双语制的成因

基诺族人之所以能够在较短的时间内实现全民性的双语制,是由多种因素和条件决定的。其中包括社会发展、教育普及等外部因素,还有本民族内部的语言态度以及基诺语自身的结构特点等内部因素。内外的不同因素在综合起作用,推动了基诺族双语制的发展和演变。

一 社会发展是双语制建立的动力

基诺族在 20 世纪 50 年代中期前处于原始社会末期,生产力低下,交通闭塞。解放后,基诺族地区没有经过土地改革,直接过渡到社会主义阶段。1955 年,云南民族工作队来到基诺乡,帮助当地群众发展生产,政府也通过发放贷款、拨款上万元用于改善农业工具、救济困难户、建设基诺山区。1957 年,巴雅寨设立了"攸乐山生产文化站",基诺山区成为一个单一行政区域。1979 年,国务院将基诺族确定为第 55 个少数民族,这就进一步确定了基诺族的民族地位。从建国初到 80 年代,基诺族政治地位有了很大的提高,这是基诺族社会生活转变的一个重要方面。

在经济方面,为了改变基诺乡落后的面貌,60 年代起,基诺族开始试种砂仁、橡胶等经济作物,但因"文革"而中断。1983 年以后,实行了承包责任制,基诺乡得到政府提供的苗种和外地专家的技术支持,广泛种植砂仁。由于砂仁市场广阔,外地客商源源不断前来收购,村民也纷纷到勐养、勐仑等地交易。60年代,政府组织修筑小腊公路后,基诺乡先后有十多个寨子迁移到公路沿线,1970到1981年全乡又有二十个寨子修建了简易公路连接到小腊公路。随着经济和交通的发展,基诺族与外界的联系越来越多,他们除了使用基诺语外,普遍都能使用汉语。90年代,砂仁、茶叶、橡胶被确定为基诺乡的三大经济作物,基诺山被确定为建设热带山区的试验示范区,来自省、州、县的科技人员多次到基诺乡指导基诺族经济作物的栽培、种植。据了解,外地技术人员在培训指导时主要使用汉语,当地基诺族也都基本能够听懂,对这种与经济发展直接联系的培训活动表现了很高的热情。在基诺山地区已先后举办有关的科技培训班十多期,参加人数达400余人。近几年,为了普及经济作物的种植技术,省市科学技术部门还用汉语普通话录制了光碟发放到各个村寨。在社会主义新时期,新鲜事物的普及、先进技术的传播等主要都以汉语为媒介,基诺族作为一个总体发展滞后的少数民族,为了适应新时期的社会变革,改变落后的生活状况,汉语能力的培养和提高自然成为他们必然的要求,并成为全民族的共识。

二 学校教育是双语制建立的关键

(一) 基诺族学校教育的进展情况

基诺族的学校教育起步较晚,但它一出现就以迅猛的速度向前发展。1956年,基诺山开办了第一所小学——曼雅小学,招收了60名基诺族儿童,从此基诺族人开始接受正规、系统的学校教育。由于缺乏本民族固有的、系统的教学模式,教育基础薄弱,面对时代的新变化,群众追求先进文化知识的意识日益高涨,因此由政府组织的学校教育在基诺族地区得到了迅速的发展。学校成为他们系统学习汉语的主要场所。

50年来,基诺山的学校规模逐渐扩大。1966年,全区共12所小学27个班,1290名在校学生。到1975年,发展到43所小学106个班,1774名在校学生,入学率达99%。基诺山的中学教育开始于1969年,当时的基诺公社小学附设了4个初中班。到1984年成立了基诺乡初级中学,全校共4个班,187名学生。到1990年,全校共有8个班,在校学生390名。到2006年,全乡小学发展为45个教学班,在校生1002人,教职工118人。其中专职教师89人,学历合格率为98.9%,初级中学共有14个教学班,在校生693人,教职工49人,专职教师35人,代课教师3人,专职教师的学历合格率为97.1%,学校总占地面积33335m^2。[①]

50年来,基诺族的学校教育取得了突出的成果,据有关资料显示,基诺乡人均受教育年限为7.5年,每万人中有大学生76.4人,中专生322人,高中生230人,初中生4600人。15岁以上的文盲率为0。[②] 1996年实现普及六年义务教育。1999年实现了普及九年义务教育。在西双版纳自治州,基诺族接受小学以上学校教育的比例大都在其他少数民族之前。表3-9是

---

① 数据引自景洪市教育局提供的《2005/2006年初景洪市教育局教育事业统计资料》(未刊稿)。
② 见黄纯等《景洪市基诺族教育的现状及对策研究》2002(未刊稿)。

1990年第四次人口普查西双版纳州主要少数民族在校生数及其比例:①

表 3-9

民族	人口	本科	专科	中专	高中	初中	小学
基诺	3244	0	11	69	118	682	2364
		0%	0.3%	2.1%	3.6%	21%	72.9%
哈尼	22829	0	29	275	698	2636	19191
		0%	0.1%	1.2%	3.1%	11.5%	84.1%
傣	28575	1	33	239	565	2236	25501
		0.003%	0.1%	0.8%	2%	7.8%	89.2%
拉祜	5352	0	8	124	154	618	4448
		0%	0.1%	2.3%	2.9%	11.5%	83.1%
布朗	2433	0	1	27	23	133	2249
		0%	0.04%	1.1%	0.9%	5.5%	92.4%

＊表中的百分比是指本科、专科等受教育阶段人数占人口的比例,原引文数据如此,下同。

表 3-10 是 1990 年第四次人口普查中西双版纳州主要少数民族受教育程度,也是初中以上受学校教育的比例大都高于当地其他少数民族:

表 3-10

民族	人口	本科	专科	中专	高中	初中	小学
基诺	9887	12	35	268	318	2430	6824
		0.01%	0.4%	2.7%	3.2%	24.6%	69%
哈尼	70358	37	152	1142	2245	14641	52141
		0.05%	0.2%	1.6%	3.2%	20.8%	74.1%
傣	137080	88	287	1352	1858	13366	120129
		0.06%	0.2%	1%	1.4%	9.8%	87.6%
拉祜	16948	9	36	370	433	2415	13685
		0.053%	0.2%	2.2%	2.6%	14.2%	80.7%
布朗	8325	6	21	85	76	964	7173
		0.07%	0.3%	1%	0.9%	11.6%	86.2%

---

① 下面三个表的数据取自刀瑞廷主编《透视:站在历史与现实的交汇点上——西双版纳傣族教育发展战略研究报告》,昆明:云南美术出版社,2006 年 3 月。

到了2000年,基诺族受教育的比例又有所提高。表3-11是2000年第五次人口普查中西双版纳州主要少数民族受教育的程度:

表 3-11

民族	人口	未入学	小学	初中	高中	中专	专科	本科	研究生
基诺	18416	2720 14.8%	8818 47.9%	4520 24.5%	719 3.9%	694 3.8%	161 0.9%	33 0.2%	1 0.005%
哈尼	169046	28750 17%	87058 51.5%	31824 18.9%	4811 2.8%	3978 2.4%	833 0.5%	141 0.1%	6 0%
傣	274662	33829 12.3%	182104 66.3%	27593 10%	4006 1.5%	4058 1.5%	1030 0.4%	233 0.1%	13 0.005%
拉祜	50200	9451 18.8%	28785 57.3%	4947 9.9%	876 1.7%	1219 2.4%	233 0.4%	49 0.1%	4 0.008%
布朗	32427	8271 25.6%	17849 55%	1868 5.8%	239 0.7%	223 0.7%	52 0.2%	12 0.1%	0 0%

(二)教育改革对汉语教学的促进

为了更快更好地适应国家对发展中小学教育的统一要求,景洪市教育局针对本地区的实际情况进行了多方面的调整和改革,进一步改善了学校的教学条件,提高了办学质量,取得了较好的效果。这些举措,都有利于提高基诺族的汉语水平,缩短基诺族学生与汉族学生在汉语能力方面的差距。他们采取的措施主要有:

1. 加大寄宿制

上世纪80年代市教育局在对重点小学进行调整的同时,逐步调整了小学布点,拆并了部分布点不合理、生源不足、不具备办学条件的学校。1981年,基诺乡设立了第一所全寄宿制民族小学,高小阶段的学生食宿均在学校,费用由国家补助。1982年,西双版纳州内设立了全寄宿制中学——西双版纳州民族中学。1984年,在小学阶段又设立了半寄宿制学校。此后,基诺民族小学等学校对学前班也实行了寄宿制。

学校实行寄宿制、半寄宿制,适应了民族地区交通不便、生源分布不均的实际情况,方便了学校对学生的管理,同时,由于在校时间增多,同学、师生之间交流的范围扩大,有利于学生的汉语学习和汉语自然习得相结合,在一定程度上进一步强化了学生的汉语能力。

据了解,学校为了让民族学生尽快学好汉语,达到适应全国统一教材的教学要求,积极提倡在校内尽量多说汉语,大部分教师在课下与学生交流也首先选择使用汉语普通话,如果学生理解困难才改用民族语或当地方言。特别是在寄宿制的民族中学,由于学生是不同的少数民族,因此日常交流几乎全部采用汉语方言或普通话。

2. 实行学前双语教学

1997年,景洪市教委举办了"双语、傣汉语文学前班教学实验教师、管理人员培训班",开始了学前双语教学实验。从第二年开始,每年都为实验班教师举办培训班,讲授投影仪的使用及幻灯片的制作等现代教学设备的使用,并通过不定期检查、抽测及组织教学观摩等促进办学质量的提高。2001年全市已有8个乡镇推广了双语教学试验,基诺乡的实验班也由原来的1个增至4个。

开展学前双语实验是为了提高少数民族学生的汉语能力,使他们更好地适应进入小学阶段使用全国统一教材的要求。西双版纳州教育委员会还编写了《学汉语》的双语教学试验教材。

教材分上下册。上册共编排57课看图学词学句、9个基础训练和1个总复习。教材内容主要包括名词和基本句子。每个词都配有插图,便于学生把物和名称结合起来,达到易学易记的目的。全册共有150幅图,352个词或词组,由每个词又产生1个至2个句子。词和基本句子这两部分,是学生学习该册课文的基本要求,必须人人掌握,不但要会用汉语说,还必须懂得意思,而且还要能进行民汉语对译。要求教师在教学时必须充分利用插图和实物用普通话对学生进行启发。9个基础训练和1个总复习主要集中练习所学习过的词和句子。该册教材以口头学习形式进行,不要求书写。为了强化学生的汉语口语训练、扩大会话范围,还要求老师在完成本册教学外,结合学生实际情况适当扩充教学内容。

可以看出,学前汉语教材在编写上符合学龄前儿童学习汉语的特点,尽量做到了内容简单、形式简明,有助于学生在学前阶段提高汉语水平。表3-12是2001—2002学年度基诺乡实验班学前双语能力测试的成绩表,可以看出实验获得了较好的效果。[1]

表3-12　2001—2002学年度基诺乡实验班学前双语能力测试成绩表

学校	学生数	民族	前期测试汉语能力	学期末汉语能力测试成绩 优	良	中	差	备注
中心小学1班	30	基诺	差	18	9	3	0	
中心小学2班	34	基诺	差	18	14	2	0	
巴卡村完小	24	基诺	差	13	8	3	0	
茶地村完小	41	基诺	差	19	18	4	0	
合计	129			68	49	12	0	

学前汉语教学的开展,使基诺族学生能够尽早地适应汉语教学,而且还开拓了学生的视野。在汉语教学课中,学生能学习到一部分日常生活中较少接触到的事物名称。我们抽出《学

---

[1] 引自景洪市教育局教研室 黄纯《在西双版纳傣族、哈尼族、基诺族地区的双语教学中强化汉语教学的必要性和可行性研究》(未刊稿)。

汉语》中的部分词语对接受过学前汉语教育的学生进行了简单测试。结果表明:《学汉语》中一些词语若在基诺语中也有,而且是日常生活中常见的,如"头、鼻子、眼睛、手、脚、鸭子、猪、狗、兔、蛇"等,受测试儿童就能够很快用基诺语说出。但有一些词语,基诺语中虽然有,但是日常生活中并不常见,如"鹅、孔雀、鸽子、虎、猴、象、松鼠、穿山甲"等,受测儿童能明白汉语所指,但是不能很快说出基诺语词,有的经提示能够听懂基诺语词的意思,有的已经完全不懂。那些超出日常生活范围的事物名称,基诺族儿童首先掌握的是汉语词语。

80年代以来的教育改革对基诺族学生汉语能力的提高,的确起到了很重要的作用。巴秀小学教师李文秋谈到他对一二年级学生的教学体会时说,在平常课堂上他都用普通话教学,很少用基诺语解释。一年级的时候,学生的汉语能力主要表现在听的方面,老师用普通话提问后,学生基本能够正确理解,有的学生能用普通话回答,有的学生则用基诺语回答。到二年级时,学生的口头表达能力有所提高,老师提问后,大部分学生能够正确理解并且用普通话回答问题。基诺民族小学语文老师白友仙在谈到高年级的学习情况时说,三、四年级的老师主要训练学生的汉语读写能力。到五年级时,学生的汉语书面表达能力进步较大,作文病句已明显减少。可见,经过学前汉语辅导、小学期间的系统教学及课余在校期间语言能力的强化,小学阶段的基诺族学生在汉语听、说、读、写等方面的能力都有很大的提高,基本能应对日常生活中的汉语交流。

三 语言态度是双语制建立的促进因素

基诺族虽然有自己的语言,但是在与外族人交流时一般都尽量采用对方所说的语言。他们说:"见到傣族时说傣话,见到汉人时说汉话,见到哈尼族还可以说哈尼话"。基诺族人这种突出的语言能力在一定程度上是与他们开放的语言态度和谦和的民族心理分不开的。

我们对基诺族的语言观念进行了问卷调查。调查中随机发放了70份问卷,收回58份,其中有效问卷50份。问卷涉及的被调查者来自曼瓦、巴昆、巴朵、洛特、巴亚新寨、亚诺、巴亚老寨、生牛、巴破、么羊、回鲁等村寨,其中年龄最小的10岁,最大的71岁。对调查问卷的分析结果如下:

关于学习汉语和基诺语的目的:调查显示,认为"学习和掌握汉语很有用"的有50人,占100%;认为"学习和掌握基诺语很有用"的有32人,占64%;认为"有些用"的18人,占36%。没有人认为"学习和掌握基诺语没有用"。

关于学习汉语的首要目的是什么的一项调查:11人选"为了找到好的工作,得到更多的收入";4人是"升学的需要";24人"便于与外族人交流";9人是"为了了解汉族文化";另有1人认为是"为了学习农业技术和先进技能";1人是因为"怕受歧视"。

关于学习基诺语的首要目是什么的一项调查:2人选"为了找到好的工作,得到更多的收入";1人是"为了升学的需要";28人是"为了便于与本族人交流";17人"为了了解本族文化";另有1人认为"首先是为了能使基诺语不被遗忘";还有1人不想回答。

现把学习汉语和基诺语的首要目的进行对比分析,并用图3-2表示如下:

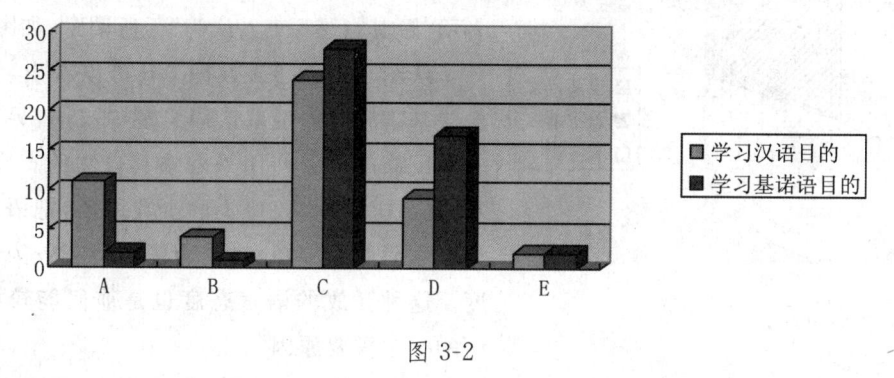

图 3-2

A 找到好的工作,得到更多的收入
B 升学的需要
C 便于与外(本)族人交流
D 了解汉(本)族文化
E 其他

从上图中可以看出,不论是学习汉语还是基诺语,大部分基诺族首先都是为了交流的需要。也就是说他们是把语言作为交际工具来学习的,这是一种非功利的语言学习。一般说来,语言学习若以交际为目的,其动机往往更强烈。强烈的学习动机使得学习时间更持久,学习的范围更为广泛。这是基诺族汉语能力能够普遍较高的一个原因。

基诺族对本民族语言使用态度的调查显示,有32人希望"本族人都能够基诺语汉语兼用",有15人采取"顺其自然"的态度,1人认为"无所谓",2人"不希望"。如图3-3:

有43人"不希望基诺人成为基诺语单语人",5人表示"顺其自然",1人认为"无所谓",1人"迫切希望"。如图3-4:

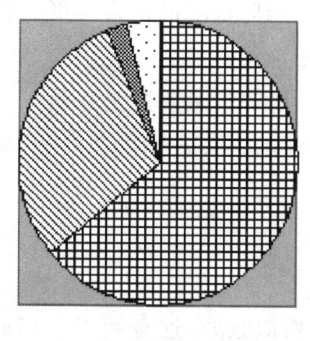

图 3-3

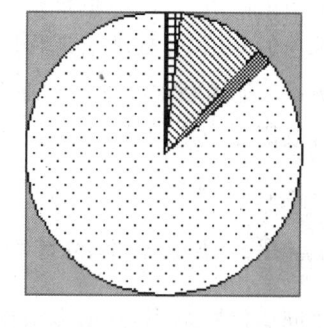

图 3-4

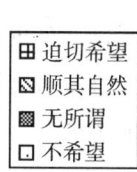

有 40 人"不希望基诺人成为汉语单语人",9 人表示"顺其自然",1 人认为"无所谓"。如图 3-5：

从图 3-3、图 3-4 及图 3-5 可以看出,大多数人希望基诺族既能说基诺语又能说汉语,另有一部分对本民族的语言使用采取顺其自然的态度。可见,基诺族作为一个人口少的少数民族,把语言兼用视为自然而然的事情,对语言使用持有较为开放的态度。这种开放的语言态度也是他们能较好掌握汉语的一个重要原因。

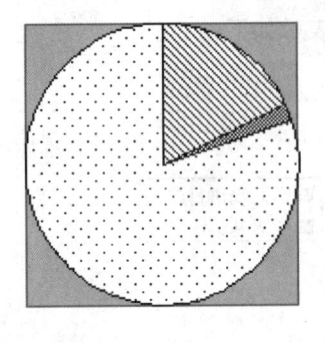

图 3-5

对基诺族语言转用的态度调查中显示：有 22 人认为"可以理解";有 15 人表示"反感";有 8 人觉得"听着别扭";有 4 人"不习惯";1 人"无所谓"。"反感"、"听着别扭"、"不习惯",反映了一部分人不赞成本语言转用的态度。巴朵村村民白腊先说,"不管在外面说什么话,到了寨子里就要说基诺话,是基诺族就要说基诺话,如果你不说,大家就对你有看法"。由此可以看出,基诺族积极认可汉语的同时,对本族语也持有肯定态度,认为使用基诺语的天然环境就是村寨内部,天然的交际对象就是本族人。本族人之间交流都要首先选择使用基诺语。"如果第二语言的社会功能大于母语的社会功能,母语团体的成员一般对第二语言抱肯定态度。与此同时,大多数人仍然忠实于自己的母语,对母语也持肯定态度"。①在基诺山这个基诺族高度聚居的地区,基诺族对母语和汉语的态度是建立母语和汉语互补机制的一个原因。

对下一代的语言使用态度调查中显示：44 人希望他们"会说普通话和基诺语",5 人希望他们"会说普通话"。这是因为普通话在基诺族的心目中是优势文化的代表,而且基诺族从接受学校教育开始就是使用普通话。在我们的调查过程中,绝大部分基诺族都能够自然使用普通话与我们交谈。当问及愿意将子女送到基诺语和汉语授课的学校还是送到汉语和英语授课的学校时,有 22 人愿意选择后者。这是因为基诺语没有文字,在学校教育中从来只能作为小学低年级的辅助教学用语。另一方面,这也再次反映了基诺族开放的、与时俱进的语言态度。据基诺乡陶篝旺副乡长的介绍,开展英语课程以来,基诺族的英语学习成绩也比较理想。

以上分析说明：1. 基诺族学习汉语的愿望强烈,目的单纯。2. 基诺族愿意接受并乐于一直保持基诺语汉语双语的使用现状。3. 基诺族对其他社会功能较强的语言始终持开放的、肯定的态度。

四　母语特点是双语制建立的有利条件

基诺语与汉语同属汉藏语系,在语言结构上,两种语言有很多相似之处,这有利于基诺族较快较好地掌握汉语。从语音方面来看,基诺语的元音、辅音比较丰富,汉语普通话中有的音

---

① 见戴庆厦《语言和民族》,中央民族大学出版社,1994 年。

位大部分在基诺语里也有(基诺语与汉语普通话的语音比较详见本书第四章第二节)。这使基诺族在学习汉语普通话语音时较少受到母语的干扰。

　　另外,前面我们分析了基诺族的语言态度较为开放,这决定了基诺族对外族语言成分也是较为开放的。不同时期的基诺语语言系统内部都存在或多或少的外族语言借词,据基诺族长老沙车的介绍,过去的祭词中就有不少傣语借词。现在的基诺语中存在大量汉语借词,在我们所调查的 1750 个基诺语常用词中,约有 500 个汉语借词,占常用词的近三分之一。显然,这对基诺族兼用汉语是十分便利的。

　　基诺语属于彝缅语支语言,语法上与汉语有一些差异,比如基诺语的语序是主语—宾语—谓语,名词性短语为定中结构等等,这些虽然与汉语不同,但由于能够形成系统对应,因此在学习中能够适应系统转换,不会造成太大障碍。另外与其他彝缅语支的语言相比,基诺语的分析性比较强,屈折变化较少,没有人称、数的变化,时态多用助词表示,这些特点又与汉语更为近似。因此,不论从语音、词汇还是语法方面,基诺族的语言不会对本族人学习汉语造成系统障碍,这是他们学习汉语的另一个天然的、较为有利的条件。

第四章 基诺语受汉语影响引起的变化

基诺语与汉语的关系非常密切,在长期的相互接触、相互影响的过程中,基诺语受到汉语的强烈影响,不断从汉语中吸收所需要的成分来丰富自己。特别是进入新时期以来,随着基诺族与汉族的关系越来越密切,基诺语受汉语的影响也越来越多。基诺语受汉语影响是与时俱进的表现,是具有积极意义的,它不仅增强了基诺语的表达能力,而且对基诺语得以稳定保存提供了条件。怎样认识基诺语受汉语影响发生的变化,是研究基诺语的一个重要课题,对语言学理论的研究具有一定的价值。

基诺语受汉语影响,主要出现在词汇上。随着词汇的影响,基诺语的语音也受到汉语的一定影响。至于语法的影响,由于语法的特点比较稳固,所以至今受影响的幅度还较小。本章主要分析基诺语在词汇、语音上受汉语的影响。

第一节 基诺语中的汉语借词

词汇与事物的概念相联系。当事物的存在与特点发生了变化,与这些事物相联系的词语也会相应发生变化。词汇在语言的几个要素中,变化最为明显。基诺语的词汇受汉语的影响,可以从以下两个方面来分析。

一 大量汉语借词进入基诺语

新中国建立50多年来,基诺族的社会经济结构、文化教育生活都发生了不断的、巨大的变化,基诺语的词语也必然随之发生变化。词汇变化的主要内容之一,是大量吸收汉语词汇。由于基诺人的社会进步与汉族的接触紧密相关,基诺人很自然地就从汉语中吸收自己所需要的词语来补充自己的不足。基诺族大量吸收汉语词汇有以下几个特点:

(一) 汉语借词的连续性

基诺族在新中国建立之前,就与汉族有过长期的接触,基诺语早已从汉语里吸收了不少词语来丰富自己,但那时吸收的词语多是生活、生产方面的,数量有限。借词的方式是全音译的。例如:khɤ^{54} thɔ^{31} "核桃"一词就是从汉语借来的,其读音与现代当地汉语方言的读音有一定差异。又如:

tʃhua⁴⁴ fu⁵⁴	窗户	va⁴⁴	瓦
pa³¹ tɤ⁵⁴	板凳	ʃo³¹	勺子
pha³¹ tsɿ⁴⁴	盘子	sua⁵⁴ pha³¹	算盘
ma³¹ tʃhʌ⁴⁴	马车	ua⁴⁴ ta⁴⁴	弯当(牛轭)
thui⁴⁴ pɔ⁵⁴	推刨	li³¹ kja⁵⁴	犁
li³¹ tho⁴⁴	犁铧	va³³ tsɯ³³	网子(鱼网)
phau³⁵ tʃa³¹	炮仗	ji⁴⁴ kui⁵⁴	衣柜
fe³¹ tsɔ⁵⁴	肥皂	mei³¹ ju³¹ tɤ⁴⁴	煤油灯
jɛ³¹ sɤ³¹	颜色	ʃu⁵⁴ mu³¹	数目
ma³¹ lo⁵⁴	马骡(骡子)	ja³¹ ji⁵⁴	洋芋
mi³¹ ɕɛ⁵⁴	米线	mi³¹ ka⁴⁴	米干(卷粉)
tou⁵⁴ fu³¹	豆腐	sua⁴⁴ tshu⁵⁴	酸醋
xu³¹ tɕɔ⁴⁴	胡椒	xui³¹ ɕa⁴⁴	茴香
ja³¹ jɛ⁴⁴	鸦片(洋烟)	kjɛ⁴⁴	碱
tʃɿ³¹ jɛ⁴⁴	香烟(纸烟)	ma³¹ ɕɛ⁵⁴	麻线
ʃɤ³¹ pha⁵⁴	手帕	mjɛ³¹ ɕi⁵⁴	棉絮
tshɔ³¹ xai³¹	草鞋	ʃu⁴⁴	书
kjɔ⁵⁴ tsɿ³³	轿子	li³¹ ko³¹	李果
pɛ⁴⁴ tʃhɛ³¹	本钱	tsha³¹ tɤ⁵⁴	蚕豆
khjɔ³¹ tsɿ⁴⁴	荞麦	mɯ³¹ tsɿ⁴⁴	麦子
li³¹	犁(田)	tsui⁵⁴	罪

有一些汉语借词借入后,与基诺语词结合在一起构成复合词。例如:

tso⁴⁴ mɔ⁴⁴	凿子	lo⁴⁴ tʃhu⁵⁴	螺蛳
凿子(汉)大(基)		螺(汉)粘(基)	
lo³¹ tʃua⁴⁴	砖	sɛ³¹ phɤ³¹	脸盆
石(基)砖(汉)		洗(基)盆(汉)	
pa⁵⁴ pjɔ³³	耙	mi⁴⁴ tɤ⁴⁴	灯
耙(汉)爬(基)		火(基)灯(汉)	
tʃɔ³³ kji⁵⁴	秤	klo⁵⁴ tsɿ³³	子弹
提(基)斤(汉)		枪(基)子(汉)	
tsha³¹ mu³¹	刷子	jʌ⁴⁴ ko⁴⁴	锅
擦(汉)物(基)		锅(基)锅(汉)	

除了汉语借词外,基诺族在与傣族的交往中还借用了一些傣语借词。特别是橄榄坝一带靠近傣族的基诺语借用傣语就更多一些。傣语借词主要分布在生活、宗教等领域。水果类中

有许多都借自傣语。借入方式主要是全借译音，也有由借词与基诺语词合成的。傣语借词如：

ma^{54} kji^{54}	柚子	ma^{54} mi^{31}	菠萝蜜
ma^{54} tʃu^{54}	橘子	phɛ^{44} sɯ^{44}	芒果
phɛ^{44} mɔ^{33}	大芒果	phɛ^{44} nɤ^{54}	红芒果
tho^{54} li^{33}	花生	ma^{54} pi^{31}	辣椒
ma^{54} pa^{44}	南瓜	pha^{54} lɤ^{44}	水芹菜
me^{44} mai^{54}	寡妇	po^{44} mai^{54}	鳏夫
lɤ^{44}	锯子	vai^{31}	快
a^{44} lu^{54}	坏	a^{44} ŋai^{44}	容易
a^{44} phi^{44}	辣		

新中国建立后，基诺族与全国各民族一起进入新社会，社会、经济、文化迅速发展，不断接受新事物、新概念，新词术语也随之源源不断地进入了基诺语，无法统计。其中，大多是基诺语中所没有的。例如：

ko^{31} tɕa^{44}	国家	ku^{54} tsha^{31} ta^{31}	共产党
ʒɛ^{31} mi^{31}	人民	thu^{31} tʃʅ^{54}	同志
ʃɤ^{54} xui^{54} tʃu^{31} ji^{54}	社会主义	ka^{44} pu^{54}	干部
li^{31} tɔ^{54}	领导	ʃu^{44} tɕi^{54}	书记
khue^{54} tɕi^{51}	会计	tʃhu^{31} na^{31}	出纳
ta^{31} jɛ^{31}	党员	thua^{31} jɛ^{31}	团员
mɔ^{31} fa^{54}	模范	ju^{44} ɕo^{54}	优秀
ɕɛ^{44} tʃa^{31}	县长	tshø^{44} tʃa^{31}	村长
kho^{44} tʃa^{31}	科长	tsu^{31} tʃa^{31}	组长
nu^{31} ŋjɛ^{31}	农业	ku^{44} ŋjɛ^{31}	工业
ʃa^{44} tiɛ^{54}	商店	ji^{44} jɛ^{54}	医院
ji^{44} sɯ^{33}	医生	nu^{31} mi^{31}	农民
piɛ^{44} tɕa^{44}	边疆	ɕy^{31} ɕo^{54}	学校
ji^{54} sʅ^{54}	意思	tɕi^{44} jɛ^{54}	经验
ku^{44} sʅ^{44}	公司	ji^{31} xa^{31}	银行
ɕi^{44} ju^{54} ʃɤ^{54}	信用社	ju^{31} tiɛ^{54} so^{31}	邮电所
tɕhi^{44}	区	ɕɛ^{54}	县
lia^{31} kua$^{31/44}$ so^{31}	粮管所	uɛ^{54} sɛ^{44} so^{31}	卫生所
phai^{54} tʃhu^{31} so^{31}	派出所	fa^{31} jɛ^{54}	法院
ʃou^{31} ku^{44} ŋjɛ^{31} ʃɤ^{54}	手工业社	ku^{44} a^{44} tɕy^{31}	公安局
tʃha^{31} tʃa^{31}	厂长	tɕi^{54} li^{31}	经理

ku⁴⁴lu⁵⁴	公路	xo³¹tʃhʌ⁴⁴	火车
fɛ⁴⁴tɕi⁴⁴	飞机	khɤ³¹tʃhʌ⁴⁴	客车
lɔ³¹pa³¹	老板	lɔ³¹pɛ³¹ɕi⁵⁴	老百姓
ɕi³¹	锡	mei³¹	煤
pu⁵⁴tui⁴⁴	部队	tɕɛ⁵⁴y³¹	监狱
fa⁵⁴tsui⁵⁴	犯罪	tho³¹tʃha³¹	脱产
tʃhɤ³¹ʃi⁵⁴	城市		

新借词中也有一些是由汉语借词与固有词合成的。例如：

ɕa⁵⁴tɕɔ⁴⁴ a⁴⁴tsu⁴⁴	橡胶浆	tʃa⁵⁴pu⁵⁴ na³¹ thʌ³¹	账簿
橡胶(汉)浆(基)		账簿(汉)里(基)包(基)	
tou⁵⁴fu³¹ a⁴⁴ji⁴⁴	豆浆	tɕi⁴⁴tɕhi⁵⁴ a⁴⁴tshɯ⁴⁴	机油
豆腐(汉)水(基)		机器(汉)油(基)	
jʌ⁴⁴kho³¹ tʃʅ³¹jɛ⁴⁴	纸烟	kɔ⁴⁴tɤ³³ uɛ⁵⁴ji⁴⁴	外衣
烟(基)纸烟(汉)		衣(基)外衣(汉)	
khœ⁵⁴tsho⁴⁴ tho⁴⁴xai³¹	拖鞋	khœ⁵⁴tsho⁴⁴ phi³¹xai³¹	皮鞋
鞋(基)拖鞋(汉)		鞋(基)皮鞋(汉)	
pɔ³¹pɯ⁴⁴ mjɛ³¹ɕi⁵⁴	棉絮	tsho⁵⁴kho³¹ ji³¹mɔ⁵⁴	斗笠
被子(基)棉絮(汉)		斗笠(基)雨帽(汉)	

由于"普六"的实现，基诺族50岁以下的几乎都进过小学，系统地接受了汉语文教育，基诺语里吸收了大批与教育文化有关的词。例如：

ji³¹/⁴⁴uɛ³¹	语文	sua⁵⁴ʃu³¹	算术
thi⁴⁴jo³¹	体育	mei⁴⁴ʃu³¹	美术
sui³¹pi³¹	水笔(钢笔)	ɕa⁴⁴phi³¹	橡皮
mɤ³¹sui³¹	墨水	la³¹khju³¹	篮球
ɕa⁴⁴ɕɔ³¹	小学	tʃu⁴⁴ɕɔ³¹	中学
ɕi³¹tʃa⁴⁴	校长	kho⁵⁴tha³¹	课堂
jɛ³¹tsu⁴⁴pi³¹	圆珠笔	tɕhe⁴⁴pi³¹	铅笔
phu³¹thu⁴⁴xua⁵⁴	普通话	kho³¹ʃʅ⁵⁴	考试
pei⁵⁴	背(书)	pi³¹jɛ³¹	毕业

随着现代化生活方式的提高和改变，一些反映现代生活的词语逐步进入了基诺语中来。例如：

tiɛ⁵⁴ʃʅ⁵⁴	电视	pi⁴⁴ɕa⁴⁴	冰箱
ʃo³¹piɔ³¹	手表	ta³¹xu³¹tɕi⁴⁴	打火机
mo³¹tho³¹	摩托	la⁴⁴liɛ⁵⁴	拉链

ʃou³¹ tɕi⁴⁴	手机	tiɛ⁵⁴ xua⁵⁴	电话
lɩɛ³¹ phɤ³¹	脸盆	i⁴⁴ kui⁵⁴	衣柜
ɕa⁴⁴ tsɔ⁵⁴	香皂	tiɛ⁵⁴ thu³¹	电筒
jɛ⁵⁴ xua⁵⁴ tʃɔ⁵⁴	液化灶	mɤ³¹ tɕhi⁵⁴ kua⁵⁴	煤气罐
tɕɛ³¹ nɛ³¹ tsɔ⁵⁴	节能灶	ju³¹ tɕhi³¹	油漆
tiɛ⁵⁴ tʃhɿ³¹	电池	ui³¹ tɕi⁴⁴	围巾
fɤ³¹ ji⁴⁴ tɕi⁴⁴	缝衣机	tʃhuŋ⁴⁴ tiɛ⁵⁴ tɕhi⁵⁴	充电器
lou³¹ fa³¹	楼房	pha³¹ tsɿ⁴⁴	盘子
tsɤ⁵⁴ la³¹	走廊	ʃui³¹ ni³¹	水泥
va⁴⁴ fa⁵⁴	瓦房	pi⁴⁴ kua³¹	宾馆
kɤ⁴⁴ u³¹ thi⁴⁴	歌舞厅	kha³¹ la⁵⁴ ou⁴⁴ khɛ⁴⁴	卡拉 OK
tʃhu³¹ tʃu³¹ tʃhʌ⁴⁴	出租车	tiɛ⁴⁴ fa⁵⁴ pɔ³¹	电饭煲
ma³¹ thou⁵⁴	馒头	pau⁴⁴ tsɿ⁴⁴	包子
phi³¹ ko³¹	苹果	ɕi³¹ liu⁵⁴	石榴
ko³¹ tu⁵⁴	果冻	nɛ³¹ tha³¹	奶糖
sui³¹ ko³¹ tha³¹	水果糖	pi³¹ ka⁵⁴	饼干
phi³¹ tɕu³¹	啤酒	xa⁵⁴ khu⁵⁴	汗裤

是否使用借词,与基诺人的生活状况、概念形成的特点以及固有词在词汇系统中的作用有关。例如:属于"匠"类的几个词,由于基诺族很早就有铁匠,有了固有词 tʃʌ⁴⁴ lɛ⁵⁴ "铁匠"一词,这个词由 tʃʌ⁴⁴ "会"加 lɛ⁵⁴ "翻"两个词素构成,后来一直沿用下来。而"木匠、石匠"是后起的,一般都使用汉语借词 mu³¹ tɕa⁵⁴ "木匠"、ʃ³¹ tɕa⁵⁴ "石匠"。又如"香蕉"是基诺山原来就有的,过去都用 ŋa³¹ sɯ⁴⁴ klø⁵⁴ xju⁴⁴ 表达,ŋa³¹ sɯ⁴⁴ 是"芭蕉",klø⁵⁴ xju⁴⁴ 表示"细密状",但近来已有被汉语借词 ɕa⁴⁴ tɕɔ⁴⁴ 取代的趋势。原因可能是"香蕉"在当地使用广泛,市场上多用,还有可能是固有词四个音节没有汉语借词双音节说得方便。

从基诺语人几代人姓名结构的变化上,也能看出基诺语受汉语影响不断深化的趋势。基诺族的命名方式经历了"基诺语单名→基诺语、汉语双名→汉名单名"的变化过程,但大多数人的姓名都还部分保留本族语的成分在内。虽然这一演变趋势目前只出现在部分人中,但大体能够看到今后这一演变的方向。

在新中国建立之前,基诺族主要是基诺语单名制,保存了父子联名制。现在 60 岁以上的人中,除了少数参加工作的人外,大多只有一个基诺名。但在建国后,随着教育的普及,与汉族交往的不断加强,以及户口登记管理制度的建立,许多基诺人的姓名由单名向双名发展,即除了基诺名外,还增加了汉名。所谓"汉名",是指使用汉字按汉族取名的习惯取名,一般使用三个字或两个字,也有少数四个字的,是为了区别同名,如同取"车布鲁"名的,分为"大车布鲁"、"中车布鲁"、"小车布鲁"。用字多选用褒义字,如"珍、金、娜、佳"等。

下面是沙金寿一家四代人姓名的变化。

代际	辈分	基诺名		汉名
第一代	祖父	plʌ³¹tsɤ⁵⁴	白腊则（已逝）	——
	祖母	jɔ⁵⁴tsɤ⁵⁴	腰则（已逝）	——
第二代	父	ʃa⁵⁴tʃhɤ⁵⁴	沙车（76岁）	——
	母	ʃʅ³¹mei⁵⁴	拾妹（73岁）	——
	伯父	pho³¹jɔ⁴⁴	扩腰（已逝）	——
	伯母	pho³¹ʃɯ⁵⁴	婆升（76岁）	——
第三代	沙金寿	tʃhɤ⁵⁴plɯ⁵⁴	车布鲁（43岁）	沙金寿
	妻	pʌ⁴⁴lø⁴⁴	包吕（43岁）	——
	兄	tʃhɤ⁵⁴pʌ⁴⁴	车白（46岁）	沙金本
	嫂	tʃɯ⁴⁴ʃɯ⁵⁴	周升（43岁）	——
第四代	大女	plɯ⁴⁴ŋju⁵⁴	布鲁妞（22岁）	沙佳
	二女	plɯ⁴⁴tɤ⁵⁴	布鲁得（21岁）	沙莹
	三女	plɯ⁴⁴mɯ⁴⁴	布鲁美（19岁）	沙娜
	大侄女	pʌ⁴⁴mɯ⁴⁴	包麦（23岁）	沙丽平
	大侄儿	pʌ⁴⁴tʃe⁴⁴	包杰（22岁）	沙冬林
	二侄儿	pʌ⁴⁴tʃhɔ⁴⁴	包操（19岁）	沙秋明

以上四代人家庭成员的命名，第一代、第二代是基诺语单名。到沙金寿第三代，已是双名，但汉名中还包含基诺语成分。如"沙金寿"中的"沙"，是由其父亲"沙车"中的"沙"联名而来的。"金寿"是纯汉名，取褒义字。但其兄有点不同，取"沙金本"，其中的"沙"字是父子联名，"本"字是基诺语 pʌ⁴⁴ 的译音，基诺语是"发扬光大"义，只有"金"是取自汉语的，是褒义字。可见，汉名中还因年龄的大小存在不同的层次，在一部分人中年龄大的包含基诺语成分多些，年龄小的基诺语成分少些。

又以"何生"一家三代人的命名为例。"何生"一家是个族际婚姻家庭，其父是汉族，由于与基诺族通婚，后代都成为基诺族。这一家姓名的演变，经过了由汉名到基诺名，再由基诺名到汉名的过程，反映了汉族融入基诺族后出现的姓名变化。三代人的姓名如下：

代际	辈分	基诺名		汉名
第一代	祖父（汉族）	——		何加兴（已逝）
	祖母	sɔ³¹mɯ⁴⁴	扫麦（已逝）	——
第二代	何生（基诺族）	——		何生（38岁）
	其妻	tʃhɤ⁵⁴ŋju⁵⁴	车妞	——
第三代	儿	sɤ⁴⁴mlʌ⁴⁴	生木拉	——
	女	——		生燕

说明：

①"何生"因其父为汉族，取汉名"何生"。其子女继承父子联名，名字的第一个字为"生"（生木拉、生燕）。

②兄妹命名不同，兄取基诺名 sɤ⁴⁴mlʌ⁴⁴生木拉，妹取汉名"生燕"，但前一个字仍为基诺语联名，后一个字"燕"是汉语褒义字，反映同辈中因年龄差异而出现的不同。即年龄大的用基诺名，年龄小的用汉名，但还包含基诺语的成分。

再如"丛地"一家的命名：丛地祖籍为汉人，76岁，解放前就已定居基诺山，基诺语熟练。其前夫为汉人，子女都取汉名。后夫为基诺人，其子女男的既有基诺名又有汉名，而女的只有基诺名。三代人的姓名如下：

代际	辈分	基诺名	汉名
第一代	母	——	丛地（76岁）
	前夫	——	甘金寿（已逝）
	后夫	plɯ⁵⁴mlʌ³¹布木拉	——
第二代	先夫之大儿	——	甘福（56岁）
	先夫之二子	——	甘老二（53岁）
	先夫之女	——	甘珍妹（50岁）
	后夫之大女	mlʌ³¹ɲju⁵⁴木拉妞（43岁）	——
	后夫之大儿	mlʌ³¹tʃhe⁵⁴木拉切（40岁）	阿林
	后夫之二女	mlʌ³¹tʃi⁵⁴木拉机（38岁）	——
	后夫之二儿	mlʌ³¹tʃe⁵⁴木拉杰（35岁）	阿杰
	后夫之三女	mlʌ³¹je⁵⁴木拉叶（31岁）	——
第三代	阿林之儿	——	林兵（15岁）
	阿林之女	——	林娅（11岁）

说明：

①丛地的子女命名不同，受其夫民族成分的制约。其夫是汉族的只有汉名，是基诺族的只有基诺名。

②第二代人中，男性有基诺名和汉名两种，而女性只有基诺名没有汉名。

③第三代只用汉名，但所取的汉名第一个字还用父子联名。

基诺人有名无姓，取汉名时，第一个父子联名的字当成姓，特别是与汉姓接近的字，比较容易被认可是姓，如"周"、"沙"、"白"等字。有的汉姓中没有的字，也被认可为姓（如"资"）。有的在译音上略加改动，与汉姓一致。如 plɯ⁵⁴tʃhɤ⁵⁴"布鲁车"中的"布"，改为"白"。

值得重视的是，现在的青少年的命名一开始就是汉语单名。如巴朵寨少年儿童只取汉名的有"周灵丽、资珍妮、扫妹、车妹、思思、李阿骏、李阿超、李俊娇、刘前林、刘川云、林兵、林娅、甘志林、甘志龙"等。这种只有汉语单名的，似乎在不断增多，是否能成为一种趋势，有待今后进一步考察。

（二）汉语借词的层次性

基诺语里的汉语借词存在不同的层次。分清汉语借词的层次有助于认识汉语借词的性质及其演变规律。借词的层次可以从不同的角度做不同的划分。

1. 从时间上大致可分为新中国建立前的汉语借词和新中国建立后的汉语借词两类。二者中以后者的数量为多。新中国建立之前，由于基诺山相对闭塞，基诺语吸收汉语借词较少，汉语借词主要是日常生活常用的词汇。例如："棉絮、手帕、洋芋、豆腐、莴笋、麦子、犁、耙、石榴、核桃、骡子"等。而新中国建立后的汉语借词涉及词汇系统的各个方面，尤以反映现代社会的新词术语为多。例如："国家、人民、干部、商店、银行、公司、电视机、电话、电冰箱、手机"等。

2. 从汉语借词在词汇系统中的地位可分为两类：一类是基诺语中原先没有反映这方面概念的词，如"白兔、狮子、肥料、灯、蜡烛、喇叭、棋、球、颜色、数目"等，基诺语比较容易吸收这方面的词来补充自己的词汇。比如，基诺人原无灶，做饭是在 jɛ^{44} po^{54}"火塘"上做的。但火塘终年生火不断，费木柴，对自然生态的发展很不利；80 年代以后，政府推行建灶，要求每家都要有灶，并投入大量资金帮助基诺人普遍建灶。因而，汉语借词 tʂɔ^{54}"灶"一词已进入基诺语，成为家喻户晓的新名词。不仅有"灶"一词，还吸收了 jɛ^{54} xua^{54} tʂɔ^{54}"液化灶"、tɕɛ^{31} ne^{31} tʂɔ^{54}"节能灶"、mɤ^{31} tɕhi^{54} kua^{54}"煤气罐"、tʂɔ^{44} tɕhi^{54} tʂɔ^{54}"沼气罐"等词。

另一类是基诺语里也有表示这方面概念的词，汉语借词进入基诺语词汇系统后，形成了汉语借词与基诺与固有词并存并用的局面。

如：基诺语也有"矿"khlo^{44}一词，也表示"矿"义，但几十年来，汉语的"矿"khua^{54}一词随着基诺人与汉族的不断接触，慢慢地习惯使用汉语的"矿"khua^{54}。由它构成的许多复合词，也都纷纷地进入了基诺语词汇系统中，诸如 mei^{31} khua^{54}"煤矿"、thu^{31} khua^{54}"铜矿"、the^{31} khua^{54}"铁矿"等。目前，基诺人已放弃了固有词 khlo^{44}一词，改用了 khua^{54}，固有词 khlo^{44}已成为罕为人知的老词了。又如，基诺语中有 kʌ^{44} mɔ^{44}"菜"一词，是菜类的总称，包括"白菜、青菜"等，但这个词不能适应人们表达不同菜类的需要，于是基诺人又从汉语里借用了 pɛ^{31} tshe^{54}"白菜"一词，与固有词 kʌ^{44} mɔ^{44}"菜"在语义上有了分工，增加了基诺语对菜类的表达能力。但表示菜类的 kʌ^{44} mɔ^{44}一词仍然存在，除表示菜类外，还能与汉语借词一起用，起注释汉语借词的作用。

3. 从年龄上看，大致是中老年人是用固有词较多，而青少年则是用汉语借词较多。如："爸爸"一词，中老年人用 a^{44} pu^{33}，而青少年大多已转用汉语借词 pa^{31} pa^{54}；又如"柳树"一词，中老年许多用 mɛ^{44} na^{31}，而青少年则用汉语借词 ja^{31} liu^{31}"杨柳"。再如"船"一词，只有老年人还会用 lʌ^{44}，青少年几乎都用汉语借词 tʂhua^{31}"船"。

(三) 汉语借词和固有词的并存和竞争

汉语借词进入基诺语的词汇系统，与基诺语固有的相同、相近的词并存，相互间不可避免地会出现竞争。竞争中出现以下三种状况：

1. 有一些是汉语借词占了上风，逐渐取代了固有词。固有词已逐渐退居在少数人（主要是老一代人）中使用，或只有少数人还能懂。如"粑粑"一词，固有词有 a⁴⁴thø⁴⁴ 或 xʌ⁴⁴thø⁴⁴，但已被汉语借词 pa⁴⁴pa⁴⁴"粑粑"所代替，活跃在大多数人的口语中。再如：

固有词	汉语借词	
ɬo⁴⁴tso⁴⁴	miɔ⁵⁴	庙
suɯ³¹kjø³¹	kua⁴⁴tshɛ⁵⁴	棺材
su³¹ma⁵⁴	lɔ³¹pɛ³¹ɕi⁵⁴	老百姓
tshɿ⁴⁴suɯ⁴⁴	ji⁴⁴suɯ³³	医生
tʃo⁴⁴mɔ³³	ta⁵⁴o³¹	大鹅
ʃi³¹tɛ⁴⁴a⁴⁴mɔ³³	ta⁵⁴jɛ⁵⁴	大雁
khjø⁴⁴phlɛ⁴⁴	pa³¹li³¹	板栗
mɛ⁴⁴na³¹	ja³¹liu³¹	柳树
ŋa³¹suɯ⁴⁴klø⁵⁴xju⁴⁴	ɕa⁴⁴tɕɔ⁴⁴	香蕉
tsɿ⁴⁴khlo⁴⁴	ma³¹	麻
ko⁴⁴tʃhi³¹	tɕu³¹tʃhɛ⁵⁴	韭菜
pha⁴⁴mi³¹	jɛ³¹ɕi⁵⁴	芫荽
kʌ⁴⁴phu⁴⁴	lo³¹pu⁵⁴	萝卜
ko⁴⁴tho⁴⁴	ta⁵⁴tʃhu⁴⁴	葱
ko⁴⁴phlʌ⁴⁴	ta⁵⁴sua⁵⁴	蒜
ji³¹mɔ⁴⁴	fu³¹lu⁵⁴	葫芦
kje³¹tʃhi⁴⁴	ua⁴⁴tɤ⁵⁴	豌豆
ʃʌ⁴⁴tʌ⁴⁴a⁴⁴phlu⁴⁴	pɛ³¹tha³¹	白糖
a⁴⁴suɯ⁴⁴luɯ⁴⁴	ŋju³¹tsɿ⁵⁴	纽扣
tsho⁴⁴thø³³	tua³¹khu⁵⁴	短裤
khji³¹tsho⁴⁴	ua³¹tsɿ⁴⁴	袜子
tʃhu⁴⁴mu³¹	so⁴⁴ji⁴⁴	蓑衣
tuɯ³¹luɯ³¹	ɕi³¹tsɿ⁴⁴	席子
a⁴⁴khli⁴⁴phi⁴⁴tso³¹	tshɤ⁵⁴so⁵⁴	厕所
a⁴⁴tʃa⁴⁴tso³¹	xo³¹fa³¹（火房）	厨房
mi⁴⁴tuɯ⁴⁴lo⁵⁴kha³¹	xo³¹ʃɿ³¹	火石
lʌ³³tʃʌ⁴⁴	ta⁵⁴phɤ³¹	大盆

tʃhɛ³¹ mɛ³¹	xo³¹ tɕhɛ³¹	火钳
kɤ³¹ plɤ³¹	jɛ⁴⁴ thu³¹	烟筒
tʃɯ⁵⁴ tɛ⁵⁴	piɛ⁴⁴ tsʅ³¹	鞭子
tu³¹	ti⁴⁴ tʃhui³¹	锤子
piu⁵⁴ tɛ⁵⁴	pi³¹	笔
tʃo⁵⁴ thɛ⁴⁴	ʃɛ³¹ ɕɛ³¹	神仙
ka³¹ phlu³¹	pa⁵⁴ fa³¹	办法
ka⁴⁴	tʃho⁴⁴ u⁵⁴	错误

固有词被汉语借词所代替，有多种原因在起作用。但最重要的是汉语借词影响力大，被基诺人认可。此外，固有词音节数多，使用起来不便，也容易被汉语借词所代替。如上面举的"火石"一词，mi⁴⁴（火）tɯ⁴⁴（打）lo³¹（石）kha³¹（硬）由四个音节组成，显然说起来不如汉语词 xo³¹ʃ³¹"火石"方便。又如：汉语借词 ʃui³¹ phjɔ³¹"水瓢"代替了固有词 ji³¹ tʃho⁵⁴（水）pu⁴⁴ khui⁵⁴（瓢），也与固有词冗长有关。

有的是因为原有的意义（或构词词素意义）不能准确地表达新事物的概念。例如"钉子"一词，基诺语曾用 ʃɛ³¹（铁）tʃhø³³（尖）表达，即"尖的铁"。但"尖的铁"与"钉子"是不等的，因此被汉语借词 ti⁵⁴ tsʅ⁴⁴ 钉子所代替。

汉语借词的进入，使得词的表达细化了。比如：表示"鞋"类的词，过去只有一个，不同的鞋都用它表示。借用了汉语词后，能够表达各式各样的鞋。如：

tshɔ³¹ xai³¹ 草鞋　　　　tho⁴⁴ xai³¹ 拖鞋
pu⁵⁴ xai³¹ 布鞋　　　　phi³¹ xai³¹ 皮鞋
kjɔ⁴⁴ xai³¹ 胶鞋

为了增加语义，除"草鞋"外，这些汉语借词还可以再加上本族词 khœ⁵⁴ tsho⁴⁴，构成本族词与借词合成的复合词。例如：

khœ⁵⁴ tsho⁴⁴ tho⁴⁴ xai³¹　　　拖鞋
鞋（基）　拖鞋（汉）
khœ⁵⁴ tsho⁴⁴ pu⁵⁴ xai³¹　　　布鞋
鞋（基）　布鞋（汉）

2. 一种是在并用中固有词仍占上风，汉语借词只在一定场合、一定人中使用。例如：

固有词	汉语借词	
ma⁴⁴	liu³¹ xua³¹	硫磺
xʌ⁴⁴ pu³³	ɕi⁴⁴ fa⁵⁴	稀饭
nɛ⁴⁴ sɔ⁴⁴	ɕa⁴⁴ liɔ⁵⁴	香料
tʃe³¹ tsʅ³³	ui³¹ tɕha³¹	围墙
ko³³ mɔ³³	ta⁵⁴ mɤ³¹	大门

ko⁴⁴ pʌ⁴⁴	ɕa⁴⁴ tsɿ⁴⁴	箱子
pa⁴⁴ tɛ⁵⁴	piɛ³¹ ta⁵⁴	扁担
phɔ⁴⁴ ɬu³¹	ʃɛ⁵⁴ tsɿ³³	筛子
a⁴⁴ pjo⁵⁴	ʃu⁴⁴	书
tʃɛ⁴⁴ vɤ⁵⁴	uɛ³¹ ɕɛ⁵⁴	危险

3. 固有词与汉语借词并用,出现了分工。例如:固有词中有一个 tʃo⁴⁴ ka³¹,表示"鸭子"一义,是鸭子的总称,但随着养鸭的增多,需要区分"旱鸭"和"水鸭",于是又从汉语里借入了 ka⁴⁴ ja³¹"旱鸭(干鸭)"一词,而固有词 tʃo⁴⁴ ka³¹ 转为只指"水鸭"。

又如:基诺语中表示"羊"的,只有一个 tʃhi⁵⁴ pɛ³¹,既表"山羊",又表"绵羊",后从汉语里借入了 mjɛ³¹ ja³¹"绵羊",于是 tʃhi⁵⁴ pɛ³¹ 只表"山羊"。

"油"的概念,基诺语用 a⁴⁴ tshɯ⁴⁴ 一词表示,但受汉语影响,借入了 ɕa⁴⁴ jo³¹"香油"、tɕi⁴⁴ tɕhi⁴⁴ a⁴⁴ tshɯ⁴⁴"机油"(半借),使得"油"概念的表达细化了。

"线"一概念,基诺语用 a⁴⁴ khɯ⁴⁴ 表示,表示所有的线。借入汉语的 ma³¹ ɕɛ⁵⁴"麻线"、mɔ³¹ ɕɛ⁵⁴"毛线"后,与泛称的 a⁴⁴ khɯ⁴⁴"线"分工了。

"裙子"一概念,基诺语用 tɔ⁴⁴ kɔ⁴⁴ 一词表示,又借入汉语的 tɕhi³¹ tsɿ⁴⁴"裙子"一词。于是二者出现了分工:汉语借词 tɕhi³¹ tsɿ⁴⁴ 专指从商店买来的裙子,而本族词 tɔ⁴⁴ kɔ⁴⁴ 专指本族自制的。

基诺语有表示"扇子"义的 ti³¹ pjɤ³³,后又借入汉语的 ʃa⁵⁴ tsɿ⁵⁴"扇子"。二者在并用中出现了分工:本族词 ti³¹ pjɤ³³ 指火塘上扇火用的扇子,汉语借词 ʃa⁵⁴ tsɿ⁵⁴ 专指扇人的扇子。

基诺语用 pa⁵⁴ si⁵⁴ 表示"走廊"义,后又借入汉语 tsɤ⁵⁴ la³¹"走廊"。两个词有了分工:固有词表示原有房屋的走廊,汉语借词只表示新式瓦房的走廊。

基诺语的 tso³¹ kjɤ³³ 表示"楼房"义,借入汉语的 lou³¹ fa³¹"楼房"后,二者有了分工:固有词表示旧式的楼房,汉语借词表示新式的楼房。

基诺语有 pi⁴⁴ tʃi⁴⁴ 一词表示家中放物的"仓库",借入的汉语词 tsha⁴⁴ khu⁵⁴"仓库"一词,指公司、学校、机关中的大储存室。

"凳子"一词,基诺语固有词 khɯ⁴⁴ thɯ⁴⁴ 表示"竹制的凳子",汉语借词 pa³¹ tɤ⁵⁴ 表示"木制的凳子"。

过去基诺人曾用 ji³¹ m⁴⁴"野葡萄"来称"葡萄",但随着市场上葡萄的增多,人们就使用了汉语借词 phu³¹ thɔ³¹,而原来的 ji³¹ m⁴⁴ 就专指"野葡萄"。

基诺语有 mja⁵⁴ po⁴⁴"甑子"一词,主要用于蒸饭。借入的汉语借词 tsɤ⁴⁴ lu³¹"蒸笼",是蒸饭、蒸菜用的。两个词的语义表达有了分工。

"瓶子"一词,固有词是 ko⁵⁴ pha³¹,指土制的瓶子,基诺族中现在懂的人已经不多。借入汉语的 phi³¹ phi⁴⁴"瓶瓶",指玻璃制的瓶子。

放在火塘上中的"三角架",基诺语称 kho³¹ lo³¹,是用石头砌成的。汉语的 sa⁴⁴ kjo³¹"三角"

借入后,表示铁制的三脚架。二者有了分工。

基诺人用的"尺子",称 tʃha³¹ tɛ³¹,用竹、木制成。但现在小学生用的塑料尺子,则借用汉语的 tʃhɿ³¹ tsɿ⁴⁴ "尺子"表示。

基诺语表示"东"义的,用 ŋjɯ³¹(日)to³¹(出)a⁴⁴ pɔ⁴⁴(方),表示"西"义的用 ŋjɯ³¹(日)klɔ⁴⁴(落)a⁴⁴ pɔ⁴⁴(方)。但表达"东西"时,则用汉语借词 tu⁴⁴ɕi⁴⁴"东西",表达"东南"时用 tu⁴⁴na³¹"东南",不用固有词构词。

以上诸多例子说明,汉语借词对基诺语的丰富发展有着重要的作用。它不仅给基诺语输入了大量过去没有的新词、新概念,而且还使得基诺语对事物的表达概念更细致、更准确。这是基诺语与时俱进丰富发展的表现。

(四)已经借用傣语的一些词,有的逐渐被汉语借词所代替。新中国建立之前,基诺语从相邻的傣语里借入了不少词来丰富自己,成为基诺语借词的一种类型。但半个多世纪以来,向傣语借用词汇数量不断在减少,甚至有的傣语借词已被汉语借词所代替。例如:

傣语借词	汉语借词	
va³¹	tha³¹	塔
me⁴⁴ mai⁵⁴	kua³¹ fu⁵⁴	寡妇
lɤ⁴⁴	tɕi⁵⁴ tsɿ³³	锯子
ma⁵⁴ ka⁵⁴ mai⁵⁴	po⁴⁴ lo³¹	菠萝
ma⁵⁴ pɛ⁵⁴	tɕi³¹ tsɿ⁴⁴	橘子
va³¹ zɔ⁴⁴	xo³¹ ʃa⁵⁴	和尚

二 基本词汇中部分固有词的活力出现减弱的现象

半个多世纪,基诺语词汇中不仅增添了大量汉语借词,增强了语言表达能力,而且还由于客观事物的变化,一些词从词汇系统中逐渐消失,或失去了传承能力。

比如基诺山过去盛行的"马帮"(用马驮物的运输方式),现在已被汽车、拖拉机、摩托车所代替,因而与"马帮"有关系的词语年轻人中已经淡薄了,或不使用了。比如:a⁴⁴ khjɔ⁵⁴"马鞍"、mø⁴⁴ tsho⁴⁴"马笼头"、mø⁴⁴ tsho⁴⁴ a⁴⁴ phi³³"马笼头绳"、mø⁴⁴ tha³¹ tʃo⁵⁴ tshɤ⁴⁴"马肚带"、khji³¹ nɤ⁴⁴"马蹬子"、ʃɛ³¹ tɯ⁴⁴"马嚼子"、a⁴⁴ ta³³"驮子"、khiɛ⁵⁴ kho³¹"马掌"、to⁴⁴ khɤ³¹"后鞦"等,已不出现在青少年的词汇库中。

值得注意的是,基诺语虽有一套完整的亲属称谓名称,但这些基本词汇在青少年中有许多都已转用了汉语词。他们反而觉得用汉语借词习惯,用固有词不习惯。例如:

固有词	汉语借词	
a⁴⁴ pu³³	pa³¹ pa⁵⁴	父亲
a⁴⁴ mɔ³³	ma⁴⁴ ma⁵⁴	母亲
tʃɤ⁴⁴ xɯ⁴⁴	tɕɛ³¹ tɕɛ⁵⁴	姐姐

a⁴⁴ ʃo⁴⁴	ko⁴⁴ko⁵⁴	哥哥
a⁴⁴ɯ⁴⁴	ta⁵⁴tiɛ⁴⁴（大爹）	伯父
a⁴⁴tʃhʅ³¹	a⁴⁴su³¹	叔叔
a⁴⁴tshʅ³³	a⁴⁴sɔ³¹	嫂子
a⁴⁴mɯ³³	kjy⁵⁴ma⁴⁴	舅母
a⁴⁴pha³¹	ji³¹tiɛ⁴⁴（姨爹）	姨夫
a⁴⁴mɯ³³	ji³¹ma⁴⁴（姨妈）	姨母
a⁴⁴pha³¹	ku⁴⁴tiɛ⁵⁴（姑爹）	姑父
a⁴⁴kho⁴⁴	ku⁴⁴ma⁴⁴（姑妈）	姑母

亲属称谓词的换用，说明汉语影响已进入基本词汇范围，在一定程度上动摇了基本词汇系统的根基。又如：近十多年来，基诺人为了保护橡胶林，已不再饲养牛了，没有了牛，"牛圈"也没有了，这样一来，少年一代已不知 ŋjo⁴⁴pɤ⁴⁴ "牛圈"一词，但青壮年以上的还能懂。在同一组词中，va⁵⁴pɤ⁴⁴ "猪圈"、ja³¹khɯ³¹⁴ "鸡窝"还存在，而 ŋjo⁴⁴pɤ⁴⁴ "牛圈"、mjo⁴⁴pɤ⁴⁴ "马圈"、tʃhi⁵⁴khjɛ⁵⁴ "羊圈"等，都已不同程度地走向消失。

第二节　受汉语影响引起的语音变化

基诺族是一个双语的民族，除了母语外，汉语掌握得较好。因而，基诺族除了掌握基诺语的语音系统外，还另外掌握两套语音系统。这就是说在基诺人的语音库中，储存三套语音系统。其中，一套是拼读基诺语的（包括拼读外来借词，主要是汉语借词）；一套是用来拼读汉语当地方言的；还有一套是用来拼读普通话的。基诺族在平时交际中，能够根据交际的需要，转换使用包括基诺语语音系统在内的三套语音系统，而且能自如地转换。现分别描写如下：

一　基诺语语音系统

基诺语是属汉藏语系藏缅语族彝语支的一种语言。基诺语内部虽有一些不同，但差别不大，互相能通话。基诺语的语音特征主要是：塞音、塞擦音声母有清无浊；有少量复辅音声母；元音较多，无松紧、长短对立；固有词的韵母以单元音为主，汉语借词出现部分复合元音韵母和鼻化元音韵母；声调比同语支其他语言多些。

下面是以云南省西双版纳自治州景洪市基诺乡巴卡老寨的基诺语为依据整理而成的音系。

(一) 声母

共 38 个,其中单辅音声母 33 个,复辅音声母 5 个。复辅音声母是由双唇、舌根音同-l 结合而成的。双唇、舌根音上的单辅音声母又分腭化、非腭化两套。

1. 声母表

(1) 单辅音声母:

p	ph	m		
pj	phj	mj		
f	v			
t	th	n	l	ɬ
ts	tsh	s	z	
tɕ	tɕh	ɕ	j	
tʃ	tʃh	ʃ	ʒ	
k	kh	ŋ	x	
kj	khj	ŋj	xj	

(2) 复辅音声母:

pl	phl	ml
kl	khl	

2. 声母例词:

p	pɔ³³	箩箩	pa⁵⁴	抬
ph	jo³¹ phɔ⁴⁴	爷爷	pha⁵⁴	搂抱
m	mɔ³³	妈妈	ma⁵⁴	(人)们
pj	pjɔ⁴⁴	蜜蜂	pja⁵⁴	(一)个(弹弓)
phj	phjɔ⁴⁴	爱	phja⁵⁴	劈(树)
mj	mjɔ⁴⁴	年	mja⁵⁴	(刺)痛
f	fu⁴⁴	前面	fa⁵⁴	带(走)
v	vu⁴⁴ khjɛ⁴⁴	头	va⁵⁴	猪
t	to³¹	出	ta³¹	上(来)
th	tho³¹	撑(伞)	tha³¹	驮
n	no³¹	后(面)	na³¹	黑
l	lo³¹	石	a⁴⁴la³¹	晚(了)
ɬ	ɬo³¹	蛆	ɬa³¹	馋
ts	tsɔ³¹	家	tsɯ³¹	痒
tsh	tshо³¹	栽(秧)	tshɯ³¹	邪(水)
s	so³¹	熬(夜)	sɯ³¹	缝(衣服)

z	zo⁴⁴	走	zɯ³¹	按
tɕ	ma³¹ tɕa⁵⁴	麻将	pɛ³¹ tɕi⁴⁴	北京
tɕh	tɕhɛ⁴⁴ pi³¹	铅笔	xua³¹ tɕhɛ³¹	划拳
ɕ	pi⁴⁴ɕa⁴⁴	冰箱	ɕo³¹ ʃi³¹	学习
j	jo³¹	裹(烟)	ja⁵⁴	织(布)
tʃ	tʃo³¹	(拿)开	tʃɯ³¹	灾祸
tʃh	tʃho³¹	(刀把)脱落	tʃhɯ³¹	(背绳)短
ʃ	ʃo³¹	(向下)滑	ʃɯ³¹	金子
ʒ	ʃa⁴⁴ʒɤ³¹	砂仁	ʒɿ³¹ pɛ⁴⁴	日本
k	ko³¹	捡	ka⁵⁴	追
kh	kho³¹	拜(菩萨)	kha⁵⁴	过(河)
ŋ	ŋo³¹	(做)错	ŋa⁵⁴	张(嘴)
x	xo³¹ 下	(雨)	xa⁵⁴	劝(人)
kj	kjo³¹	(鸡)惊吓	kja³¹	勒(人)
khj	khjo³¹	可爱	khja³¹	篦(头发)
ŋj	ŋjo³¹ to³¹	葵花	ŋja³¹	茶水
xj	xjo³¹	(一)个(人)	xja⁵⁴	东西
pl	plʌ³¹	念(经)	pla³¹	扒
phl	phlʌ³¹	靶	phla³¹	察看(捕兽器)
ml	mlʌ	美的	a⁴⁴ mla⁵⁴	内向的人
kl	klo³¹	踢	kla³¹	爬
khl	khlo³¹	掏(洞)	khla⁵⁴	划(破)

3. 声母说明：

(1) f 出现的词较少。

(2) tɕ、tɕh、ɕ 主要出现在汉语借词中。如：na³¹ tɕi⁴⁴"南京"、ɕa⁴⁴ tsa³¹"乡长"、xua³¹ tɕhɛ³¹"划拳"。ʒ 只出现在少量汉语借词上。如：ʃa⁴⁴ʒɤ³¹"砂仁"。

(3) kl、khl 中的 l，发音时摩擦较重，略似 ɭ。

(4) tʃ、tʃh、ʃ 与 ɛ 结合时略带颚化。如：tʃhɛ³¹"夹"、ʃɛ³¹"铁"。

(5) 在个别词上，ɬ、l 可自由变读。如：lʌ⁴⁴ tsho⁴⁴ / ɬʌ⁴⁴ tsho⁴⁴"裤子"。

(二) 韵母

共 26 个，其中单元音韵母 14 个，复合元音韵母 12 个。

1. 韵母表

(1) 单元音韵母

ʅ i e ɛ a ɔ o u y ø œ ɯ ɤ ʌ

(2)复合元音韵母

ai au ɔi ia iɛ iɔ iu ua ui ue uɛ ou

2. 韵母例词

ʅ	ʃʅ⁵⁴	烙(印)	ji³¹ sʅ⁴⁴	鸟名
i	ʃi⁵⁴	渴	si³³	蹭(痒)
e	phe³¹	病名	tshe³³	马鹿
ɛ	phɛ³¹	割(草)	tshɛ³¹	绳子即断处的细线
a	pha³¹	剥(花生)	tsha⁵⁴	接起
ɔ	phɔ³¹	换(物)	tshɔ³¹	砍声
o	pho³¹	回(来)	tsho³¹	栽
u	phu³¹	(一)个(寨子)	tshu³¹	抓
y	phy³¹	烧(火)	py⁴⁴ tʃhɛ⁴⁴	傣族
ø	phø³¹	涩	tshø³¹	扶
œ	phœ⁵⁴	吐	tshœ³¹	刺
ɯ	mɯ⁴⁴	好	tshɯ³¹	怪物
ɤ	mɤ⁴⁴	的	tshɤ³¹	十
ʌ	mʌ⁴⁴	(一)只(鸟)	tshʌ³¹	人
ai	ŋai³¹ kɔ⁴⁴	纸	tshai⁴⁴	铜铃声
au	kjau⁵⁴	胶	phau³⁵ tʃa³¹	炮仗
ɔi	phlɔi³³	锡		
ia	lia³¹ ʃʅ³¹	粮食		
iɛ	ʃa⁴⁴ tiɛ⁵⁴	商店	tiɛ⁵⁴ ʃʅ⁵⁴	电视
iɔ	fe³¹ liɔ⁵⁴	肥料	thiɔ⁴⁴ po³¹	挑拨
iu	ɕi³¹ liu⁵⁴	石榴	tui⁵⁴	对
ua	kua³¹	理睬	kua⁴⁴	赢
ui	ji³¹ khui³³	勺子	ji⁴⁴ ui⁵⁴	因为
ue	khue³³	败		
uɛ	khuɛ³³	什么	khuɛ⁵⁴ tɕi⁵⁴	会计
ou	xou⁵⁴ xui³¹	后悔	ma³¹ thou⁵⁴	馒头

3. 韵母说明

(1)韵母 ʅ 与舌叶声母 tʃ、tʃh、ʃ 拼合时读[l̩]。

(2)ɯ 单独作音节时前面常带[ɤ],如 a⁴⁴(ɤ)ɯ⁴⁴"伯父"。

(3)复合元音韵母大多出现在汉语借词上。

(4) 带 o 的词，有的可以变读为 u。如：ko⁴⁴pʌ⁴⁴"箱子"又读 ku⁴⁴pʌ⁴⁴。

(5) 随着汉语词汇的大量借入，有的人的口语中增加了一些鼻化元音韵母，例如：

ĩ	jĩ³⁵	印(章)	tɕhĩ⁴⁴ŋj ɛ̃³¹	青年
ɛ̃	pɛ̃³¹tɕhɛ̃³¹	本钱	ã⁴⁴tɕhɛ̃³¹	安全
ã	tã³¹	党	sã⁵⁴tsɿ³¹	扇子
õ	tʃõ⁴⁴	钟	kõ⁴⁴tɕhɛ̃³¹	工钱
ɣ̃	tɣ̃³³	灯	pɣ̃³¹tsɿ³³	本子
uã	kuã⁵⁴tʃhã³¹	广场	khuã⁴⁴	宽

但由于不同人接受汉语的水平不同，这类借词的读音不很一致，有的完全读为口元音，有的读为鼻化元音，甚至还有读为带鼻音尾韵尾的，如：kuŋ⁴⁴sɿ⁴⁴"公司"。所以本音系不把鼻化韵母或带鼻音尾韵尾的韵母加入韵母系统中，统一标注为口元音韵母。

(三) 声调

1. 声调数目：声调共有 5 个，其调值、例词如下：

调次	调值		例词		
1	54	a³³mi⁵⁴ 小的	mɯ⁵⁴(用烟)熏	po⁵⁴ 亲(嘴)
2	44	mi⁴⁴ 火	mɯ⁴⁴nɛ⁴⁴ 亲戚	a⁴⁴po⁴⁴ 箐沟
3	33	mi³³ 话	mɯ³³ 霉	a⁴⁴po³³ 花
4	35	mi³⁵ 灭(火)	mɣ³⁵(给)了	po³⁵ 底下
5	31	mi³¹(火)熄	mɯ³¹ 坝子	po³¹ 破(柴)

2. 声调说明：

(1) 54、31 两个调的音节多带后喉塞音-ʔ。例如：khjo⁵⁴"六"实际读为[khjoʔ⁵⁴]、tsho⁵⁴na³¹"天"实际读为[tshoʔ⁵⁴naʔ³¹]。

(2) 35 调出现频率低，其中有的用来区别语法意义和相关的词义。例如：

nʌ³¹"你"(主格) —— nʌ³⁵"你"(宾格)

khɣ³¹"那"(平处较远的地方) —— khɣ³⁵"那"(平处较近的地方)

也有由两个音节的合音形成的，如：po³¹o⁵⁴"底下"读为 po³⁵。

此外，还有一些出现在部分人的汉语借词中，如：tsa³¹kua³⁵"火罐"。

3. 变调规则：

主要有以下几种类型：

(1) 54＋54→44＋54，如：na⁵⁴/⁴⁴pha⁵⁴"耳环"、phʙ⁵⁴/⁴⁴nu⁵⁴"恶心"。

(2) 31＋44→44＋44，如：tso³¹/⁴⁴jɔ⁴⁴"地基"、phlo³¹/⁴⁴khlo⁴⁴"银矿"、ji³¹/⁴⁴mɔ⁴⁴"葫芦"。

(3) 44＋31→44＋44，如：a⁴⁴tʃa⁴⁴tso³¹/⁴⁴"厨房"、xo⁴⁴ji³¹/⁴⁴"染料"。

(4) 44＋44→33＋44，如：vu⁴⁴/³³khji⁴⁴"角"。

(5) 54+31→54+54，如：la⁵⁴khji³¹ᐟ⁵⁴"前腿"。

（四）音节结构

共有五种结构形式。

1. 辅音：m³¹"做"。
2. 辅音+元音：la⁵⁴"手"、ŋ³¹"我"。
3. 辅音+元音+元音：khuɛ³³"什么"、thua³¹jɛ³¹"团员"。
4. 辅音+辅音+元音：phlu⁴⁴"白"、mlu⁴⁴"涂（漆）"。
5. 元音：a⁴⁴ø⁴⁴"熊"、o³¹"钻（洞）"。

（五）基诺语语音系统由于受到汉语的影响，语音特点发生了一些变化。其变化主要是：

1. 在声母中，吸收了汉语的 tɕ、tɕh、ɕ、ʑ 等四个声母。例如：

tɕ	tɕɛ³¹ne³¹tʃɔ⁵⁴	节能灶	ko³¹tɕa⁴⁴	国家
tɕh	uɛ³¹tɕha³¹	围墙	xo³¹tɕhɛ³¹	火钳
ɕ	ju⁴⁴ɕo⁵⁴	优秀	ɕɛ⁴⁴tʃa³¹	县长
ʑ	ʑɛ³¹mi³¹	人民	tʃu³¹ʑɤ⁵⁴	主任

2. 在韵母中，增加了 au、ia、iɛ、iɔ、uɛ、ou 等六个韵母。例如：

au	tau⁴⁴	刀（姓）	ta⁵⁴phau⁵⁴	大炮
ia	lia³¹ʃ¹³¹	粮食	lia³¹khuɛ⁵⁴	凉快
iɛ	tiɛ⁵⁴xua⁵⁴	电话	thiɛ³¹tʃha⁵⁴	铁铲
iɔ	fe³¹liɔ⁵⁴	肥料	mjɛ⁵⁴thiɔ³¹	面条
uɛ	kuɛ⁵⁴	怪	luɛ³¹tsɿ⁴⁴	轮子
ou	lou³¹fa³¹	楼房	ma³¹thou⁵⁴	馒头

3. 在一些人特别是中青年人的口语中，带鼻音尾韵母的汉语借词已以鼻化元音韵母或带 -ŋ 尾韵母的形式出现。例如：

pĩ⁴⁴	或	piŋ⁴⁴	兵
kõ⁴⁴tɕhẽ³¹	或	koŋ⁴⁴tɕhɛŋ³¹	工钱
tɕɛ̃³¹tau⁴⁴	或	tɕɛŋ³¹tau⁴⁴	剪刀
ɕã⁴⁴	或	ɕaŋ⁴⁴	（烧）香
tɕĩ⁴⁴jẽ⁵⁴	或	tɕiŋ⁴⁴jɛŋ⁵⁴	经验
phĩ³¹ã⁴⁴	或	phiŋ³¹aŋ⁴⁴	平安
fa³¹tʃã⁵⁴	或	fa³¹tʃaŋ⁵⁴	发展

4. 基诺语中的汉语借词读音，是按基诺语语音系统的特点确立的。由于不同人的文化差异以及汉语水平的不同，基诺语中的汉语读音出现了群体差异和不稳定性。但这种差异与不

稳定性是有规律可寻的，其条件与年龄、职业、文化程度有关。大致是：文化水平高一些的，借词的实际读音靠拢汉语近些。基诺语借词语音的差异和不稳定性，是基诺语接受汉语影响的不平衡性表现。

二　基诺族说当地汉语方言的语音系统

基诺族与当地汉族接触的过程中，普遍掌握了当地汉语方言。当地汉语方言属西南官话，与昆明话比较接近。基诺族说当地汉语方言，与当地汉族说的相差不远。现分述如下：

（一）声母

基诺族说当地汉语方言的声母共有 29 个：p、ph、m、pj、phj、mj、f、v、t、th、n、l、ts、tsh、s、tɕ、tɕh、ɕ、j、tʃ、tʃh、ʃ、ʒ、k、kh、x、kj、khj、ŋj。其中，tɕ、tɕh、ɕ、ʒ 等 4 个声母是基诺语拼读本族词的语音系统所没有的。举例如下：

p	tɕhe^{44} pi^{31}	铅笔	pɛ^{31} tsɿ^{44}	本子
ph	phi^{31} ko^{44}	苹果	ɕa^{54} phi^{31}	橡皮
m	mɔ^{31} fa^{54}	模范	mi^{31} tʃu^{31}	民族
pj	pje^{44} tɕa^{44}	边疆	pjɔ^{44} tɕha^{44}	标枪
phj	phjɔ^{54} tsɿ^{33}	票子	phjɛ^{54} tsɿ^{33}	骗子
mj	mjɛ^{31} fɤ^{31}	面粉	mjɛ^{31} ɕi^{54}	棉絮
f	tsha^{31} fu^{31}	茶壶	fu^{31} na^{31}	湖南
v	vɔ^{33} tsɿ^{33}	网	va^{44}	瓦
t	ta^{31} jɛ^{31}	党员	pa^{31} tɤ^{54}	板凳
th	thi^{44} jo^{31}	体育	thi^{44} tha^{31}	天堂
n	fu^{31} na^{31}	湖南	tʃhu^{31} na^{31}	出纳
l	la^{31} sua^{44}	辣蒜	li^{31} tɔ^{31}	领导
ts	tsu^{31} tʃa^{31}	组长	tsai^{54}	债
tsh	pɤ^{31} tshɤ^{54}	白菜	tsha^{31} pei^{44}	茶杯
s	ji^{31} sa^{31}	雨伞	ji^{54} sɿ^{54}	意思
tɕ	fu^{31} tɕau^{44}	胡椒	pie^{44} tɕa^{44}	边疆
tɕh	xo^{31} tɕhɛ^{31}	火钳	tɕhe^{44} pi^{31}	铅笔
ɕ	ɕa^{44} tsɿ^{54}	箱子	ɕo^{31} ɕi^{31}	学习
j	jɔ^{54} tsɿ^{44}	腰子	ji^{54}	印
tʃ	tʃu^{31} ʒɤ^{54}	主任	tʃu^{44}	钟
tʃh	tʃhu^{31} tʃha^{44}	出差	tʃhɤ^{31}	陈
ʃ	ʃɤ^{54} xui^{54}	社会	ʃa^{44} tiɛ^{54}	商店

ʑ	ʑe³¹mi³¹	人民	tʃu³¹ʑɤ⁵⁴	主任
k	kua⁵⁴tsʅ³³	罐子	kua³¹ɕi⁴⁴	广西
kh	khuɛ⁵⁴tɕi⁵⁴	会计	kho⁵³	课
x	ʃa⁵⁴xai³¹	上海	xua⁵⁴	画
kj	kjau⁵⁴	胶	kjɛ⁴⁴	碱
khj	khju³¹	球	khjɔ³¹tsʅ⁴⁴	荞子
ŋj	ŋu³¹ŋjɛ³¹	农业	ŋju³¹tsɛ³¹khu⁵⁴	牛仔裤

说明：

1. 拼读当地汉语方言的音系与拼读基诺语本族词的音系相比，少了 z、ɖ、xj、pl、phl、ml、kl、khl 等 8 个声母，多了 tɕ、tɕh、ɕ、ʑ 等 4 个声母。

2. 读 ʑ 的借词，有的人读为 z。如 ʑe³¹mi³¹ "人民" 也读为 ze³¹mi³¹。

3. kj、khj 用来拼写汉语借词大多保留在中老年一代的口语中，年轻一代多用 tɕ、tɕh 取代。如 kjɔ⁴⁴ "胶" 读为 tɕɔ⁴⁴，"球" 读为 tɕhu³¹。

（二）韵母

用来拼读汉语借词的韵母共有 20 个：ʅ、i、ɛ、a、ɔ、o、u、y、ø、ʌ、ɤ、ɯ、ai、au、ui、uɛ、ua、iu、iɔ、ou 等 20 个。其中 8 个复合元韵母是拼读基诺语本族词的语音系统所没有的，是新增加的韵母。举例如下：

ʅ	khɔ³¹ʃʅ⁵⁴	考试	pɛ⁴⁴tsʅ⁵⁴	杯子
i	li³¹tɔ⁵⁴	领导	li³¹	梨
ɛ	ja³¹jɛ³³	洋烟（鸦片）	jɛ³¹ji⁴⁴	原因
a	ka⁴⁴pu⁵⁴	干部	ɕa⁴⁴	香
ɔ	mɔ³¹tɕi⁴⁴	毛巾	khɔ³¹ʃʅ⁵⁴	考试
o	ma³¹lo⁵⁴	马骡	so³¹	锁
u	tsu³¹tʃa³¹	组长	ʃu⁵⁴mu³¹	数目
y	ɕy³¹ɕo⁵⁴	学校	tɕhy⁴⁴	区
ø	tshø⁴⁴tʃa³¹	村长		
ʌ	thʌ³¹	弹（琴）	mʌ³¹ʃui⁴⁴	墨水
ɤ	tsha³¹tɤ⁵⁴	蚕豆	jɛ³¹sɤ³¹	颜色
ɯ	ji⁴⁴sɯ⁴⁴	医生	ma³¹tʃhɯ⁴⁴	马车
ai	ta⁵⁴xai³¹	大海	pɛ³¹tshai⁵⁴	白菜
au	phau⁵⁴tʃa³¹	炮仗	ɕa⁴⁴tɕau⁴⁴	橡胶
ui	xui³¹ɕa⁵⁴	茴香	tsui⁵⁴	罪
uɛ	khuɛ⁵⁴tɕi⁵⁴	会计	ʃa⁵⁴ʃuɛ⁵⁴	上税

ua	sua⁵⁴ pha³¹	算盘	khua⁴⁴	夸
iu	ʃʅ³¹ liu⁵⁴	石榴	liu³¹	刘（姓）
iɔ	fe³¹ liɔ⁵⁴	肥料	tiɔ⁵⁴ tʃɯ⁴⁴	吊车
ou	tou⁵⁴ fu³¹	豆腐	kui⁵⁴ tsou⁴⁴	贵州

说明：

1. ai、au 的读音多出现在年轻一代中，老一代多用 ɛ、ɔ。如在年轻一代中，pɛ³¹ tsai⁴⁴ "白菜" 读为 pai³¹ tshai⁴⁴，lɔ³¹ ʃʅ⁴⁴ "老师" 读为 lau³¹ ʃʅ⁴⁴。

2. uɛ、iɔ 的读音，在年青一代中有的能读出三合元音。如："乖" kuɛ⁴⁴ 读为 kuai⁴⁴，thiɔ³¹ "柴" 读为 thiau³¹。

（三）声调

当地汉语的四声在基诺借词中用三个调对应。其中去声有两种对应：一是读为 54 调，一是读为 35 调。条件大体是：汉语好一些的读为 35 调。举例如下：

汉语	基诺语	例	词
阴平	44	mɔ³³ tɕi⁴⁴ 毛巾	ja³¹ kau⁴⁴ 牙膏
阳平	31	tʃha³¹ fu³¹ 茶壶	ja³¹ sua³¹ 牙刷
上声	31	phi³¹ ko³¹ 苹果	pi³¹ ka⁴⁴ 饼干
去声	54	sua⁵⁴ pha³¹ 算盘	sʅ⁵⁴ liɔ⁵⁴ 饲料
	35	tsai³⁵ 债	li³⁵ ɕi³¹ 利息

说明：

去声读为 35 调，与当地汉语方言的读音有关。当地汉语方言的去声读为 35 调，如"絮、市、县、算、共"等。基诺语借用当地汉语的去声时，把调值也借进来。能借用 35 调，还与基诺语本身有 35 调有关。35 调在基诺语里虽出现不多，但作为一个独立的调值是存在的。如 mɤ³⁵ "那"等。大量 35 调的汉语借词进入基诺语后，巩固、提高了这一调值在声调系统中的地位。

三 基诺族说普通话的语音系统

基诺族学习汉语主要是通过学校教育（包括学前班）来实现的，大多接受了较长时间的普通话教育。因而，50 岁以下的基诺人大多会听、会讲普通话。我们在调查整个过程中，都可用普通话与他们交谈，他们也能用普通话回答。

基诺人说普通话，语音面貌较好，这是因为基诺语有较丰富的辅音和元音。说普通话的难点主要是带鼻音尾的韵母,因为基诺语只有开口元音,没有带鼻辅音尾的韵母,所以要通过反复练习才能掌握好。普通话韵尾有"-n""-ŋ"两套,而基诺人只用"-ŋ"一套。

基诺人学习普通话的难点,除了受母语特点干扰外,还与教师普通话水平的高低有关。在基诺山从事语文教学的教师,大多说的是云南汉语方言,他们说的普通话也只有一套韵尾"-ŋ",所以他们教出来的学生大多也只会用这一套韵尾。

基诺语虽没有复合元音韵母,但基诺族掌握复合元音韵母不太难,一般都能发音,只是三合元音掌握起来有点难。

普通话的四声,基诺人使用时合并为三个,阳平与上声合并。但出现不同情况:一类人合并为阳平,一类人合并为上声。部分年轻人发音时,有时能区分阳平与上声,但大多处于混淆状态。

(一) 声母

普通话用汉语拼音标音。

普通话:	b	p	m	f
基诺读音:	p	ph	m	f

d	t	n	l
t	th	n	l

g	k	h
k	kh	x

j	q	x
tɕ	tɕh	ɕ

z	c	s
ts	tsh	s

zh	ch	sh	r
tʃ	tʃh	ʃ	ʐ

对应	普通话	基诺读音	例字
b～p	bā	pa^{44}	八

普通话		基诺读音	例字
p～ph	pá	pha²¹²	爬
m～m	mā	ma⁴⁴	妈
f～f	fǎ	fa²¹²	法
d～t	dā	ta⁴⁴	搭
t～th	tā	tha⁴⁴	他
n～n	nà	na⁵¹	那
l～l	lā	la⁴⁴	拉
g～k	gē	kɤ⁴⁴	哥
k～kh	kě	khɤ²¹²	可
h～x	hē	xɤ⁴⁴	喝
j～tɕ	jī	tɕi⁴⁴	基
q～tɕh	qǐ	tɕhi²¹²	起
x～ɕ	xī	ɕi⁴⁴	西
z～ts	zá	tsa²¹²	杂
c～tsh	cā	tsha⁴⁴	擦
s～s	sǎ	sa²¹²	洒
zh～tʃ	zhā	tʃa⁴⁴	扎
ch～tʃh	chá	tʃa²¹²	查
sh～ʃ	shā	ʃa⁵⁵	沙
r～ʐ	rù	ʐu⁵¹	入

(二) 韵母

韵母对应：

普通话	基诺读音	普通话	基诺读音
a	a	ei	ɤi
o	o	en	ɤŋ
e	ɤ	ia	ia
i	i	ie	iɛ
u	u	in	iŋ
ü	y	ua	ua
ai	ai	uo	uɤ
ao	au	ün	yŋ
an	aŋ	üe	yɛ
ou	ɤu	ang	aŋ

普通话	基诺读音	普通话	基诺读音
ong	uŋ	uei	uɤi
eng	ɤŋ	uen	uɤŋ
iao	iau	üan	yɛŋ
ian	iɛŋ	iang	iaŋ
ing	iŋ	iong	iuŋ
iou	iɤu	uang	uaŋ
uai	uai	ueng	uɤŋ
uan	uaŋ		

韵母说明：

1. 普通话的 ü 比基诺读音的 y，唇型更圆一些。
2. 普通话的 ueng，年纪稍长者多经常读作 oŋ。
3. 基诺语读音中发普通话后鼻音 ŋ 时，比普通话后鼻音 ng 舌位稍微靠后一点。

韵母对应：

对应	普通话	基诺读音	例字
a～a	ā	a⁴⁴	啊
ai～ai	ài	ai⁵¹	爱
ao～au	bāo	pau⁴⁴	包
an～aŋ	ān	aŋ⁴⁴	安
ang～aŋ	bāng	paŋ⁴⁴	帮
o～o	bō	po⁴⁴	波
ou～ɤu	tōu	thɤu⁴⁴	偷
ong～uŋ	chōng	tʃhuŋ⁴⁴	冲
e～ɤ	è	ɤ⁵¹	饿
ei～ɤi	lèi	lɤi⁵¹	累
en～ɤŋ	bèn	pɤŋ⁵¹	笨
eng～ɤŋ	bèng	pɤŋ⁵¹	蹦
i～i	yī	ji⁴⁴	一
ia～ia	yà	jia⁵¹	压
iao～iau	piāo	phiau⁴⁴	漂
ian～iɛŋ	biān	piɛn⁴⁴	边
iang～iaŋ	yang	jiaŋ⁵¹	样
iou～iɤu	yòu	jiɤu⁵¹	又

iong～iuŋ	yòng	jiuŋ⁵¹	用
ie～iɛ	bié	piɛ²¹²	别
in～iŋ	pīn	phiŋ⁴⁴	拼
ing～iŋ	tíng	thiŋ²¹²	停
u～u	tǔ	thu²¹²	土
ua～ua	guā	kua⁴⁴	刮
uai～uai	huài	xuai⁵¹	坏
uan～uaŋ	chuān	tʃhuaŋ⁴⁴	穿
uang～uaŋ	guǎng	kuaŋ²¹²	广
uei～uɤi	wēi	uɤi⁴⁴	危
uen～uɤŋ	wén	uɤŋ²¹²	文
ueng～uɤŋ	wǎng	uəŋ⁴⁴	嗡
uo～uɤ	huǒ	xuɤ²¹²	火
ü～y	jú	tɕy²¹²	局
üan～yɛŋ	juān	tɕyɛŋ⁴⁴	捐
üe～yɛ	yuè	yɛ⁵¹	月
ün～yŋ	jūn	tɕyŋ⁴⁴	军

(三) 声调

声调对应：

对应	普通话	基诺读音	例字
55 调——44 调	shī	ʃŋ⁴⁴	诗
35 调——212 调	shí	ʃŋ²¹²	时
214 调——212 调	shǐ	ʃŋ²¹²	使
51 调——51 调	shì	ʃŋ⁵¹	是

声调说明：

1. 部分基诺人还把阳平与上声合并为 24 调。

2. 儿童或年轻人有要区别阳平与上声的意识，但区分不清楚。特别是读复合元音或带鼻音尾的韵母时，阴平与阳平经常混淆。

第五章　青少年语言状况的新问题

近半个世纪以来,随着社会的巨大变化,文化教育水平的不断提高,基诺族的语言使用状况也有了很大的变化。除了从单语向双语变化外,基诺语的使用功能、使用范围也有了很大的变化。基诺语在新信息的交流上,在经济文化领域的使用范围上,无疑都比过去有了扩大。但在青少年中,由于第二语言汉语学习得比较多,掌握得比较好,在一定程度上影响了母语的习得。这是值得我们重视和研究的。基诺族青少年语言状况出现的新问题主要有两个:一是青少年母语能力的减退,二是极少数少年儿童不懂母语。

第一节　部分青少年母语能力的减退

基诺族绝大多数都还保留自己的语言,基诺语在基诺族的发展过程中仍然起着重要的作用,这是我们调查中得出的基本结论。但是我们也看到,一些青少年的语言使用能力也出现了下降态势,这是值得重视的。一般来说,语言使用能力包括语言的一般对话能力和语言表达能力两部分。对基诺族的青少年来说,一般的交际对话能力是不成问题的,他们和本族人在一起时,都能听懂对方所说的,也能表达自己所要说的。基诺族语言能力的下降,主要表现在语言表达能力的高低上。比如:不少中年人对基诺语中一些反映本族传统文化的词汇都已经不会说了,青少年中连一些常用的基本词汇,诸如"khlɛ^{31} 桌子""kjɤ^{33} tʃʰɤ^{33} 床"已不会说了。40岁以下的人,大部分不会唱本族的歌曲,即使会唱一些,也未必能完全理解歌词的深奥含义。……这些现象已经引起了一些老年人的担忧。

语言是由语音、词汇、语法三方面组成的,语言表达能力的高低,在词汇上反映得最为敏感,也最为明显。语言表达能力的降低,突出地表现为词汇量的减少。因而,我们使用词汇进行语言使用能力的测试。基诺族的词汇很丰富,但常用的也不过 1500 左右,为了进行语言能力的测试,我们从基本词汇中抽选了难易程度不同的 500 个词,在不同年龄段的人中进行随机抽样测试。

我们总共测试了 42 个人。现从中抽取 28 位 40 岁以下、第一语言为基诺语的基诺人,作为分析统计的对象。按照年龄的不同,我们把这 28 个人划分为 10~14 岁(小学)、15~20 岁(初中、高中)、21~30 岁、31~39 岁四个年龄段。10~14 岁的有 4 个人(4 女)、15~19 岁的有 9 人(2 男 7 女)、20~29 岁的有 8 人(5 男 3 女)、30~39 岁的有 7 人(3 男 4 女)。他们分别来自基诺乡新司土村委会的巴朵村、洛特(又称石嘴一队)、司土村委会的回鲁村、巴亚村委会的巴坡村、巴亚新寨(又称曼雅新寨)、巴卡村委会的种植场、茄玛村委会的巴亚老寨,以及乡政府所在地,文化程度除了9个正在上小学、初中、高中的以外,小学文化程度4人、高中文化程度1人、初中文化程度12人、技校1人、函授大专1人。他们的主要经历是在基诺乡,没有长时间到其他地方生活过。下面对不同年龄段的语言使用情况逐一进行统计、分析。

一 不同年龄段的基诺语本族语词汇量差异的统计

我们把500词根据常用、比较常用、不常用分三级:第一级230个词汇(1～230);第二级140个词汇(231～370);第三级130个词汇(370～500)。在测试中,将调查对象对每个词的掌握情况分为四级:A表示熟练说出;B表示想后说出;C表示提示后能懂;D表示不懂。

通过测试,我们看到这500个词在不同年龄段中,显示了比较明显的层次差异。这种差异反映了他们本族语词汇量变化的走向。下面是从28个人中选取了10个不同年龄的人,在500词上的三级词汇测试结果(每个人的具体情况见附录):

表 5-1 基诺语 500 个词汇测试结果统计表

姓名 年龄	1～230 A	B	C	D	231～370 A	B	C	D	371～500 A	B	C	D	1～500 A	B	C	D
车切 38	228	0	0	2	134	2	2	2	124	3	0	3	486	5	2	7
周木腊 36	225	0	2	3	133	2	1	4	94	11	6	19	452	13	9	26
先则 35	223	2	3	2	121	2	11	6	88	6	8	28	432	10	22	36
布鲁资 29	223	3	1	3	121	1	5	13	96	1	20	13	440	5	26	29
胡利民 22	220	5	1	4	113	9	5	13	79	22	14	15	412	36	20	32
车布鲁 19	224	0	2	4	123	3	3	11	90	10	5	25	437	13	10	40
周路 17	201	2	22	5	95	5	27	13	47	3	50	30	343	10	99	48
周红 15	198	9	20	3	85	21	29	5	52	8	55	25	328	38	104	30
罗云霞 13	191	5	22	12	87	5	25	23	35	20	34	45	309	30	81	80
白艳梅 10	166	9	31	24	74	3	35	28	23	0	38	71	261	12	104	123

从表 5-1 可以看出,上述 10 个人的 500 词测试,第一级词汇(1～230)的熟练程度比第二级词汇(231～370)高,第三级词汇(370～500)最低。从掌握的词汇总量上看,词汇量随年龄的降低递减。

如果把 28 个人的 500 词测试情况汇总起来,分别求出不同年龄段 A、A＋B、D、D＋C 的平均值以及它们在 500 词里所占的百分比,就可以得出下面这个表:

表 5-2

年龄段	A 平均值	百分比	A＋B 平均值	百分比	D 平均值	百分比	D＋C 平均值	百分比
31～39 岁(7 人)	435	87	444	88.8	37	7.4	56	11.2
21～30 岁(8 人)	391	78.2	415	83	51	10.2	85	17
15～20 岁(9 人)	356	71.2	374	74.8	52	10.4	129	25.8
10～14 岁(4 人)	278	55.6	311	62.2	114	22.8	189	37.8

显然,随着年龄的降低,A、A＋B 的平均值以及百分比也在逐级降低,31～39 岁组高达 87％、88.8％,10～14 岁组只有 55.6％、62.2％。与此相反,D、C＋D 的平均值以及百分比却在逐级上升,31～39 岁组是 7.4％、11.2％,10～14 岁组是它的三倍多,高达 22.8％、37.8％。

二 不同年龄段的基诺语本族语词汇使用的变化情况

所测试的 500 词,不同年龄的人掌握的熟练程度不同,词汇量的多少也不同。通过分析不同年龄段的人掌握不同词汇的情况,可以发现他们使用这些词汇的一些共性和差异。

(一)不同年龄段词汇测试记做 A、B 的词的情况统计

先看每个年龄段的测试对象都能够熟练说出的词(记作 A 的词)。

1. 10～14 岁和 15～19 岁两个年龄段回答都是 A 的有 68 个词。即:ji³¹tʃho⁵⁴ 水、vu⁴⁴khjɛ⁴⁴ 头、mja³¹sɯ⁴⁴ 眼睛、nɤ⁴⁴to⁴⁴ 鼻子、na⁴⁴kho⁵⁵ 耳朵、ɕɔ⁴⁴khji³¹ 脚、la⁵⁴ɯ³³ 手、a⁴⁴ʃi⁴⁴ 血、a⁴⁴khli⁴⁴ 屎、ji³¹tshɛ⁵⁴ 尿、kjy⁴⁴no⁴⁴ 基诺族、khɔ⁴⁴phɔ⁴⁴ 男人、a⁴⁴phy⁴⁴ 爷爷、a⁴⁴phi⁴⁴ 奶奶、a⁴⁴mɔ³³ 母亲、va⁵⁴ 猪、khɯ⁴⁴jo⁴⁴ 狗、ja³¹ 鸡、sɯ⁴⁴tsɯ³¹ 树、a⁴⁴po³³ 花、a⁴⁴mɛ⁴⁴ 饭、vu³³(鸡)蛋、kɔ⁴⁴tɔ³³ 衣、ɬʌ⁴⁴tsho⁴⁴ 裤子、khœ⁵⁴tsho⁴⁴ 鞋、tsɔ⁴⁴ 房子、a⁴⁴ko³³ 门、mi⁴⁴tsɔ⁴⁴ 柴、mjʌ⁴⁴kho⁴⁴ 刀、lo³¹phu⁴⁴ 碗、tʃhɛ³¹thu⁵⁴ 筷子、phlu³¹ 钱、mi⁴⁴ʃ⁴⁴ŋji³³ 明天、sø⁴⁴ 三、li⁴⁴ 四、khjo⁵⁴ 六、kjy⁴⁴ 九、xjo³¹ (一)个(人)、ŋɔ³¹ 我、xji³³ 这、la⁵⁴mjo⁵⁴ 高、la⁵⁴ʃɯ⁵⁴ 长、la⁵⁴thʌ⁵⁴ 多、a⁴⁴na³¹ 黑、a³³phlu⁴⁴ 白、pʌ⁵⁴ 胖、a⁴⁴tʃhɯ⁴⁴ 甜、nɔ³¹ 病、tsɔ⁴⁴ 吃、tø³³ 穿(衣)、tsɯ³³ 吹(喇叭)、tɯ⁴⁴ 打(人)、plɛ³¹ 飞、pi⁴⁴ 给、tʌ³¹ 喝、tɛ³³ 看、tɛ³³mjʌ⁴⁴ 看见、ŋjy³¹ 哭、ju³¹ 买、vɔ⁴⁴ 摸、ʃi³¹ 死、nɔ³¹(tɛ⁴⁴)问、ɯ³¹ 笑、tʃɤ³¹ 有(人)、zo⁴⁴ 走、nɛ⁴⁴ 鬼、a⁴⁴

tshœ⁵⁴（天气）冷、pjɔ⁵⁴ 写，等。

2. 10～14 岁年龄段除了上述 68 个词语以外，还有 18 个词回答的也是 A（共 86 个 A）。即：mi⁴⁴ 火、lo³¹ mɔ³³ 石头、tshɛ⁴⁴ khɯ⁴⁴ 头发、ʃɔ⁴⁴ ɯ⁴⁴ 骨头、mjo⁴⁴ tha³¹ 马、xo³¹ tʃha⁵⁴ 老鼠、ŋa³¹ zɔ⁴⁴ 鸟、ɯ³¹ 蛇、phɔ⁵⁴ ŋjy⁴⁴ 青蛙、ŋɤ⁴ ʃɔ⁴⁴ 鱼、py⁴⁴ tʃu⁴⁴ 虫、lɯ⁵⁴ tu³³ 玉米、nʌ⁴⁴ 你、ko³¹ 拿、mlʌ⁵⁴ 舔、nɯ⁴⁴ sɯ⁴⁴ 心脏、ŋɯ⁵⁴ ju³³ 我们、phœ⁵⁴ 呕吐，等。

3. 15～19 岁年龄段除了上述 68 个词语以外，还有 67 个词的回答也是 A（共 135 个 A），即：a⁴⁴ sa⁵⁴ 蒸气、a⁴⁴ khlo⁵⁴ 洞、tso³¹ 家、a⁴⁴ xo³¹ 汉族、tshʌ³¹ zɔ⁴⁴ 人、zɔ⁴⁴ ku⁴⁴ 小孩、ma⁵⁴ tʃɤ⁴⁴ 朋友、a⁴⁴ pu³³ 父亲、a⁴⁴ li⁴⁴ 孙子、ma⁵⁴ khʌ³³ 茄子、tʃe³¹ phɯ⁴⁴ 酒、tshŋ⁴⁴ 药、a⁴⁴ no³¹ 后、ja⁵⁴ ŋji⁵¹ 今天、thi⁴⁴ 一、ŋji⁵⁴ 二、ɕo⁴⁴（一个）月、mjɔ⁴⁴（一）年、khɤ⁴⁴ 他、khɤ³⁵ 那（较远）、la⁵⁴ xɯ⁴⁴ 大、a⁴⁴ thu⁴⁴ 厚、a⁴⁴ kho³³ 弯、a³³ nɤ⁴⁴ 红、a⁴⁴ ɕi⁴⁴ 重、a⁴⁴ ʃi⁵⁴ 新、a⁴⁴ tʃɤ⁴⁴ 酸、plɯ³³ 饱、nʌ⁴⁴ 踩、tho⁴⁴ 春、to³¹ le³³ 出去、khɯ³¹ 到达、tʌ⁴⁴ 等待、sɯ⁴⁴ 懂、tshe³³（线）断、thø³³（棍子）断、phi⁴⁴ 关（门）、ʃa⁵⁴ 害羞、tʃhe³¹ 夹（菜）、pla⁵⁴ 砍（树）、jɤ⁴⁴ 骂、thʌ³¹ 跑、le³³ 去、sɛ⁵⁴ 杀（人）、ŋɤ³¹ 是、nɔ³¹ 听、khjy⁴⁴ 偷、tø⁴⁴ 推、tshŋ⁴⁴ 洗（衣）、khlɔ⁴⁴ 下（蛋）、tɯ³¹ 坐、nɛ⁴⁴ mjɔ⁴⁴ 明年、ja⁴⁴ tshɯ⁵⁴ 现在、pja³¹（一）把（扫帚）、a⁴⁴ mɛ³¹ 低、a³³ ɕi⁴⁴ 旧、khœ³¹ 盛（饭）、tsho³³ 穿（鞋）、vɯ³³ 疯、khjœ³¹ 盖（房子）、plɯ³³ 满、sɯ⁴⁴ 磨刀、tsho³¹ 栽（树）、a⁴⁴ mu⁵⁴ 泡沫、khjy⁴⁴ mɯ⁴⁴ 贼、pho⁵⁴ 洗（脸）、tʃa³¹ 有（钱），等。

4. 20～29 岁、30～39 岁两个年龄段的回答都是 A 的一共有 202 个词，除去和 10～14 岁或 15～19 岁两个年龄段的回答都是 A 的 110 个词以外，还有 92 个为 A 的词。即：tsho⁵⁴ na³¹ 天、pu⁴⁴ ɕɯ³³ 月亮、ɕi³¹ 风、mi³¹ tsha⁵⁴ 地、jɔ⁴⁴ kho⁴⁴ 路、te³³ 水田、lo³¹ mɔ³³ 石头、tshʌ⁵⁴ khʌ³¹ 盐、tso³¹ mi⁴⁴ 村子、tso³¹ 家、vu³⁴ phu⁴⁴ 肚子、a³³ tʃɯ⁴⁴ 牙齿、a³³ ɕo⁴⁴ 舌头、khɔ³¹ mɔ³³ 妇女、zɔ⁴⁴ jo³¹ 儿子、ŋjɯ³¹ zɔ⁴⁴ 弟弟、a⁴⁴ mɯ⁴⁴ 毛、mjo⁴⁴ tha³¹ 马、tʃhi⁵⁴ pɛ⁴⁴ 羊、jo³¹ mɛ³³ 猫、tʃo⁴⁴ ka³¹ 鸭子、py⁴⁴ tʃu⁴⁴ 虫、pjɔ⁴⁴ 蜜蜂、vɔ³³ 竹子、ŋa³¹ sɯ⁴⁴ 芭蕉、lɯ⁵⁴ tu³³ 玉米、ŋja³¹ 茶水、na⁵⁴ pha⁵⁴ 耳环、pɔ³¹ pɯ⁴⁴ 被子、a⁴⁴ kjø⁵⁴ 针、klo⁵⁴ 枪、mi⁵⁴ ma³¹ 梦、a⁴⁴ pɤ³³ 前、sɯ⁴⁴（一）粒（米）、ɕo⁴⁴（一个）月、a⁴⁴ thu⁴⁴ 厚、a⁴⁴ plɯ³³ 满、a⁴⁴ ɕi⁴⁴ 重、a⁴⁴ kha³¹ 硬、a⁴⁴ ʃi⁵⁴ 新、a⁴⁴ tʃhɤ⁴⁴ 酸、plɯ³³ 饱、kɤ³¹ 喘（气）、ʃɯ⁵⁴（zo⁴⁴）带（路）、plo³¹ 燃烧、sɯ⁴⁴ 缝、pho³¹ 回、tø⁴⁴（公鸡）叫、kha³¹（人）老、thʌ³¹ 跑、tsɯ⁴⁴ 骑、jɛ³³ 切（菜）、ɕœ⁵⁴ 晒（衣服）、ji⁵⁴ 睡、tu⁴⁴ 挖、nɛ³¹（tɛ³¹）闻（嗅）、nʌ⁴⁴ pjʌ⁴⁴ 休息、thʌ⁵⁴ 咬、sɯ⁴⁴ 知道、tʃha⁵⁴ 煮、tsho⁵⁴ na³¹（tɯ⁴⁴）（打）雷、mja³¹ mɯ⁴⁴ 眉毛、nɯ⁴⁴ sɯ⁴⁴ 心脏、khji⁴⁴ 汗、nɛ⁵⁴ pu⁴⁴ 鼻涕、py⁴⁴ tʃhe⁴⁴ 傣族、po⁴⁴ tʃhŋ⁴⁴ 甘蔗、py⁴⁴ te⁴⁴ 棉花、a⁴⁴ khɯ⁴⁴ 线、la⁵⁴ tshœ⁴⁴ 手镯、nœ³¹ ʃʌ³³ 早晨、ji³³ mjɔ⁴⁴ 去年、a⁴⁴ lɤ⁴⁴ 远、a³³ ŋjy⁴⁴ 绿、a⁴⁴ xjʌ⁵⁴ 轻、a⁴⁴ khju⁴⁴（人）瘦、phu⁴⁴ 贵、ji⁵⁴ nu⁵⁴ 打瞌睡、vɯ³³ 疯、khjø³³ 害怕、phɛ³¹ 剪、klɔ⁵³ 落、tsɔ³³ 扔、mju⁵⁴ 吞、pœ⁵⁴ 肿、tshu³¹ 抓住、a⁴⁴ mʌ⁴⁴ 灰尘、a⁴⁴ mu⁵⁴ 泡沫、la⁵⁴ pu⁴⁴ 胳膊、khjy⁴⁴ mɯ⁴⁴ 贼、a⁴⁴ tʃu⁴⁴ 皱、tʃhœ⁵¹ pha³¹ 撕，等。

5. 20～29 岁年龄段除去上面的 202 个词以外，还有 18 个为 A 的词（共 220 个）。即：ʃɛ³¹ 铁、a⁴⁴ khli⁴⁴ 屎、a⁴⁴ ʃo⁴⁴ 哥哥、xo³¹ tʃha⁵⁴ 老鼠、lɯ⁵⁴ tu³³ 玉米、a⁴⁴ mɛ⁴⁴ tʃhe⁴⁴ 米、ʃɛ³¹ jʌ⁴⁴ 铁锅、ŋɔ⁵⁴ 我、nʌ⁴⁴ 踩、nʌ⁴⁴ pʌ⁴⁴ 聋子、xo³¹ tshɛ³¹ 松鼠、py⁴⁴ tɤ⁴⁴ lɤ⁴⁴ 蚯蚓、sa³¹ phja³¹ 篮子、tshœ³¹ 戳、khɯ⁴⁴ ɤ⁴⁴（水）、tʃe⁵⁴ ɕi⁴⁴ 很（重）、khjy⁴⁴ mɯ⁴⁴ 贼、a⁴⁴ ŋai⁴⁴ 容易，等。

6. 30～39岁年龄段除去上面的 202 个词，还有 117 个为 A 的词（共 319 个）。即：pu⁴⁴kji³³ 星星、a⁴⁴sa⁵⁴ 蒸气、a⁴⁴khlo⁵⁴ 洞、a³³mi⁴⁴ 名字、la⁵⁴ny⁵⁴ 手指、a⁴⁴ʃ⁴⁴ 肉、a⁴⁴mi³³ 话、zɔ⁴⁴mi⁴⁴ 女儿、mi⁴⁴ŋɯ⁴⁴ 妹妹、mɛ³¹ŋjo⁴⁴ 黄牛、vu⁴⁴khji⁴⁴（牛）角、lɔ⁴⁴mɯ³³ 老虎、nʌ³¹（黄）豆、to⁵⁴tʃɛ⁵⁴ 布、pho³³（一）朵（花）、khɤ³¹ 他、khɤ³⁵ 那（较远）、khɔ³³su⁴⁴ 谁、la⁵⁴thʌ⁵⁴ 多、pʌ⁵⁴ 胖、nɯ⁵⁴ 沉、xjɔ¹tɤ³¹ 锄（地）、tsɯ³³ 吹（喇叭）、tɯ⁴⁴ 打（人）、tsa³¹ 滴（水）、sɯ⁴⁴ 懂、tʃhe³¹ 夹（菜）、tɛ³³ 看、tɛ³³mjʌ⁴⁴ 看见、vɔ⁴⁴ 摸、ko³¹ 拿、phɯ⁴⁴phjʌ⁴⁴ 解开、ŋʌ⁴⁴ 烧（火）、kɔ⁴⁴ 跳、ja⁵⁴vi⁴⁴ 停止、kjɔ⁴⁴ 想、tʃɤ³¹ 有（人）、m³¹ 做（饭）、m⁴⁴tɛ⁴⁴ 云、tshɛ⁴⁴phlœ⁵⁵ 辫子、tʃha³¹to⁴⁴ 肚脐、la⁵⁴thu³¹ 拳、a⁴⁴kju⁴⁴ 筋、ʃi⁴⁴mʌ⁴⁴ 尸体、khji³¹ʃɔ⁴⁴ 跛子、nʌ⁴⁴pʌ⁴⁴ 聋子、lo⁴⁴khei⁴⁴ 女婿、a⁴⁴ŋɤ⁴⁴pu³³ 岳父、mjo⁴⁴phɔ⁴⁴ 公马、phi⁵⁴ʃi³¹ 梳子、mja⁵⁴po⁴⁴ 瓢子、mjʌ⁴⁴no³¹ 刀背、phɛ³¹ku³¹ 剪刀、tshɤ⁴⁴mɔ³³ 锄头、khji³¹xo⁴⁴ 镰刀、ʃɔ³¹phɔ⁴⁴ŋji³³ 后天、pja³¹（一）把（扫帚）、ŋɯ⁵⁴ŋji⁵⁴ 我俩、ŋɯ⁵⁴ju³³ 我们、xji³³ma⁵⁴ 这些、ŋo⁵⁴lo³³ŋo⁵⁴tɛ³³ 怎么、a⁴⁴mɛ³¹ 低、a⁴⁴phle⁴⁴ 瘦、phu⁵⁴ 熬（药）、va³¹ 绑、to⁵⁴ 补（衣）、tshœ³¹tsho⁴⁴ 插（牌）、khœ³¹ 盛（饭）、khly⁴⁴ 渡（河）、ɕo³¹（狗）叫、tshu³¹（水）开（了）、tʂʅ⁴⁴ 咳嗽、khjɛ⁵⁴ 啃、phu⁴⁴ 埋、sɯ⁴⁴ 磨刀、phœ⁵⁴ 呕吐、se⁴⁴ 撒（种）、tshɤ³¹ 挑选、plɯ⁵⁴ 瞎、tsho³¹ 栽（树）、ŋa⁵⁴ 张（嘴）、tø⁴⁴（马蜂）蜇、ja⁵⁴ 织、tʃhʌ³¹ka⁵⁴ 追、tʃe⁵⁴ɖi⁴⁴ 很（重）、sɯ⁴⁴ 还（有）、sɯ³¹tɤ⁴⁴ 森林、to⁵⁴m⁵⁴ 棚子、nɤ⁴⁴thɤ⁵⁴ 额头、lɯ⁴⁴no⁴⁴khlo⁵⁴ 后颈、a³³lo⁴⁴ 胎盘、mʌ⁴⁴jɔ⁴⁴ 疤、khjo⁴⁴khlʌ³³ 痰、a³³tsɛ⁴⁴ 污垢、zɔ⁴⁴tʃhy⁴⁴ 穷人、thʌ⁴⁴khɯ⁴⁴ 穿山甲、ŋɤ⁴⁴kji⁴⁴ 鳞、py⁴⁴tʃu⁴⁴va⁵⁴kje⁵⁴ 蜈蚣、a⁴⁴nɯ³¹ 藤子、pha⁵⁴khɯ⁴⁴ 糠、plɔ³¹ji³¹ 镜子、kho⁴⁴fa⁵⁴ 信、py⁴⁴xo⁴⁴a³³sɯ⁴⁴ 龙王、a⁴⁴sa⁵⁴a³³ɖo⁴⁴ 灵魂、kʌ⁴⁴kho⁴⁴ 力气、a⁴⁴ji³¹ 影子、a⁴⁴tʃhɛ⁴⁴ 窄、a⁴⁴ŋjø⁵⁴ 空、a⁴⁴la³¹ 迟、a⁴⁴klʌ⁵⁴（路）滑、kja³³pjɤ⁵⁴ 聪明、pø³³ 怪（你）、kjɔ³³ŋɤ⁴⁴ 怀疑、khlʌ³¹ 拧（手巾）、tsœ⁵⁴ 熟悉、sɔ³¹ 响、a⁴⁴ʃi⁵⁴tsɔ⁴⁴ 吃新米，等。

除了上述记做 A 的词（熟练说出）以外，如果加上记做 B（不太熟悉、想了之后才说出），不同年龄段只有 A、B，没有 C（提示后能懂）、D（不懂）的词的使用情况如下：

表 5-3

	全部是 A	有 AB 无 CD	合计	百分比
30～39 岁（7 人）	319	58	377	75.4
20～29 岁（8 人）	220	38	258	51.6
15～19 岁（9 人）	136	18	154	30.8
10～14 岁（4 人）	86	11	97	19.4

从表 5-3 可知，在 500 个测试词汇中，30～39 岁年龄段的人能够很好地掌握其中 75.4%以上的词汇；20～29 岁年龄段还能过半，达到 51.6%；15～19 岁年龄段还不及三分之一，只有 30.8%；而 10～14 岁年龄段还不足五分之一，为 19.4%。由此，可以得出这样一个结论，对基诺语词汇的掌握情况，是按照年龄不同由大到小递减的。

(二) 不同年龄段词汇测试记做 D、C 的词的情况统计

下面,再看看不同年龄段已经遗忘,或接近遗忘的基诺语的词汇情况。经过提示后仍然表示没有听说过的词,被记做 D;经过提示后表示听说过、自己不说的词,记做 C。

1. 10~14 岁年龄段全部都是 D 的词有 42 个。即:tʃɤ⁴⁴ja³¹ 孔雀、khlɛ³¹ 桌子、pɛ⁵⁴kɤ³¹ 钓(鱼)、ɖe³¹mʌ⁴⁴ 教、me⁴⁴mai⁵⁴ 寡妇、lɯ³¹ma⁵⁴ 乌鸦、ko⁴⁴khjy⁴⁴ 斑鸠、ko⁴⁴tʃhi⁴⁴ 韭菜、a⁴⁴khjɔ⁵⁴ 马鞍、lʌ⁴⁴ 船、khly⁴⁴ 渡(河)、sɯ⁴⁴ 还(有)、sɯ³¹thʌ³³kho⁵⁴tʃho⁴⁴ 虹、lɯ³¹no⁴⁴khlo⁵⁴ 后颈、a³³lo⁴⁴ 胎盘、mʌ⁴⁴jɔ⁴⁴ 疤、a⁴⁴phe⁵⁴ 脾、a⁴⁴khʌ⁴⁴ 生命、jo³¹thɤ⁴⁴ 鳏夫、ʃe³¹a⁴⁴mɔ³³ 水獭、pjɔ³³xji⁴⁴ 黄鼠狼、mɛ⁴⁴na³¹ 柳树、khɯ⁴⁴⁴jo⁴⁴to⁴⁴mi⁴⁴ 小米、mi⁴⁴tɯ⁴⁴lo³¹kha³¹ 火石、tʃhœ⁵⁴tʃhø³³ 锥子、nɔ⁴⁴vu⁴⁴a⁴⁴phi³³ 牛鼻圈、tso⁴⁴ 凿子、kho⁴⁴fa⁵⁴ 信、phe³¹mɔ³³ 阎王、a⁴⁴mai⁴⁴ 记号、ɖa³¹ 嘴(馋)、kjɔ³¹ŋɤ⁴⁴ 怀疑、tsho⁴⁴ 夸耀、ja⁵⁴ 脱(臼)、pu⁴⁴ɖɔ³³po⁴⁴tshœ⁵⁴ 月蚀、ne⁴⁴khjʌ³³ 念鬼的调、a⁴⁴nɔ⁴⁴khjɛ³¹ 圈套、sɛ⁴⁴khlʌ⁴⁴ 夹棍、xjɔ³¹tsɔ³³ 举行砍地仪式、kho⁵⁴pi⁴⁴tʌ⁵⁴ɖo³³ 年初节、tsho⁵⁴tho³¹ 祭火节、a⁴⁴tshœ³¹ 节日,等。

2. 10~14 岁年龄段要么为 D,要么为 C 的词有 48 个。即:zɔ⁴⁴jo³¹ 儿子、a⁴⁴kjɤ³³ 舅父、tʃo³¹ja³¹ 麻雀、kʌ⁴⁴phu⁴⁴ 萝卜、m³¹ 做(饭)、m⁴⁴tɛ⁴⁴ 云、a⁴⁴sɯ⁴⁴lɯ⁴⁴ 肾、vu³¹mɔ³³ 胃、mjo⁴⁴phɔ⁴⁴ 公马、khœ⁵⁴lo⁴⁴ 蝌蚪、kjɛ³¹mɔ³³ 臭虫、xo³¹tshɛ⁵⁴ 松鼠、mjʌ⁴⁴no³¹ 刀背、khji³¹xo⁴⁴ 镰刀、pe³¹tho⁴⁴ 笛子、phu³¹ 埋、tʃe⁴⁴ɖi⁴⁴ 很(重)、so⁴⁴kɯ⁵⁴ 牙龈、zɔ⁴⁴tʃhy⁴⁴ 穷人、tsho⁵⁴kɔ⁴⁴ 富人、tʃo⁵⁴ɤ³¹ 主人、mjo⁴⁴tshɛ⁴⁴ 马鬃、nʌ⁴⁴mo³¹ 鸡冠、thʌ⁴⁴khɯ⁴⁴ 穿山甲、a⁴⁴po³³khjo⁴⁴sɯ⁴⁴ 花蕊、to⁴⁴jɔ⁴⁴ 裤裆、ko³³po³³ 门框、ka⁵⁵tʃɛ³¹ 锁、ka⁵⁴tʃɛ³¹a⁴⁴tʃhø³³ 钥匙、khjɛ⁵⁴kho³¹ 马掌、ua⁴⁴ta⁴⁴ 牛轭、ti⁵⁴thʌ³¹ 弦、tshʌ³¹phlʌ⁵⁴lɔ⁴⁴ 妖精、py⁴⁴xo³¹a³³sɯ⁴⁴ 龙王、a³³tho⁴⁴ 运气、ŋjɯ⁴⁴to³¹a⁴⁴pɔ⁴⁴ 东、kja³³pjɤ⁵⁴ 聪明、phjʌ³¹ 猜、paʃi³¹ 打赌、si³³ 锯(木)、ti⁴⁴ 麻木、tɔ⁴⁴ 骗(牛)、sɔ⁴⁴lɯ⁴⁴ 弩、tho⁵⁴tʃhɔ⁵⁴ 吃人的鬼、xo³¹pʌ⁴⁴ 捕猴笼、ko³¹lɔ³¹khɯ³¹ 叫谷魂、va³¹tʃo³³ 塔、ŋjɤ³³ko⁴⁴ 男老二,等。

3. 15~19 岁年龄段没有全是 D 的,而要么为 D,要么为 C 的词有 11 个。即:tʃo³¹ja³¹ 麻雀、tʃɤ³¹ja³¹ 孔雀、tʃo⁴⁴mɔ³³ 鹅、kjɤ³¹tʃhɤ³³ 床、pe³¹tho⁴⁴ 笛子、so⁴⁴kɯ⁵⁴ 牙龈、jo³¹thɤ⁴⁴ 鳏夫、ti⁵⁴thʌ³¹ 弦、ʃe³¹a⁴⁴mɔ³³ 水獭、ka⁴⁴tʃɛ³¹ 锁、a⁴⁴mai⁴⁴ 记号、tɔ⁴⁴ 骗(牛)、xo³¹pʌ⁴⁴ 捕猴笼、kho⁵⁴pi⁴⁴tʌ⁵⁴ɖo³³ 年初节、tsho⁵⁴tho³¹ 祭火节、a⁴⁴tshœ³¹ 节日、va³¹tʃo³³,等。

4. 20~29 岁年龄段全是 D 的词只有 "a⁴⁴khjɔ⁵⁴ 马鞍" 一个。

5. 20~29 岁年龄段要么为 D,要么为 C 的词有 6 个。即:ko⁴⁴tʃhi³¹ 韭菜、mɛ⁴⁴na³¹ 柳树、ka⁵⁴tʃɛ³¹a⁴⁴tʃhø³³ 钥匙、kho⁵⁴pi⁴⁴tʌ⁵⁵ɖo³³ 年初节、tsho⁵⁴tho³¹ 祭火节、va³¹tʃo³³ 塔,等。

6. 30~39 岁全是为 D 的词,只有 "lʌ⁴⁴ 船" 一个。

7. 30~39 岁要么为 D,要么为 C 的词也只有 "kho⁵⁴pi⁴⁴tʌ⁵⁴ɖo³³ 年初节" 一个。

归纳上述的统计,不同年龄段只有 D(不懂)和 C(提示后能懂)没有 A、B 的词的使用情况如下:

表 5-4

	全部都是 D 的词	要么 D,要么 C 的词	合 计	百分比
30~39 岁(7 人)	1	1	2	0.4
20~29 岁(8 人)	1	6	7	1.4
15~19 岁(9 人)	0	11	11	2.2
10~14 岁(4 人)	42	48	90	12.8

从表 5-4 可知,在 500 个测试词汇中,已经不用或从未听说的词汇,30~39 岁年龄段只占 0.4%;而 10~14 岁年龄段已经高达 12.8%。由此可见,基诺语词汇的遗忘情况,是按照年龄不同由大到小逐步增加的。

(三)不分年龄段词汇测试记做 D、C 的情况统计

我们把 28 个人的测试情况汇总之后发现,有一部分词在不同的年龄段都有 D 或 C,这样,不考虑年龄段的差异,把记做 D、C 在 10 次以上的词都统计出来,就得出下面这样一个表:(下表是按照 D、C、B、A 的统计数字由多到少的顺序排列的)

表 5-5

词 汇	D	C	B	A
1. 船 lʌ⁴⁴	24	0	2	2
2. 钥匙 ka⁵⁴ tʃɛ³³ a⁴⁴ tʃhø³³	23	3	0	2
3. 水獭 ʃe³¹ a⁴⁴ mɔ³³	23	2	2	1
4. 塔 va³¹ tʃo³³	23	2	0	3
5. 马鞍 a⁴⁴ khjɔ⁵⁴	23	1	3	1
6. 年初节 kho⁵⁴ pi⁴⁴ tʌ⁵⁵ ɬo³³	22	6	0	0
7. 祭火节 tsho⁵⁴ tho³¹	22	5	0	1
8. 捕猴笼 xo³¹ pʌ⁴⁴	22	4	1	1
9. 鳏夫 jo³¹ thɤ⁴⁴	22	2	0	4
10. 锁 ka⁵⁴ tʃɛ³³	21	4	2	1
11. 柳树 me⁴⁴ na³¹	20	6	0	2
12. 肾 a⁴⁴ sɯ⁴⁴ lɯ⁴⁴	20	3	0	5
13. 大蒜 ko⁴⁴ phlʌ⁴⁴	20	2	1	5
14. 钓(鱼) pɛ⁵⁴ kɤ³¹	19	2	0	7
15. 马掌 khjɛ⁵⁴ kho³¹	18	4	2	4
16. 孔雀 tʃɤ⁴⁴ ja³¹	17	4	0	7
17. 韭菜 ko⁴⁴ tʃhi³¹	16	9	0	3

18. 夸耀 tshɔ⁴⁴	16	7	1	4
19. 萝卜 kʌ⁴⁴ phu⁴⁴	15	6	2	5
20. 锥子 tʃhœ³¹ tʃhø³³	15	6	1	6
21. 打赌 pa³¹ ʃi³¹	15	6	0	7
22. 床 kjɤ³³ tʃhɤ³³	15	5	1	7
23. 骟（牛）tɔ⁴⁴	15	5	0	8
24. 运气 a³³ thɔ⁴⁴	14	8	2	4
25. 猜 phjʌ³¹	14	8	1	5
26. 笛子 pe³¹ thɔ⁴⁴	13	10	1	4
27. 节日 a⁴⁴ tshœ³¹	13	10	1	4
28. 麻雀 tʃo³¹ ja³¹	13	9	0	6
29. 鹅 tʃo⁴⁴ mɔ³³	13	8	1	6
30. 牛轭 ua⁴⁴ ta⁴⁴	13	7	1	7
31. 弦 ti⁵⁴ thʌ³¹	8	14	2	4
32. 凿子 tso⁴⁴	17	2	1	8
33. 信 kho⁴⁴ fa⁵⁴	16	2	1	9
34. 记号 a⁴⁴ mai⁴⁴	16	2	0	10
35. 扣子 a⁴⁴ suɯ⁴⁴ luɯ⁴⁴	16	1	2	9
36. 黄鼠狼 pjɔ³³ xji⁴⁴	14	8	1	5
37. 浸泡 klɔ⁴⁴	14	6	2	4
38. 小米 khɯ⁴⁴ jo⁴⁴ to⁴⁴ mi⁴⁴	14	5	3	6
39. 阎王 phe³¹ mɔ³³	14	5	3	6
40. 核桃 khɤ⁵⁴ thɔ³¹	14	5	0	9
41. 捕鸟网 ŋa³¹ pa³¹	14	4	2	8
42. 寡妇 me⁴⁴ mai⁵⁴	14	4	1	9
43. 香菜 pha⁴⁴ mi³¹	14	4	0	10
44. 脱（臼）ja⁵⁴	14	2	2	10
45. 蓑衣 tʃhu⁴⁴ mu³¹	13	6	2	5
46. 稗子 ko³¹ phlʌ⁵⁴	13	5	2	8
47. 火石 mi⁴⁴ tuɯ⁴⁴ lo³¹ kha³¹	13	3	1	11
48. 乌鸦 luɯ³¹ ma⁵⁴	12	8	1	7
49. 裤裆 to⁴⁴ jɔ⁴⁴	12	7	2	7
50. 马鬃 mjo⁴⁴ tshɛ⁴⁴	12	6	2	8
51. 门框 ko³³ po³³	12	4	4	8
52. 虹 suɯ³¹ thʌ³³ kho⁵⁴ tʃho⁴⁴	12	4	1	11

53. 借（钱）pa⁵⁴	12	3	0	14
54. 举行砍地仪式 xjɔ³¹tsø³³	11	8	2	7
55. 扣眼儿 phjʌ³¹nɔ⁴⁴	11	5	4	8
56. 闩（门）khlʌ⁴⁴	11	5	2	10
57. 夹棍 sɛ⁴⁴khlʌ⁴⁴	11	5	1	11
58. 脚踝 ʃɔ⁴⁴mja³¹	11	3	0	14
59. 臭虫 kjɛ³¹mɔ³³	10	7	1	10
60. 脾 a⁴⁴phe⁵⁴	10	6	2	10
61. 妖精 tshʌ³¹phlʌ⁵⁴lɔ⁴⁴	10	6	1	11
62. 月蚀 pu⁴⁴ɟɔ³³pɔ⁴⁴tshœ⁵⁴	10	5	6	7
63. 牛圈 ŋjɤ⁴⁴pʌ⁴⁴	9	8	3	8
64. 牙龈 sɔ⁴⁴kɯ⁵⁴	9	7	3	9
65. 橡子 ɛ⁴⁴ŋjy⁴⁴	9	6	2	11
66. 笸子 phi⁵⁴tsɿ³¹	9	6	1	12
67. 念鬼的调 ne⁴⁴khjʌ³³	9	5	3	11
68. 圈套 a⁴⁴nɔ⁴⁴khjɛ³¹	8	10	1	9
69. 牛鼻圈 nɔ⁴⁴vu⁴⁴a⁴⁴phi³³	8	8	1	11
70. 姐姐 mi⁴⁴xɯ⁴⁴	8	8	0	12
71. 叫谷魂 ko³¹lɔ³¹khu³¹	8	8	0	12
72. 妹妹 mi⁴⁴ŋjɯ⁴⁴	8	7	1	12
73. 胎盘 a³³lo⁴⁴	8	7	1	12
74. 锯（木）si³³	7	9	2	10
75. 腻 le³³	7	9	0	12
76. 公马 mjo⁴⁴phɔ⁴⁴	7	8	2	11
77. 衣襟 kɔ⁴⁴tø³³a⁴⁴kho⁴⁴	6	13	3	6
78. 麻木 ti⁴⁴	6	11	1	10
79. 弩 sɔ⁴⁴lɯ⁴⁴	6	10	4	8
80. 生命 a⁴⁴khʌ⁴⁴	6	9	0	13
81. 穿山甲 thʌ⁴⁴khɯ⁴⁴	6	8	3	11
82. 胸脯 nɯ³¹kha³¹	6	8	2	12
83. 东 ŋjɯ³¹to³¹a⁴⁴pɔ⁴⁴	5	15	4	4
84. 斑鸠 ko⁴⁴khjy⁴⁴	5	11	6	6
85. 花蕊 a⁴⁴po³³khjo⁴⁴sɯ⁴⁴	3	13	3	9
86. 还（有）sɯ⁴⁴	10	3	3	12
87. 疤 mʌ⁴⁴jɔ⁴⁴	10	3	1	14

88. 蹄 phlʌ⁴⁴ pœ⁵⁴	9	4	2	12
89. 嘴(馋) ɬa³¹	9	4	1	14
90. 花椒 tsœ⁵⁴ sɯ⁴⁴	9	2	3	14
91. 教 ɬe³¹ mʌ⁴⁴	9	2	1	16
92. 驼子 mʌ³¹ kho³³	8	5	3	12
93. 乌龟 py⁴⁴ pjɔ⁴⁴	8	5	2	13
94. 鸡冠 nʌ⁴⁴ mo³¹	8	5	2	13
95. 金子 ʃɯ³¹	8	4	1	15
96. 渡(河) khly⁴⁴	8	4	0	16
97. 后颈 lɯ³¹ no⁴⁴ khlo⁵⁴	7	4	2	15
98. 怀疑 kjɔ³³ ŋɤ⁴⁴	6	7	4	11
99. 镰刀 khji³¹ xo⁴⁴	6	7	2	13
100. 泥鳅 ŋɔ⁴⁴ tø⁴⁴	6	6	5	11
101. 裹腿 khji³¹ pe⁴⁴	6	6	3	13
102. 吃人的鬼 tho⁵⁴ tʃho⁵⁴	6	6	0	16
103. 男老二 ŋjɤ³¹ ko⁴⁴	6	4	0	18
104. 独眼龙 mja³¹ lɯ⁵⁴	5	7	3	13
105. 桌子 khlɛ³¹	5	5	2	16
106. 富人 tsho⁵⁴ kɔ⁴⁴	4	9	2	13
107. 颚 mø⁴⁴ tha⁵⁴	4	8	2	14
108. 砍地 xjɔ³¹ mjɔ⁴⁴	4	6	1	17
109. 园子 khje⁴⁴ khø⁴⁴	3	9	2	14
110. 胃 vu³³ mɔ³³	3	8	5	12
111. 嫂子 a⁴⁴ tshɿ³³	3	8	3	14
112. 赢 kɔ⁴⁴	3	8	2	15
113. 鸽子 tsɿ⁴⁴ ŋa³¹	2	9	8	9
114. 头人 tʃo⁴⁴ pa⁴⁴	2	9	4	13
115. 角落 a⁴⁴ ly³¹	2	9	3	14
116. 蝌蚪 khœ⁵⁴ lo⁴⁴	0	11	1	16

表 5-5 中的这 116 个词,根据 D、C 数目的多少,又可以分为三个等级:

第一等级:28 个人中,四分之三以上的人(21~28 个人)为 D 或 C 的,有 31 个词(序号 1~31),占 500 词的 6.2%。

第二等级:28 个人中,一半以上的人(14~20 人)为 D 或 C 的,有 54 个词(序号 32~85),占 500 词的 10.8%;以上两项合计为 17%。

第三等级:28 个人中,10~13 个人为 D 或 C 的,有 31 个词(序号 86~116),占 500 词的 6.2%;以上三项合计为 23.2%。

由此可以推测基诺语的一些本族语词汇在青少年中的使用状态:对第一等级的词已经很生疏,开始被淘汰的趋势是很明显的;第二等级的词处于一部分人用、一部分人不再用的阶段,被淘汰的趋势也比较明显;第三等级的词不少测试对象已经不用了,只是听说过,这些词显然已存在被淘汰的潜在可能性。

三 青少年基诺语本族语词汇量下降的原因分析

10~14 岁、15~20 岁、21~30 岁、31~39 岁四个不同的年龄段 500 词的使用情况,说明基诺族青少年基诺语本族语词汇量呈明显的下降趋势。究其原因,我们可以从社会、家庭、个人三个方面来分析一下上面记做 D 和 C 比较多的词使用功能下降的原因。

(一)社会原因

由于客观事物的消失或不常见,反映这类事物的词随之也逐渐退出人们的口语。比如:三四十岁的人还记得小时候当地一些地方养牛、养马,但是现在不养马了,牛也很少见,这样,"a⁴⁴ khjɔ⁵⁴ 马鞍、khjɛ⁵⁴ kho³¹ 马掌、mjo⁴⁴ tshɛ⁴⁴ 马鬃、mjo⁴⁴ phɔ⁴⁴ 公马、ŋjɤ⁴⁴ pʌ⁴⁴ 牛圈、tɔ⁴⁴ 骟(牛)、nɔ⁴⁴ vu⁴⁴ a⁴⁴ phi³³ 牛鼻圈、ua⁴⁴ ta⁴⁴ 牛轭"等与牛、马有关的一些词就很少用或不用了。同样,由于森林保护等原因,打猎也早成为往事,"ŋa³¹ pa³¹ 捕鸟网、xo³¹ pʌ⁴⁴ 捕猴笼、sɛ⁴⁴ khlʌ⁴⁴ 夹棍、a⁴⁴ nɔ⁴⁴ khjɛ³¹ 圈套"等与打猎有关的词也不用了。过去当地有、现在很少见的"khɯ⁴⁴ jo⁴⁴ to⁴⁴ mi⁴⁴ 小米、tʃo⁴⁴ mɔ³³ 鹅、ʃe³¹ a⁴⁴ mɔ³³ 水獭、pjɔ⁴⁴ xji⁴⁴ 黄鼠狼、thʌ⁴⁴ khɯ⁴⁴ 穿山甲、tʃhu⁴⁴ mu³¹ 蓑衣、mi⁴⁴ tɯ⁴⁴ lo³¹ kha³¹ 火石、phi⁵⁴ tsɿ³¹ 笾子"等,代表当地没有的"lʌ⁴⁴ 船、va³¹ tʃo³³ 塔、mɛ⁴⁴ na³¹ 柳树、tʃɤ⁴⁴ ja³¹ 孔雀"等事物的词语也不用了。如今基诺人除了国家的节日以外,自己的节日主要是特懋克特节,这样,和节日、鬼魂有关的词,比如"kho⁵⁴ pi⁴⁴ tʌ⁵⁴ ɬo³³ 年初节、tsho⁵⁴ tho³¹ 祭火节、a⁴⁴ tshœ³¹ 节日、phe³¹ mɔ³³ 阎王、ko³¹ lɔ³¹ khu³¹ 叫谷魂、ne⁴⁴ khjʌ³³ 念鬼的调、xjɔ³¹ tsɔ³³ 举行砍地仪式、tshʌ³¹ phlʌ⁵⁴ lɔ⁴⁴ 妖精"等也很少说了。还有"jo³¹ thɤ⁴⁴ 鳏夫、me⁴⁴ mai⁵⁴ 寡妇"之类的词在现代基诺族年轻人的口里也很难听见了。

一些基诺族本语词汇的消退,是与强势语言汉语的巨大影响密切相关。由于汉语水平的提高以及与汉族交往的加强,有许多事物人们已经习惯用汉语借词来表达,使得固有的统一概念的基诺语词逐步被搁置起来了,或二者并用。比如,下面这些词所指称的事物还存在,但它们在不少人口语里已经被汉语借词所代替:

	固有词	汉语借词
姐姐	mi⁴⁴ xɯ⁴⁴	tɕɛ³¹ tɕɛ⁵⁴
妹妹	mi⁴⁴ ŋjɯ⁴⁴	mei³¹ mei⁵⁴
大蒜	ko⁴⁴ phlʌ⁴⁴	ta⁵⁴ sua⁵⁴
韭菜	ko⁴⁴ tʃhi³¹	tɕɯ³¹ tʃhɛ⁵⁴

萝卜	kʌ⁴⁴ phu⁴⁴	lo³¹ pu⁵⁴
钥匙	ka⁵⁴ tʃɛ³³ a⁴⁴ tʃhø³³	jɔ⁵⁴ tʃhɿ⁵⁴
锁	ka⁵⁴ tʃɛ³³	sɔ³¹
扣子	a⁴⁴ suɯ⁴⁴ luɯ⁴⁴	ŋju³¹ tsɿ⁵⁴
肾	a⁴⁴ suɯ⁴⁴ luɯ⁴⁴	jɔ⁵⁴ tsɿ⁴⁴
东	ŋjuɯ³¹ to³¹ a⁴⁴ pɔ⁴⁴	tul⁴⁴
打赌	pa³¹ ʃi³¹	ta³¹ tu³¹
浸泡	klɔ⁴⁴	phɔ⁵⁴
借（钱）	pa⁵⁴	tɕɛ⁵⁴
猜	phjʌ³¹	tshɛ⁴⁴

（二）家庭原因

基诺语的传承主要是靠家庭的语言使用。因而，父母的基诺语词汇量的多少、父母在孩子教育上的语言态度如何，直接影响着孩子的基诺语本族语词汇量的高低。

在基诺族家庭里，基诺语词汇量的多少与年龄的大小成正比，即：年龄越大，词汇越丰富，反之亦然。具体说，21～30岁年龄段的人不如31～39岁年龄段的人；10～14岁年龄段的人不如15～20岁年龄段的人。

下表是两个不同村寨的两对父女的词汇测试情况。一家是：父亲周木腊，今年36岁，其女木腊都，16岁。另一家是：父亲车切，今年38岁，其女切则，16岁。他们都不曾长期离开过基诺乡。两个家庭的两代人的词汇量代表着31～39岁年龄段和15～20岁年龄段的差异。（表中代号：1.周木腊；2.木腊都；3.车切；4.切则）

表 5-6

代号	1～230				231～370				371～500				1～500			
	A	B	C	D	A	B	C	D	A	B	C	D	A	B	C	D
1	225	0	2	3	133	2	1	4	94	11	6	19	452	13	9	26
2	215	1	7	7	105	1	15	19	49	0	16	65	369	2	38	91
3	228	1	0	1	134	1	2	3	123	3	0	4	485	5	2	8
4	202	1	20	7	91	1	41	7	71	0	52	7	364	2	113	21

基诺族普遍接受汉语，为了让孩子在学校里能够取得好成绩，每个家庭在对孩子的语言教育上都不同程度地更加重视汉语的教育，21～30岁、31～39岁年龄段中已经为人父母的人更是如此。

以31岁的杨建华为例：他一直生活在寨子里，没有出过远门，初中文化程度，汉语比较熟练,爱人也能说一些汉语。他有两个女儿,一个12岁,一个9岁。他在家主要和孩子说汉语,和孩子说基诺语的时间大概只占对话时间的三分之一,这样,孩子到现在还不知道基诺语的"爸爸""妈妈"如何说,都是用汉语"爸爸""妈妈"来称呼他们的。经过测试,他12岁的女儿不知道基诺语的"tsho^{54}na^{31}天"、"pu^{44}ɬɔ^{33}月亮"、"pu^{44}kji^{33}星星"、"jɔ^{44}kho^{44}路"、"tso^{31}mi^{44}村子"、"a^{44}kho^{31}皮肤"、"mjɔ^{44}(一)年"、"ŋɔ^{31}我"、"ŋɤ^{31}是"、"a^{33}ɬi^{44}旧"、"klɔ^{33}落"等一些常用词怎么说,也没听说过。杨建华把孩子送到附近傣族学生较多的学校读书,孩子平时主要说汉语,他也主要用汉语和她交流。他说,这样做,是因为他不能帮孩子什么忙,只能在语言方面帮帮她。

(三)个人原因

由于个人的原因,离开使用基诺语的村寨到基诺乡以外的地方去上学、打工,或者在基诺乡政府所在地生活、工作,时间长了,本族语的词汇量也随之有所下降。

比如,巴破村的切温、切则姐妹俩,姐姐切温比妹妹切则大一岁,由于姐姐去景洪读了一年高中,回来之后本族语的词汇量就比妹妹少,当然比同龄人也少一些,如下表所示:(表中代号:5.切温;6.切则)

表 5-7

代号	1~230				231~370				371~500				1~500			
	A	B	C	D	A	B	C	D	A	B	C	D	A	B	C	D
5	168	19	31	12	78	3	31	28	38	3	35	54	284	25	97	94
6	202	1	20	7	91	1	41	7	71	0	52	7	364	2	113	21

出外打工的人,与一直呆在村寨的人相比,词汇量也有所降低。比如21岁的白腰,去景洪市工作了四五年后回村,与同龄的未离开过村寨的阿妹相比,词汇量就少一些。而年龄为26岁的木艳梅,由于从小随父母到乡政府所在地生活,词汇量反而不如在村寨生活的同龄人,以及出外仅四五年的人。如下表:(表中代号:7.白腰;8.阿妹;9.木艳梅)

表 5-8

代号	1~230				231~370				371~500				1~500			
	A	B	C	D	A	B	C	D	A	B	C	D	A	B	C	D
7	212	3	1	14	99	6	15	20	52	3	22	53	363	12	38	87
8	225	2	5	0	122	5	6	7	76	23	10	21	423	30	19	28
9	205	4	13	8	78	11	34	17	32	5	49	44	315	20	96	69

由于这部分人以后会越来越多,所以,这种纯粹是个人原因造成的本族语词汇量的下降的

现象也值得重视。

综上所述,本节选取了具有代表性的 28 个人的 500 词测试情况进行了不同角度的分析,说明基诺语青少年词汇量的减弱是非常明显的,也是大势所趋。当然,即使考虑到他们在以后的生活中还有可能学习、掌握新的基诺语词汇,由于社会等因素的影响,减弱的趋势也是不可避免的。在测试中我们也发现,被记做 A 或 B 的词汇,只说明测试对象知道,并不代表他们在交际中也常用。这说明在青少年所掌握的数字趋于减少的词汇中,还有一部分词汇只是"知道",由于不常说、使用频率不高,也面临着遗失的可能性。

第二节　极少数少年儿童不懂母语

我们看到,近年来基诺族中有极少数青少年出现了不懂母语、只懂汉语的现象。他们当中有些还能听懂一些,但不会说;有的连说也不会,成为只懂汉语的单语人。我们这里所说的"不懂基诺语"是指平时不用基诺语交流,虽然他们也不同程度地会听懂基诺语。

一　极少数少年儿童不懂母语的现状

从年龄段上看,不懂母语的青少年可以分为学龄前儿童、小学生、中学生和已就业的青年四类。

(一) 学龄前儿童

基诺族的学龄前儿童,大多都掌握基诺语,他们的基诺语是在家庭中自然习得的。但也有极少数儿童,由于在家里父母不用基诺语与他们交谈,因而不会基诺语。这种现象主要出现在基诺族干部的子弟上。例如:

张汉基,基诺族,6 岁,就读于基诺乡中心小学学前班。汉语运用熟练,而母语基诺语几乎听不懂,只会说一两句。这是因为张汉基家住在基诺乡政府机关宿舍,父亲张云,任基诺乡政府宣传干事;母亲李红波是汉族,基诺乡中学语文教师,不会说基诺语,用汉语和儿子张汉基交流。张汉基的父亲在家里也用汉语与张汉基交谈,但有时会有意识地教张汉基一两句基诺语最常用的生活用语,还教他对长辈的称呼用语。逢年过节张汉基随父母去巴卡村的寨子看望祖父母,虽然祖父母都会基诺语,但他只会用基诺语来称呼"爷爷"、"奶奶",除此之外,都用汉语跟爷爷奶奶交谈。

(二) 小学生

以基诺乡中心小学五年级七十一班为例,全班共 31 位同学,基诺族有 30 位,不说基诺语的同学就有 6 位,约占全班人数的 20%。这个班是不说基诺语比例较大的一个班。

这些基诺族小学生不说基诺语的原因与他们的家庭状况有关。他们的家长大多是乡镇干部或教师,家庭内缺乏母语的学习环境,再加上学校也不提倡使用母语,使得他们未能较好地掌握自己的母语。例如:

胡克勤,基诺族,11岁,就读于基诺乡中心小学五年级。汉语熟练,而母语听不懂,也不会说。胡克勤家住基诺乡中心小学教工宿舍,父亲胡常保,基诺族,是基诺乡中心小学教师。母亲张梅,基诺族,是该小学的一名职工。胡克勤的父母虽然都是基诺族,但平时在家里对儿子胡克勤只说汉语,不说基诺语。由于胡克勤家住基诺乡中心小学教工宿舍,周围的邻居是该学校的教师和职工,他们和胡克勤一般也是用汉语对话。

罗嘉豪,基诺族,10岁,就读于基诺乡中心小学四年级。汉语熟练,而母语基本上听不懂,也不会说。父亲罗冬林和母亲周都是基诺族,经营基诺乡政府附近的一家名叫"吉卓"的饭馆。罗嘉豪的父母在家里使用汉语与他对话。罗嘉豪随父母回外祖父母所居住的村寨时,亲戚们之间习惯于说基诺语,但跟他说汉语。罗嘉豪只能听懂亲戚们说一两句基诺语的日常用语。

(三)中学生

基诺族中学生里也有一些人不说基诺语。以基诺乡中学初二年级八十六班为例,全班共36位同学,其中是基诺族,但不说基诺语的同学就有8位,约占全班人数的22%。

资云花,基诺族,16岁,刚刚从基诺乡中学初中毕业。汉语熟练,而母语基本上听不懂,也不会说。资云花的家住在基诺乡机关宿舍。父亲张包资,基诺族,早年当兵,退伍后任基诺乡政府统计员。母亲沙尾,基诺族,农民。哥哥资云春,在景洪市职业技术学院念书。在家里,资云花的父亲一直都跟她说汉语。资云花的母亲跟她说话也尽量使用汉语。资云花的哥哥和她交流同样也用汉语。

基诺乡陶箐旺副乡长说:"现在的年轻人,基诺语在寨子里使用普遍,可是在学校念书时,交流以汉语为主。"基诺族中学生在学校多用汉语来交流,尤其是家住在乡政府附近的基诺族中学生,他们中的一些人即使能听会说基诺语,在学校里也依然会选择使用汉语来跟同学交谈。而家住在离乡政府比较远的村寨的同学在基诺乡中学住校,他们之间的交流以基诺语为主,穿插使用汉语。但当其他同学跟他们说汉语时,他们也会很自然地用汉语来交流。

(四)已就业的青年

基诺族已就业的青年中,也有少数不懂母语的现象。经过小学和中学阶段的义务教育,许多基诺族青年都具有熟练运用基诺语和汉语的双语能力。但也有少数基诺族青年只会说汉语,听不懂也不会说母语基诺语。例如:

李艳春,基诺族,25岁,汉语很熟练,但母语基诺语既听不懂,也不会说。她中专毕业后继承家业,经营乡政府附近的一家名叫"李胡"的饭馆。父亲李双友,基诺族,早年当兵,退伍后在基诺乡政府任民政助理。母亲胡如仙,基诺族,在乡政府附近开了"李胡"饭馆。姐姐李艳梅,大专毕业后在景洪市工作。李艳春的父母在家里一直都跟她说汉语,姐姐李艳梅也只跟她说汉语。李艳春独立经营"李胡"饭馆三年来,虽然她一句基诺语也听不懂,而且也不会说基诺语,但这丝毫不影响她与顾客们的交流,因为顾客们都会说汉语。

郭娅,基诺族,24岁,汉语很熟练,但母语基诺语既听不懂,也不会说。她高中毕业后在基诺乡政府招待所(茶乡宾馆)工作,家住乡政府附近。父亲郭阿界、母亲朱玉芝,都是基诺乡供销社的职工。哥哥郭松,中专毕业后在乡政府附近开了一家杂货店。郭娅的父母长年在基诺乡供销社工作,汉语很熟练,在家里他们跟郭娅说汉语。哥哥跟郭娅的日常交流也是用汉语。

由于在乡政府招待所工作,郭娅的工作用语是汉语。工作之余,她平时使用汉语和朋友们交流,从来不说基诺语。在交谈中,会说基诺语也会说汉语的朋友们与她一般说汉语,有时候无意中说了基诺语,由于郭娅听不懂基诺语,她的朋友们会用汉语再说一遍。

二　极少数少年儿童不懂母语的原因

主要有两个:一是缺乏家庭的基诺语学习环境;二是受族际婚姻家庭的影响。

(一)缺乏家庭的基诺语学习环境

家庭是母语学习的最佳场所,少数基诺族青少年不懂母语,其家庭用语主要是汉语,缺乏学习基诺语的环境。缺乏母语学习环境的家庭的家长多是干部、教师,而且家庭居住地主要在乡政府附近和公路沿线的村寨。沙车先生说:"不同的职业或居住地对基诺语的影响不可小看!机关里的一些干部,虽然是基诺族,但不管是在办公室,还是在家里,他们都只说汉语,或以汉语为主;而寨子里的人说基诺语要频繁得多,日常生活用语都以基诺语为主。"

1. 父母的职业

不说基诺语的青少年,与其父母的职业有关。基诺乡陶箐旺副乡长说:"现在的普遍现状是:机关工作人员的孩子有许多都不会说基诺语了,而这些孩子汉语掌握得很熟练,平时与父母、老师、同学交流都用汉语。"

曾任基诺乡中心小学校长、基诺乡教委主任,现任景洪市政协委员的纳培说:"乡级机关工作人员的子女平时大多说汉语。教师的子女一般汉语都讲得比较好,平时说汉语比较多,说基诺语比较少。"在家庭内部,一些基诺族机关工作人员和基诺族教师会跟自己的子女说汉语,而不说母语基诺语。

上文所提及的不懂母语的基诺族小学生胡克勤,他的父亲胡常保是基诺乡中心小学的基诺族教师。不懂母语的基诺族中学生资云花,她的父亲张包资是基诺乡政府的基诺族统计员。不懂母语的青年李艳春,她的父亲李双友是基诺乡政府的基诺族民政助理。基诺族教师胡常保,以及基诺族机关工作人员张包资、李双友,他们在家里都选择使用汉语来跟子女进行日常对话,几乎不说基诺语。这是造成他们的子女不懂母语的一个主要原因。

上述基诺乡中心小学五年级七十一班 6 位不懂母语的学生,其父母职业、家庭住处如下:

表 5-9

姓名	性别	父母职业	家庭住处
王祎	女	(父、母)基诺乡中学工人	基诺乡中学教工宿舍
许航	男	(父)基诺乡政府公务员 (母)农民	基诺乡政府机关宿舍
王欣	女	(父)司机 (母)基诺乡小学工人	基诺乡中心小学教工宿舍
石睿琦	女	(父)基诺乡中学副校长 (母)基诺乡中学管理员	基诺乡中学教工宿舍
唐亚秋	女	(父、母)基诺乡粮管所职工	基诺乡粮管所职工宿舍
丁蓉	女	(父)过逝 (母)勐养镇第三中学教师	基诺乡中心小学教工宿舍(寄住在舅舅家,舅妈是基诺乡小学的教师)

这 6 位小学生的家长,除了许航的父亲在乡政府机关工作,唐亚秋的父母在乡政府粮管所工作之外,其他的 4 位基诺族小学生的父母都是中小学的教师或职工。

2. 家庭住处

陶箐旺副乡长说:"一般说来,乡政府附近,机关附近,汉语用得多一些,而寨子里的基诺语保留得好一些。"纳培也说:"非公路沿线、交通闭塞的村寨基诺语自然保护得比较好。而在乡政府及其附近,还有公路沿线的村寨,基诺语的保护要差一些,说汉语的人比较多。"

基诺乡政府附近一带是全乡的政治经济文化中心,乡级机关以及派出所、信用社、邮电所、供销社、粮管所等乡属部门机构皆汇聚于此。基诺乡中心小学和基诺乡中学也在基诺乡政府附近。在乡级机关、各乡属机构以及学校里,汉语的使用比较普遍,基诺族与居住在周边的汉族之间交流的机会多,汉语在这些地区使用比较广泛。因此,在基诺乡政府附近以及交通便利的公路沿线的村寨里成长的基诺族青少年儿童,他们平时接触汉语的机会比较多,自然他们的汉语都比较熟练。

基诺乡中学初二年级八十六班里是基诺族,但不懂母语的 8 位同学的父母职业及家庭住处如下:

表 5-10

姓名	性别	父母职业	家庭住处
杨鹏	男	(父、母)基诺乡邮电所职工	基诺乡邮电所 职工宿舍
白璐	女	(父、母)基诺乡供销社职工	基诺乡供销社 职工宿舍

罗玮	男	（父）基诺乡人民政府乡长 （母）农民	基诺乡机关宿舍
普欢欢	女	（父、母）农民	基诺乡种植场
刀庆伟	男	（父、母）生意人	基诺乡种植场
李陈涛	男	（父、母）生意人	基诺乡种植场
杨涛	男	（父、母）农民	巴来村寨
资卫华	男	（父、母）农民	巴来村寨

如表5-10所示，八十六班里是基诺族，但不懂母语的这8位基诺族中学生之中，杨涛和资卫华两位家住在比较远的巴来村寨，在基诺乡中学住校。其他的6位同学都家住基诺乡政府附近。杨鹏家所在的基诺乡邮电所职工宿舍、白璐家所在的基诺乡供销社职工宿舍，以及罗玮家所在的基诺乡机关宿舍都在乡政府附近。普欢欢、刀庆伟和李陈涛三位同学家都住在基诺乡种植场，离基诺乡政府也只有2公里左右。

（二）受族际婚姻家庭的影响

基诺族大多实行族内婚，但也有一些族际婚（如汉族、拉祜族、佤族、哈尼族等）。族际婚姻家庭里的非基诺族成员，大多数都学会说基诺语，但也有少数人不会说基诺语。在这种家庭里成长的基诺族青少年有的就不懂母语。例如：

刘湘云，基诺族，17岁，从基诺乡中学初中毕业，现在景洪市读高中。汉语熟练，母语基本上不懂。她家住基诺乡政府附近。父亲刘新艳，汉族，祖籍湖南。母亲胡兰仙，基诺族。二人在乡政府附近的"李胡"饭馆工作。妹妹刘芳能，基诺族，14岁，就读于基诺乡中学初二年级。由于刘湘云的父亲是汉族，不会基诺语，因此在家中与刘湘云只说汉语。刘湘云的母亲也使用汉语和她进行日常对话。妹妹刘芳能与她交谈也是用汉语。

布鲁基，基诺族，7岁，就读于基诺乡中心小学。汉语熟练，母语基本听不懂，也不会说。父亲布鲁杰，基诺族。母亲李晓芳，拉祜族。二人都是基诺乡新司土村巴朵组的村民，务农。由于布鲁基的母亲是拉祜族，不会基诺语，因此布鲁基的父母之间用汉语交流。布鲁基的父母与布鲁基也只说汉语。

郑阿三，基诺族，29岁，基诺乡新司土村巴朵组村民。汉语熟练，母语基本听不懂，也不会说。郑阿三的父亲叫发生，基诺族，巴朵组村民，务农。母亲郭小二，佤族，嫁来巴朵三十多年，基本能听懂基诺语，但很少说基诺语。郑阿三的父母在家里一直与他使用汉语交谈。郑阿三的妻子也是基诺族，但夫妻之间也只说汉语，不说基诺语。

杨柠，基诺族，11岁，就读于基诺乡中心小学五年级。汉语熟练，母语基本听不懂，也不会说。杨柠家住乡政府附近的道班。父亲杨树林，基诺族，勐仑养护段二道班的职工。母亲王成芳，哈尼族爱尼支系人，务农。杨柠的父亲基诺语和汉语都很熟练，母亲哈尼语和汉语都很熟练,为了方便交流,夫妇二人在家里说汉语,他们跟杨柠的日常对话也是使用汉语。由于杨柠的祖父不会基诺语,因此杨柠的祖父母之间用汉语交流,他们跟杨柠都说汉语。

杜姗姗,基诺族,11岁,就读于基诺乡中心小学五年级。汉语熟练,母语基本听不懂,也不会说。她家住乡政府附近的道班。父亲杜荣华,基诺族,勐仑养护段二道班的职工。母亲李晓花,是澜沧的拉祜族,务农。杜姗姗的父亲基诺语和汉语都很熟练,母亲拉祜语和汉语很熟练,基诺语水平一般。夫妇二人的日常对话以汉语为主,偶尔穿插使用一些基诺语和拉祜语。他们对女儿杜姗姗说话一般用汉语。由于杜姗姗的祖母是汉族,因此祖父母之间的交流以汉语为主,跟杜姗姗说话也是用汉语。

此外,还有一些离开基诺乡到景洪市读高中、大学,毕业后留在景洪市工作的基诺族子女,由于缺乏说基诺语的语言环境,有很多都不懂基诺语。例如:

傅秋雯,13岁,基诺族,刚从景洪市第一小学毕业。汉语掌握熟练,而母语不懂。傅秋雯家住景洪市第一小学教工宿舍。父亲傅保寿、母亲张荣花,二人都是基诺族,都在景洪市第一小学任教。傅秋雯的哥哥傅晓毓,大专毕业后在景洪市工作。傅秋雯的父母都是十几岁时就离开基诺族村寨,到景洪市读高中,然后又到景洪市的西双版纳州师范大学念书,再一起分配到景洪市第一小学任教。他们在景洪市生活多年,日常交流都使用汉语,很少说基诺语。他们在家里跟傅秋雯只说汉语,从来不说基诺语。傅秋雯的哥哥与她也是用汉语交谈。

第六章 预测

第一节 基诺族语言使用情况的启示

　　基诺族是我国的一个人口较少的少数民族,其语言使用是我国少数民族语言使用的一种类型,具有一定的代表性。基诺族语言使用形成目前这样的状况,不是偶然的,也不是一时形成的,而是由我国的具体国情、长期以来的民族关系以及基诺族的社会经济、文化教育、历史传统、语言结构等特点决定的。半个多世纪以来,基诺族能逐步形成全民型的双语民族,对于认识我国少数民族语言使用的演变和发展,以及如何处理好多民族语言的关系,有着鲜活的参考价值。那么,基诺族的语言使用能给我们什么启示呢?

　　一、对我国小语言的生命力不能笼统地低估,也不能夸大语言濒危的范围。目前已经流传的语言竞争理论都认为,在一个多民族、多语言的国家里,不同语言的使用存在着竞争,使用人口少的语言往往竞争不过使用人口多的语言,容易出现语言功能的衰退或走向濒危。因而有的语言学家悲观地估计,世界上现有的六千多种语言中有三分之二的语言将在21世纪消亡。为此,近期濒危语言问题成为世界的一个热门话题,挽救濒危语言的呼声不断升级。但如何比较科学地、比较贴近实际地预测世界不同地区语言的生命力和走向濒危的趋势,则是一个在理论上、实践上尚未解决的问题。问题在于,语言学家对世界上各种语言目前的生存活力并不完全清楚,有调查过的,也有没有调查过的,所以难以做出科学的估量。在全球经济一体化和信息全球化的今天,使用人数较少的语言在强势语言的包围、接触、影响下,容易出现语言功能衰退甚至濒危的趋势,这是必须引起重视的,但不同地区、不同国度的情况并不完全相同。有的小语言,也有可能健全地使用和发展,不一定都会走向衰退、濒危。基诺语的使用人口是如此之少,而在它的周围又有全国的通用语——汉语,当地的强势语言——傣语,其存在和发展面临着语言功能被削弱、被取代的可能,但基诺语在语言功能的竞争中,并没有被削弱、被取代,而是在与汉语的功能实行互补中,充分发挥自己的作用,较好地保存了下来。我国还有一些小语言也存在类似的情形。由此看来,对语言使用的现状及其趋势还必须做深入的研究。

　　二、制约语言使用的条件或因素有多种,而且因不同民族、不同语言而异。所以语言学家必须全面调查、分析具体语言的实际情况,从中认准制约语言使用的主要因素和次要因素,并有针对性地提出预测和对策。制约基诺族全民保存母语的主要条件之一,是基诺族的分布高度聚居。基诺族大都分布在基诺山基诺乡,这个乡虽还有别的民族,但基诺族占了全乡总人口的96.3%，外族人口仅占3.7%，可谓"单一民族高度聚居区"。新中国建立后，来基诺山的外族人员（干部、教师、打工者、投婚者等）虽然有所增多，但未能从根本上改变原有的聚居状态。况且，外来人员在这样一个基诺族聚居的环境中，有不少已融入到基诺族中去，不同程度地学会了基诺语。高度聚居，为基诺语的传承提供了天然条件，使得基诺语得以一代代传承下来。此外，新中国的民族平等、语言平等政策，是基诺族稳定使用母语的保障。基诺族稳固的民族意识和母语观念，也有助于基诺语的留存。如果不做具体、深入的调查，就难以对语言使用现状做出正确的估量。

三、母语与汉语实现有机的互补，是保证母语的重要生存条件。基诺族是一个全民既使用母语又兼用汉语的民族，母语和汉语都是他们生活中须臾不可缺少的交际工具。这种互补，不仅是不同场合、不同领域、不同功能的分工，而且在语言结构上也互相从对方吸收自己所需要的成分来丰富自己。长期以来，特别是新中国建立以来，基诺语从汉语里吸收大量的词汇来丰富自己，而且在语音、词汇上也受到汉语的不少影响。汉语的影响在基诺语里生根发芽，并与基诺语的固有成分融合在一起，极大地增强了基诺语的活力。基诺语广泛接受汉语的影响，不仅没有削弱基诺语的作用，而且还使得基诺语在与汉语的互补中得以独立发挥自己的作用。

四、语言使用问题是语言研究中的一个重要问题，必须引起语言学家的重视。而过去所做的工作实在太少，难以适应语文工作的需要。如果我们不经过这次比较系统、深入的调查，我们对基诺语使用的现状也是"一眼黑"。就总体情况而言，过去对语言结构的本体研究比较多，而对语言使用的情况研究比较少，二者很不平衡。所以，今后必须大力加强少数民族语言使用的研究，把民族语言使用的研究当成一件重要的事来抓。语言学家对此的策略是，首先必须弄清语言使用的状况，然后根据已掌握的客观事实做出科学的解释，并提出合理的解决办法。语言使用描写是第一性的，要有可靠的描写才能有解释的基础；忽视微观的、花气力的描写而只凭一知半解的感觉而做大胆解释，是不能贴切语言实际的，也是不能奏效的。

第二节 对基诺语使用今后演变的预测

语言使用状况不是一成不变的，而是受到社会需求的变更处于不断变化之中。语言使用状况的变化有其规律性，所以人们有可能通过分析研究，预测语言使用的状况演变的趋势或大致轮廓。对语言使用趋势做出预测，有助于认识语言的现状及语言演变的趋势，有利于语言规划的制定。

对基诺语的前途，基诺人普遍充满了信心，抱着一种乐观的态度。我们在采访中听到的，都是认为基诺语今后不会消失。不过，在时间上的估计有长短不同，有的认为至少两三代，有的认为至少四五代，有的估计更长些。这些估计虽有一定的依据，但毕竟还是感性认识的。我们要以理性的认识作为主要依据。理性认识应是着重分析制约基诺语使用的因素是否存在。

上面说过，基诺语能够稳定使用的因素主要是高度聚居，还有国家的政策保障、民族内聚力等，这些因素在短时间内不会改变，至少在今后两三代即六七十年内不会发生大的变化。因而可以初步预测，基诺语在今后的六七十年内还会稳定地保存下去。只要基诺族还是保留聚居的局面，民族内部还存在较强的凝聚力，基诺语就必定有其存在的价值，也会在与汉语的互补中取得自己应有的地位。

这里要提及的是，基诺族对待自己母语的态度是理智的，冷静的。我们在调查中深深地体会到这一点。早在1986年，当问及他们是否需要创造文字时，许多人表示：我们基诺族人口少，创造了文字用不开，反而影响文化科学水平的提高。我们要学习汉语文，通过汉语文来发展自己。基诺人从未对自己的语言使用提出过不切实际的要求，也未出现过偏激的情绪。虽有少数有识之士曾为基诺语是否能长期保存而担忧，但他们认为这是大势所趋。

广大基诺人对待自己语言的使用和发展，一直是抱着"顺其自然"的态度。他们没有对母语地位的加强采取过任何措施，做过任何呼吁，也不对下一代语言能力的某些降低而过分担忧。在基诺族村寨，没有基诺语广播，也没有有意识的基诺语文艺演出活动。如何保存和发展基诺语，并未成为基诺人的热点话题。即使在这样的条件下，使用人口如此少的基诺语仍基本完好地保存了下来，在功能上不出现衰退，这真是出乎人的意料。1986年的调查，结论是基诺族普遍使用自己的母语，20年过去了，这一主流状态基本上没有大的变化，也就是说，没有在改革的浪潮下受强势语言的影响而出现功能的波动。应该说，基诺语是幸运的。

"顺其自然"，有其好的一面。因为语言的使用是适应社会的需要在不断调整自己的功能的。也就是说，语言社会功能的变化是大势所趋，不以人的意志为转移的。人为的因素，如果顺应社会发展的潮流，就有助于促进语言的发展；但如果违背了社会发展的潮流，就会碰壁，阻碍语言的健康发展。顺其自然，还能避免人为的不适当的、不必要的干扰。

基诺山的进一步开放，经济的进一步发展，会不会影响基诺语的使用？目前看来还不会。开放和发展会使得基诺人更快地掌握汉语，更好地提高文化教育水平，但不会排斥基诺语的使用。因为基诺语是在自然环境中习得的，并不妨碍入学后的汉语文学习，掌握基诺语并不妨碍掌握汉语。只要基诺语与汉语的互补关系能够确立得当，不出现大的矛盾，二者完全能够和谐地共存下去。

诚然，在进入现代化建设的新时期，随着经济的大发展和生活水准的变化，基诺族少数青少年掌握基诺语的固有成分和固有结构已不如上一代。主要表现为：反映基诺族传统文化的词语，有相当一部分青少年已不会说了。如："年初节、祭火节、吃新米节、叫谷魂、水日、太阳日、星星日"等。一些在现时生活中已不常见的事物名称已不会说了。如："牛圈"一词，20年前还是常用词汇，那时家家都有牛圈，但后来为了保护橡胶种植，不养牛了，所以现在20岁以下的青少年都不会"牛圈"这个词了。"金子"一词，基诺语是 $\int w^{31}$，青少年大多不会说了，只会说汉语借词 $tɕi^{54}$。有一部分基本词汇，虽然本语里也有，但青少年已转用汉语词了。如："坝子、矿、声音、寡妇、鹅、大雁、柳树、萝卜、豌豆、稀饭、香料、花椒、饼干、袜子、席子、厕所、仓库、箱子、杯子、勺子、罐子、马掌、筛子、笔、书、错误、热闹、骄傲、拜、必须"等。应当怎样看待目前少数基诺族青少年出现的母语能力下降？

通过调查我们意识到，语言能力的认定应该区分交际能力和表达能力。交际能力，主要是指能否使用这种语言进行日常的交际，能交际的说明已具有基本的语感和基本的语言能力；表达能力是指语言表达能力的强弱，反映一个人掌握语言水平的高低。基诺人普遍具有基诺语的交际能力，他们在一起时都能用基诺语交谈，这是基诺语得以保存、传承的必备条件。但基诺人的基诺语表达能力是不同的，这种差异是由基诺人代际的语言兼用状况和社会环境的变化决定的，在一定程度上反映了基诺语演变的走向。

年轻一代的基诺语表达能力的下降具有两面性：一是与时俱进性。由于青少年与外界的接触多了，视野扩大了，汉语的使用增多了，必然在一定程度上会改变母语使用的特点和能力。比如，他们会更多地借助汉语借词来充实自己的概念，也会放弃母语中一些已不使用的词语。这是语言功能的发展，是积极的。二是由于主要以汉语作为提高文化教育水平的主要语言工具，在一定程度上会忽视母语能力的提高，导致母语能力在表达上的下降。这是消极的，应引起注意和防范。

除了母语能力的下降外，还有生活在机关、学校的极少数基诺族孩子，由于主要生活在不同民族的杂居环境中，或由于是族际婚姻家庭，他们中有的已不懂基诺语。有的地方，基诺族孩子在家庭里先学会汉语，即以汉语作为自己的第一语言，待他们进入学校、社会后才学会基诺语，母语成为第二语言。这些问题的出现，是社会、经济一体化，不同社会共性的增长，波及到语言使用上的反映。这是新形势下语言使用出现的新问题，虽然这些现象目前还只占极小比例，尚未变成主流，但却是个必须重视的动向，有待于进一步观察。

我国实行的民族平等、语言平等政策，从根本上保障了各民族都有使用和发展自己语言的自由。基诺语也不例外。它在整体上受到国家政策的保护。建国以来，基诺人能够自豪地、无拘无束地使用自己的母语，是与国家的制度、政策分不开的。基诺语目前的状况，应该说是与社会的发展相适应的。人们广泛使用基诺语，发挥基诺语在家庭、社会交际中的有益作用，既有利于民族的发展，也符合基诺人的意愿。在今后，基诺语的使用和发展，仍然对基诺族的发展是有利的。

附　　录

一　村寨个案调查材料

（一）巴朵组语言使用情况

一　概况

　　基诺乡新司土村委会巴朵村民小组又称"曼朵"，位于乡政府所在地的东北部，与乡政府相距约 1.3 公里，与基诺乡中学毗邻。小腊公路穿过该组。巴朵是一个基诺族高度聚居的村寨。全组共有 61 户 290 人，其中基诺族 273 人，占全组总人口的 94.1%。此外，还有 16 人是其他民族，占总人口的 5.9%，包括哈尼族 7 人，汉族 6 人，拉祜族、佤族、彝族各 1 人。在非基诺族人中，有 11 人是从外地嫁来的媳妇，有 5 人是到巴朵上门的女婿。

　　巴朵的主要经济作物是橡胶、茶叶和砂仁等。据统计，2005 年，巴朵人均占有粮食 403 公斤，人均年纯收入 1975 元。2006 年，全组电视机的拥有量已达 60 台，VCD 影碟机 60 余台，座机电话 44 部，手机 31 部，摩托车 33 辆，拖拉机 36 辆，微型汽车 1 辆。不少基诺族老乡都住进了新盖的房子，用上了太阳能热水器、沼气节能灶、液化气灶，在家能收看到 40 多个卫星电视频道的节目。

　　巴朵家家户户都有自家的橡胶园，面积达到人均 13 亩。基诺族老乡每天早上四五点起床，骑摩托车或开拖拉机去橡胶园割胶，八九点割完胶后，再到茶园或地里干活。每天劳作虽然十分辛苦，但由于经济收入较好，所以人们普遍对未来生活充满信心。巴朵组组长沙金寿（基诺名"车布鲁"）兴奋地告诉我们："再过七八年，基诺山老百姓的生活就要飞起来了。"

二　语言使用的基本特点

（一）基诺语是巴朵日常生活中最重要的交际工具

　　巴朵的基诺语保留完好，仍具有较强的语言活力。无论在村寨里还是在家庭里，无论在劳动中还是在休息的时候，无论男女老幼，基诺族都是通过基诺语交流信息、表达感情。下面是巴朵 6 岁以上（包括 6 岁）村民基诺语能力的情况见表一：

表 1

年龄段	总人口	熟练		一般		略懂		不会	
		人口	百分比	人口	百分比	人口	百分比	人口	百分比
6—12 岁	24	23	95.8	0	0	1	4.2	0	0
13—18 岁	39	39	100	0	0	0	0	0	0
19—59 岁	188	179	95.2	7	3.7	2	1.1	0	0
60 岁以上	29	29	100	0	0	0	0	0	0
合计	280	270	96.4	7	2.5	3	1.1	0	0

从上表可以看出，巴朵熟练使用基诺语的比例很高，是 96.4%，没有不会基诺语的人。这说明，基诺语在巴朵具有很强的活力和影响力，是巴朵村民日常生活中最重要的交际语言。具体说来：

1. 熟练使用基诺语的 270 人中，有 263 人是土生土长的基诺族，有 7 人是到巴朵定居的外地人。分别是第 1 户的张云芝（彝族，景谷人）、第 3 户的张艳芬（哈尼族，墨江人）、第 14 户的白秀芬（哈尼族，勐腊人）、第 17 户的罗琼芬（哈尼族，墨江人）、第 20 户的孙福华（哈尼族，墨江人）、第 40 户的郑老哈（汉族）、第 59 户的丛弟（汉族，石屏人）。外族人到巴朵后，为适应生活环境以及个人生存发展的需要，逐渐习得熟练的基诺语，并在日常生活中转用基诺语。

2. 共有 7 人的基诺语处于"一般"级。分别是第 2 户的周永生（汉族，思茅人）、第 11 户的周会琴（哈尼族，墨江人）、第 13 户的罕慧（哈尼族，澜沧人）、第 24 户的李国优（汉族，镇源人）、第 31 户的李晓芳（拉祜族，澜沧人）、第 49 户的郭小二（佤族，澜沧人）、第 61 户的刘正伯（汉族，四川人）。他们都是外地人，都不是基诺族，已能听得懂基诺语，但在日常生活中主要说汉语。我们用 500 词测试表中的第一级 230 个词汇，对部分外族人做了测试，其基诺语水平见表 2：

表 2

被测试人	A		B		C		D	
	数量	百分比	数量	百分比	数量	百分比	数量	百分比
张艳芬	218	94.8	1	0.4	3	1.3	8	3.5
郭小二	209	90.9	1	0.4	9	3.9	11	4.8
白秀芬	208	90.4	1	0.4	11	4.9	10	4.3
周会琴	171	74.4	4	1.7	43	18.7	12	5.2

被测试人	A		B		C		D	
	数量	百分比	数量	百分比	数量	百分比	数量	百分比
罕慧	139	60.4	0	0	34	14.8	57	24.8
平均数	189	82.2	1.4	0.6	20	8.7	19.6	8.5

在语言测试过程中,我们发现基诺语能力处于"一般"级的外族人,基诺语发音不是十分准确,日常生活中一些不常见的词汇也不会说。

3. 基诺语水平属"略懂"级的有 3 人。分别是第 6 户的左文虎(哈尼族,墨江人)、第 25 户的周玉莲(汉族,四川人)、第 31 户的布鲁基。左文虎和周玉莲到巴朵才两三年的时间,只能听懂基诺语,但不会说流利的基诺语。而布鲁基今年 8 岁,出生在巴朵,因为她母亲李晓芳(拉祜族)基诺语一般,在家一般说汉语。自布鲁基学说话起,家人就教她说汉语。布鲁基的基诺语是从爷爷、奶奶和父亲的交谈中以及同村里小朋友一起玩耍时听来的,因而十分有限,她只会听简单的基诺语,但不会说。

(二) 巴朵是"基诺语—汉语"双语型语言社区

随着社会经济的发展,学校汉语文教育的推广和普及,巴朵有越来越多的人学习和掌握了汉语。汉语的使用频率、场合也比过去增加了很多。我们对巴朵村民的汉语水平进行了统计,其差异见下表:

年龄段	总人口	熟练		一般		略懂		不会	
		人口	百分比	人口	百分比	人口	百分比	人口	百分比
6—12 岁	24	22	91.7	2	8.3	0	0	0	0
13—18 岁	39	39	100	0	0	0	0	0	0
19—59 岁	188	180	95.7	5	2.7	3	1.6	0	0
60 岁以上	29	5	17.2	7	24.2	5	17.2	12	41.4
合计	280	246	87.9	14	5.0	8	2.9	12	4.2

从上表可以看出,巴朵有 87.9% 的人能熟练使用汉语。我们调查中遇到的基诺族老乡,大多能说汉语当地方言,有的还能说普通话。这是因为他们的汉语大都是在学校中学来的,从幼儿园开始,老师就教普通话。

巴朵有 12 人完全不会汉语,他们都是 60 岁以上的老人。他们的生活范围很窄,主要局限于本乡本寨,很少出门,所以会说基诺语就可以了。

巴朵村民劳动之余的主要文化生活就是看电视,而电视节目都是用汉语普通话。所以,广播电视对于汉语的推广和传播起了很大作用。

三　巴朵组家庭语言使用情况一览表

序号	家庭关系	姓名	年龄	文化程度	第一语言及水平	第二语言及水平	备注
1	户主	布鲁者	73	文盲	基诺语,熟练	汉语,一般	①
	妻子	布鲁麦	去世	文盲	基诺语,熟练	汉语,一般	
	长子	周泽	35	小学	基诺语,熟练	汉语,熟练	
	长媳	张云芝	30	小学	彝语,熟练	汉语,熟练	基诺语熟练,彝族,景谷人
	长孙	泽切	11	上小学	基诺语,熟练	汉语,熟练	
	次孙	泽百	9	上小学	基诺语,熟练	汉语,熟练	
2	户主	甘福	53	小学	基诺语,熟练	汉语,熟练	
	妻子	木腊机	51	小学	基诺语,熟练	汉语,熟练	
	长女	甘云珍	33	初中	基诺语,熟练	汉语,熟练	
	次女	甘云花	27	初中	基诺语,熟练	汉语,熟练	
	长婿	周永生	38	小学	汉语,熟练	基诺语,一般	汉族,思茅人
	孙子	周江明	11	上小学	汉语,熟练	基诺语,熟练	
3	户主	者林	60	文盲	基诺语,熟练	汉语,熟练	
	妻子	百腊舍	49	文盲	基诺语,熟练	汉语,一般	
	长子	周志刚	29	高中	基诺语,熟练	汉语,熟练	基诺名"木拉温"
	长媳	张艳芬	24	初中	哈尼语,熟练	汉语,熟练	基诺语熟练,哈尼族,墨江人
	长孙女	周美玲	4	学龄前			
4	户主	布鲁杰	71	文盲	基诺语,熟练	汉语,不会	
	妻子	者机	70	文盲	基诺语,熟练	汉语,不会	
	长子	杰泽	40	小学	基诺语,熟练	汉语,熟练	
	儿媳	车机	42	小学	基诺语,熟练	汉语,熟练	
	弟弟	杰木拉	34	小学	基诺语,熟练	汉语,熟练	
	长孙	泽腰	20	初中	基诺语,熟练	汉语,熟练	
	长孙女	泽温	17	初中	基诺语,熟练	汉语,熟练	
5	户主	小车白	40	初中	基诺语,熟练	汉语,熟练	
	妻子	胡珍	38	初中	基诺语,熟练	汉语,熟练	
	长子	车冬冬	17	初中	基诺语,熟练	汉语,熟练	基诺名"包资"
	长女	车壹婷	14	上初中	基诺语,熟练	汉语,熟练	基诺名"包吕"

① 表中没有注明籍贯和民族的村民,均是基诺山乡的基诺族。

6	户主	白腊车	53	小学	基诺语,熟练	汉语,熟练	
	妻子	木腊施	48	小学	基诺语,熟练	汉语,熟练	
	二女	车吕	22	初中	基诺语,熟练	汉语,熟练	
	女婿	左文虎	25	初中	哈尼语,熟练	汉语,熟练	基诺语略懂,哈尼族,墨江人
	孙女	左庭庭	2	学龄前			
7	户主	大布鲁车	70	文盲	基诺语,熟练	汉语,一般	
	长子	小车布鲁	31	小学	基诺语,熟练	汉语,熟练	
	长媳	小杰吕	34	初中	基诺语,熟练	汉语,熟练	
	长孙女	布鲁升	12	上小学	基诺语,熟练	汉语,熟练	
	次孙女	布鲁收	11	上小学	基诺语,熟练	汉语,熟练	
8	户主	切木拉	37	高中	基诺语,熟练	汉语,熟练	
	妻子	切当	33	初中	基诺语,熟练	汉语,熟练	
	母亲	白腊温	86	文盲	基诺语,熟练	汉语,不会	
	长子	木腊车	8	上小学	基诺语,熟练	汉语,一般	
	长女	木腊机	6	学龄前	基诺语,熟练	汉语,一般	
9	户主	特玖	58	文盲	基诺语,熟练	汉语,略懂	
	妻子	木腊麦	63	文盲	基诺语,熟练	汉语,略懂	
10	户主	何桂英	39	初中	基诺语,熟练	汉语,熟练	
	父亲	何加兴	去世	小学	汉语,熟练	基诺语,一般	汉族
	母亲	扫麦	去世	文盲	基诺语,熟练	汉语,熟练	
	长子	布鲁机	19	初中	基诺语,熟练	汉语,熟练	
	次子	布鲁飘	17	初中	基诺语,熟练	汉语,熟练	
11	户主	小扫者	52	小学	基诺语,熟练	汉语,熟练	
	妻子	资麦	53	小学	基诺语,熟练	汉语,熟练	
	长子	周白	36	初中	基诺语,熟练	汉语,熟练	
	长媳	周会琴	38	初小	哈尼语,熟练	汉语,熟练	基诺语一般,哈尼族,墨江人
	次子	周健凯	26	初中	基诺语,熟练	汉语,熟练	基诺名"周布鲁"
	长孙女	周玲丽	8	上小学	汉语,熟练	基诺语,熟练	
12	户主	泽布鲁	36	初中	基诺语,熟练	汉语,熟练	
	妻子	先则	35	小学	基诺语,熟练	汉语,熟练	
	长子	布鲁肖	17	初中	基诺语,熟练	汉语,熟练	
	长女	布鲁升	14	上初中	基诺语,熟练	汉语,熟练	

13	户主	腰布鲁	56	文盲	基诺语,熟练	汉语,熟练	
	妻子	布鲁则	56	小学	基诺语,熟练	汉语,熟练	
	母亲	婆升	68	文盲	基诺语,熟练	汉语,不会	
	长子	布鲁资	29	初中	基诺语,熟练	汉语,熟练	
	长媳	罕慧	30	小学	哈尼语,熟练	汉语,熟练	基诺语一般,拉祜语略懂,哈尼族,澜沧人。
	长孙女	资珍妮	2	学龄前			
14	户主	沙白	71	文盲	基诺语,熟练	汉语,略懂	
	妻子	先得	61	文盲	基诺语,熟练	汉语,略懂	
	长子	包资	36	初中	基诺语,熟练	汉语,熟练	
	长媳	白秀芬	31	初中	哈尼语,熟练	汉语,熟练	基诺语熟练,哈尼族,勐腊人
	长孙	资布鲁	13	上小学	汉语,熟练	基诺语,熟练	
	次孙	资木拉	10	上小学	汉语,熟练	基诺语,熟练	
15	户主	温扫	40	初中	基诺语,熟练	汉语,熟练	
	妻子	包升	40	初中	基诺语,熟练	汉语,熟练	
	母亲	仁当	71	文盲	基诺语,熟练	汉语,一般	
	长子	扫切	18	小学	基诺语,熟练	汉语,熟练	
16	户主	白腊腰	39	小学	基诺语,熟练	汉语,熟练	
	妻子	白腊升	39	小学	基诺语,熟练	汉语,熟练	
	长女	腰舍	20	初中	基诺语,熟练	汉语,熟练	
	长子	腰车	17	初中	基诺语,熟练	汉语,熟练	
17	户主	车切	63	文盲	基诺语,熟练	汉语,一般	
	妻子	布鲁得	62	小学	基诺语,熟练	汉语,一般	
	长子	切腰	34	初中	基诺语,熟练	汉语,熟练	
	长媳	罗琼芬	33	初中	哈尼语,熟练	汉语,熟练	基诺语熟练,哈尼族,墨江人
	长孙	腰木拉	11	小学	基诺语,熟练	汉语,熟练	
	次孙	腰飘	7	上小学	基诺语,熟练	汉语,熟练	
18	户主	杰百	46	初中	基诺语,熟练	汉语,熟练	
	妻子	腰吕	40	初中	基诺语,熟练	汉语,熟练	
	母亲	资妞	63	文盲	基诺语,熟练	汉语,略懂	
	长女	包麦	20	初中	基诺语,熟练	汉语,熟练	
	次女	秋云	19	高中	基诺语,熟练	汉语,熟练	
	三女	王夏玉	17	高中	基诺语,熟练	汉语,熟练	

19	户主	者木拉	33	小学	基诺语,熟练	汉语,熟练	
	妻子	仁得	40	小学	基诺语,熟练	汉语,熟练	
	母亲	布鲁得	80	文盲	基诺语,熟练	汉语,不会	
	长女	木腊都	17	上高中	基诺语,熟练	汉语,熟练	
	长子	木腊切	14	上初中	基诺语,熟练	汉语,熟练	
20	户主	李忠全	去世	小学	汉语,熟练	基诺语,熟练	汉族
	妻子	孙福华	59	小学	哈尼语,熟练	汉语,熟练	基诺语熟练,哈尼族,墨江人
	长子	李益山	41	初中	汉语,熟练	基诺语,熟练	
	长媳	阿妹	36	初中	基诺语,熟练	汉语,熟练	
	长女	李益芳	37	初中	汉语,熟练	基诺语,熟练	
	孙子	邹文财	13	小学	基诺语,熟练	汉语,熟练	
	孙女	邹文君	5	学龄前			
	孙子	李俊优	18	初中	基诺语,熟练	汉语,熟练	
	孙子	李进超	16	初中	基诺语,熟练	汉语,熟练	
	孙女	李俊娇	14	初中	基诺语,熟练	汉语,熟练	
21	户主	特者	56	小学	基诺语,熟练	汉语,熟练	
	妻子	白腊都	49	小学	基诺语,熟练	汉语,熟练	
	母亲	白腊则	80	文盲	基诺语,熟练	汉语,不会	
	长子	者木拉	22	初中	基诺语,熟练	汉语,熟练	
	长女	周玉忠	26	初中	基诺语,熟练	汉语,熟练	基诺名"沙叶"
22	户主	扫百	73	小学	基诺语,熟练	汉语,熟练	
	长子	包车	43	高中	基诺语,熟练	汉语,熟练	
23	户主	布鲁车	67	文盲	基诺语,熟练	汉语,不会	
	妻子	包则	62	文盲	基诺语,熟练	汉语,不会	
	长子	车扫	31	初中	基诺语,熟练	汉语,熟练	
	儿媳	者施	30	初中	基诺语,熟练	汉语,熟练	
	长孙	扫切	9	上小学	基诺语,熟练	汉语,熟练	
	长孙女	扫麦	11	上小学	基诺语,熟练	汉语,熟练	
24	户主	李国优	43	小学	汉语,熟练	基诺语,一般	汉族,镇源人
	妻子	木腊叶	34	小学	基诺语,熟练	汉语,熟练	
	母亲	群针	73	文盲	基诺语,熟练	汉语,一般	
	长子	优周	17	初中	汉语,熟练	基诺语,熟练	
	长女	优则	14	初中	汉语,熟练	基诺语,熟练	

25	户主	沙白车	32	初中	基诺语,熟练	汉语,熟练	
	妻子	周玉莲	31	初中	汉语,熟练	基诺语,略懂	汉族,四川人
	长女	车妹	2	学龄前			
26	户主	大包车	53	小学	基诺语,熟练	汉语,熟练	
	妻子	泽得	49	小学	基诺语,熟练	汉语,熟练	
	长女	车妞	30	初中	基诺语,熟练	汉语,熟练	
	孙女	三妹	8	上小学	基诺语,熟练	汉语,熟练	
27	户主	布鲁先	65	文盲	基诺语,熟练	汉语,一般	
	妻子	切飘	57	小学	基诺语,熟练	汉语,一般	
	长子	先白	37	小学	基诺语,熟练	汉语,熟练	
	长媳	八妹	34	小学	基诺语,熟练	汉语,熟练	
	长孙	包肖	14	小学	基诺语,熟练	汉语,熟练	
	次孙	包杰	11	上小学	基诺语,熟练	汉语,熟练	
28	户主	木腊资	56	小学	基诺语,熟练	汉语,熟练	
	妻子	布鲁吕	51	小学	基诺语,熟练	汉语,熟练	
	长子	资扫	25	初中	基诺语,熟练	汉语,熟练	
	次子	资切	17	高中	基诺语,熟练	汉语,熟练	
29	户主	包资	52	小学	基诺语,熟练	汉语,熟练	
	妻子	者施	51	小学	基诺语,熟练	汉语,熟练	回珍人
	长女	资麦	30	初中	基诺语,熟练	汉语,熟练	
	女婿	郑加平	34	高中	基诺语,熟练	汉语,熟练	基诺名"阿平"
	孙子	郑晓强	7	上小学	汉语,熟练	基诺语,熟练	基诺名"拉查"
	孙女	郑梅琼	9	上小学	汉语,熟练	基诺语,熟练	基诺名"咪菲"
30	户主	腮切	35	初中	基诺语,熟练	汉语,熟练	
	妻子	包则	38	初中	基诺语,熟练	汉语,熟练	
	长子	罗云肖	17	初中	基诺语,熟练	汉语,熟练	基诺名"切飘"
	长女	罗云霞	13	上初中	基诺语,熟练	汉语,熟练	基诺名"切吕"
31	户主	大白腊杰	58	文盲	基诺语,熟练	汉语,熟练	
	妻子	三妹	53	文盲	基诺语,熟练	汉语,熟练	
	长子	布鲁杰	36	高中	基诺语,熟练	汉语,熟练	
	妻子	李晓芳	31	小学	拉祜语,熟练	汉语,熟练	基诺语一般,拉祜族,澜沧人
	长孙女	布鲁基	8	上小学	汉语,熟练	基诺语,略懂	汉名"白思琴"

32	户主	大包先	40	初中	基诺语,熟练	汉语,熟练	
	妻子	布鲁当	41	小学	基诺语,熟练	汉语,熟练	本乡巴飘村人
	长女	先妞	19	高中	基诺语,熟练	汉语,熟练	
	次女	先都	17	初中	基诺语,熟练	汉语,熟练	
	三女	先吕	16	初中	基诺语,熟练	汉语,熟练	
33	户主	中包车	49	初中	基诺语,熟练	汉语,熟练	
	妻子	扫当	49	小学	基诺语,熟练	汉语,一般	本乡洛特村人
	长子	车肖	25	初中	基诺语,熟练	汉语,熟练	
	长女	车英	22	初中	基诺语,熟练	汉语,熟练	
	儿媳	沙妞	22	初中	基诺语,熟练	汉语,熟练	
	孙女	肖则	2	学龄前			
34	户主	包者	40	小学	基诺语,熟练	汉语,熟练	
	妻子	资尾	38	初中	基诺语,熟练	汉语,熟练	
	长子	者腰	20	初中	基诺语,熟练	汉语,熟练	
	次子	啊路	16	初中	基诺语,熟练	汉语,熟练	
	长女	者吕	15	初中	基诺语,熟练	汉语,熟练	
35	户主	者泽	38	小学	基诺语,熟练	汉语,熟练	
	妻子	玉南	34	小学	基诺语,熟练	汉语,熟练	本乡巴卡村人
	长子	泽白	17	初中	基诺语,熟练	汉语,熟练	
	长女	泽施	15	初中	基诺语,熟练	汉语,熟练	
36	户主	小白腊杰	40	小学	基诺语,熟练	汉语,熟练	
	妻子	玉仙	38	小学	基诺语,熟练	汉语,熟练	
	长女	三妹	21	初中	基诺语,熟练	汉语,熟练	
	长子	杰布鲁	19	初中	基诺语,熟练	汉语,熟练	
37	户主	泽者	51	小学	基诺语,熟练	汉语,一般	
	妻子	白腊升	53	小学	基诺语,熟练	汉语,一般	
	母亲	者机	71	文盲	基诺语,熟练	汉语,不会	
	长子	者林	28	高中	基诺语,熟练	汉语,熟练	
38	户主	白腊先	45	初中	基诺语,熟练	汉语,熟练	
	妻子	温麦	43	初中	基诺语,熟练	汉语,熟练	
	长子	先资	22	初中	基诺语,熟练	汉语,熟练	
	次子	先木拉	20	初中	基诺语,熟练	汉语,熟练	

39	户主	泽腰	46	初中	基诺语,熟练	汉语,熟练	
	妻子	初吕	42	初中	基诺语,熟练	汉语,熟练	
	母亲	车吕	69	文盲	基诺语,熟练	汉语,熟练	
	长子	腰飘	24	初中	基诺语,熟练	汉语,熟练	
	次子	腰周	21	大专	基诺语,熟练	汉语,熟练	
	长女	腰麦	19	初中	基诺语,熟练	汉语,熟练	
40	户主	郑老哈	73	文盲	汉语,熟练	基诺语,熟练	汉族
	妻子	切温	66	文盲	基诺语,熟练	汉语,不会	
	长子	阿七	41	初中	基诺语,熟练	汉语,熟练	
	长媳	白腊当	41	初中	基诺语,熟练	汉语,熟练	
	长孙	七林	20	初中	基诺语,熟练	汉语,熟练	
	长孙女	七艳	17	初中	基诺语,熟练	汉语,熟练	
	次孙女	七霞	16	初中	基诺语,熟练	汉语,熟练	
41	户主	阿林	40	初中	基诺语,熟练	汉语,熟练	
	妻子	杰飘	41	初中	基诺语,熟练	汉语,熟练	
	长子	李兵	16	初中	基诺语,熟练	汉语,熟练	
	长女	李亚	14	初中	基诺语,熟练	汉语,熟练	
42	户主	优白	33	高中	基诺语,熟练	汉语,熟练	
	妻子	沙麦	28	小学	基诺语,熟练	汉语,熟练	本乡茶地村人
	长子	优会林	11	上小学	汉语,熟练	基诺语,熟练	基诺名"白林"
	次子	优会明	9	上小学	汉语,熟练	基诺语,熟练	基诺名"白门"
43	户主	沙金寿	43	初中	基诺语,熟练	汉语,熟练	基诺名"车布鲁"
	妻子	包吕	43	小学	基诺语,熟练	汉语,熟练	
	长女	沙佳	24	初中	基诺语,熟练	汉语,熟练	
	次女	沙莹	22	初中	基诺语,熟练	汉语,熟练	
	三女	沙娜	20	初中	基诺语,略懂	汉语,熟练	
44	户主	白腊切	56	小学	基诺语,熟练	汉语,熟练	
	妻子	车吕	52	小学	基诺语,熟练	汉语,熟练	
	长子	切腰	36	初中	基诺语,熟练	汉语,熟练	
	长媳	者美	33	初中	基诺语,熟练	汉语,熟练	
	长孙女	腰都	14	初中	基诺语,熟练	汉语,熟练	
	长孙	腰资	12	上小学	基诺语,熟练	汉语,熟练	

45	户主	泽切	37	初中	基诺语,熟练	汉语,熟练	
	妻子	阿英	36	小学	基诺语,熟练	汉语,熟练	
	长子	切木拉	15	初中	基诺语,熟练	汉语,熟练	
	次子	切苗	13	小学	基诺语,熟练	汉语,熟练	
46	户主	小包先	36	小学	基诺语,熟练	汉语,熟练	
	妻子	周英	28	小学	基诺语,熟练	汉语,熟练	
	母亲	白腊都	78	文盲	基诺语,熟练	汉语,不会	
	长女	先收	10	上小学	基诺语,熟练	汉语,熟练	汉名"白艳梅"
	长子	先车	8	上小学	基诺语,熟练	汉语,熟练	汉名"白建凯"
47	户主	切资	33	小学	基诺语,熟练	汉语,一般	
	妻子	车妞	32	高中	基诺语,熟练	汉语,熟练	
	长子	资腰	5	学龄前			
	长女	资则	1	学龄前			
	侄女	阿兰	20	初中	基诺语,熟练	汉语,熟练	
48	户主	甘永华	49	小学	基诺语,熟练	汉语,熟练	
	妻子	木腊麦	46	初中	基诺语,熟练	汉语,熟练	
	长子	甘志林	24	初中	基诺语,熟练	汉语,熟练	
	次子	甘志龙	22	初中	基诺语,熟练	汉语,熟练	
	长儿媳	玉多	20	初中	基诺语,熟练	汉语,熟练	本乡巴卡村人
49	户主	发生	50	小学	基诺语,熟练	汉语,熟练	
	妻子	郭小二	49	小学	汉语,熟练	基诺语,一般	佤族,澜沧人
	长子	阿三	29	初中	汉语,熟练	基诺语,熟练	
	儿媳	阿英	32	初中	基诺语,熟练	汉语,熟练	本乡巴卡村人
	孙女	白瑞	11	小学	汉语,熟练	基诺语,熟练	
50	户主	腰车	49	高中	基诺语,熟练	汉语,熟练	
	妻子	者麦	42	初中	基诺语,熟练	汉语,熟练	
	长子	王志明	23	大学	基诺语,熟练	汉语,熟练	
	长女	柒妹	25	初中	基诺语,熟练	汉语,熟练	
	次子	沙布鲁	20	初中	基诺语,熟练	汉语,熟练	
51	户主	门者	49	小学	基诺语,熟练	汉语,熟练	
	妻子	白腊温	51	小学	基诺语,熟练	汉语,熟练	
	长子	周志华	30	初中	基诺语,熟练	汉语,熟练	
	次子	周志平	27	初中	基诺语,熟练	汉语,熟练	
	三子	周志金	24	初中	基诺语,熟练	汉语,熟练	

52	户主	婆先	53	文盲	基诺语,熟练	汉语,略懂	
	妻子	甘针妹	51	文盲	基诺语,熟练	汉语,略懂	
	长子	先布鲁	25	高中	基诺语,熟练	汉语,熟练	
	长女	先都	28	高中	基诺语,熟练	汉语,熟练	
53	户主	大车白	46	初中	基诺语,熟练	汉语,熟练	
	妻子	者升	43	小学	基诺语,熟练	汉语,熟练	
	长子	包杰	23	初中	基诺语,熟练	汉语,熟练	
	次子	包操	21	初中	基诺语,熟练	汉语,熟练	
54	户主	包布鲁	48	初中	基诺语,熟练	汉语,熟练	
	妻子	杰吕	43	初中	基诺语,熟练	汉语,熟练	本乡巴飘村人
	长女	布鲁机	21	初中	基诺语,熟练	汉语,熟练	
55	户主	木腊优	51	小学	基诺语,熟练	汉语,熟练	
	妻子	白腊叶	51	小学	基诺语,熟练	汉语,熟练	
	次子	优者	31	高中	基诺语,熟练	汉语,熟练	
56	户主	白腊舍	57	文盲	基诺语,熟练	汉语,熟练	
	妻子	白腊升	50	小学	基诺语,熟练	汉语,熟练	
	长子	周腰	25	初中	基诺语,熟练	汉语,熟练	
57	户主	白腊者	46	小学	基诺语,熟练	汉语,熟练	
	妻子	资升	43	小学	基诺语,熟练	汉语,熟练	
	次子	者平	22	初中	基诺语,熟练	汉语,熟练	
	三子	者木拉	20	小学	基诺语,熟练	汉语,熟练	
58	户主	何生	36	初中	基诺语,熟练	汉语,熟练	
	妻子	车妞	40	小学	基诺语,熟练	汉语,熟练	本乡么卓村人
	长子	生木拉	17	初中	基诺语,熟练	汉语,熟练	
	长女	生吕	16	初中	基诺语,熟练	汉语,熟练	
59	户主	布木拉	73	文盲	基诺语,熟练	汉语,略懂	
	妻子	丛弟	77	文盲	汉语,熟练	基诺语,熟练	汉族,石屏人
	长子	阿杰	38	初中	基诺语,熟练	汉语,熟练	

60	户主	罗腮	38	初中	基诺语,熟练	汉语,熟练	
	妻子	泽妞	36	小学	基诺语,熟练	汉语,熟练	
	长子	罗晓虎	20	初中	基诺语,熟练	汉语,熟练	
	长女	罗晓丹	18	高中	基诺语,熟练	汉语,熟练	
	次女	罗晓薇	16	初中	基诺语,熟练	汉语,熟练	
61	户主	刘正伯	48	小学	汉语,熟练	基诺语,一般	汉族,四川人
	妻子	包麦	46	小学	基诺语,熟练	汉语,熟练	
	母亲	白腊妞	64	文盲	基诺语,熟练	汉语,不会	
	长子	刘前林	24	初中	汉语,熟练	基诺语,熟练	
	次子	刘川云	22	中专	汉语,熟练	基诺语,熟练	

（二）巴破组语言使用情况

一 概况

巴破组是基诺乡巴亚村民委员会所属6个村民小组之一,也是位于该乡小腊公路(213国道)沿线的村寨之一,距离乡人民政府驻地约4公里。上世纪60年代中期,部分扎果寨村民迁入巴破寨,使巴破寨由原有的6户人家逐渐发展到现在的90户。根据我们实地调查,全组现有357人。全组土地面积约3950亩,其中退耕还林地1634亩,橡胶地1317亩,水田202亩,山地550亩,水果地247亩。

近年来,巴破组村民生活水平不断提高,全组拥有固定电话80部,移动电话45部,电视机83台,电冰箱5台,VCD机70台,摩托车45辆,大小拖拉机57辆,耕地机37辆,轿车2部。2005年人均纯收入1629元。

区域内有基诺族民俗生态园——基诺山寨,是基诺乡重点旅游基地。

二 语言使用的基本特点

我们共调查到85户310人的语言使用情况,占总户数的94.4%,占总人口的86.8%。总的说来,调查基本能反映该组的语言使用现状。

从以下表1和表2的统计数字可以看出,巴破组属于典型的"基诺语—汉语"双语村寨。就基诺语而言,310人中有307人的语言能力为"熟练",只有3人的语言能力为"一般"。就汉语而言,310人中有248人的语言能力为"熟练",占统计人数的80%;语言能力为"一般"、"略懂"、"不会"的分别有49人、7人、6人,各占15.8%、2.3%、1.9%。

表 1　巴破组基诺语语言能力统计表

年龄段	总人口	熟练 人口	熟练 百分比	一般 人口	一般 百分比	略懂 人口	略懂 百分比	不会 人口	不会 百分比
6—12 岁	30	30	100	0	0	0	0	0	0
13—18 岁	43	43	100	0	0	0	0	0	0
19—59 岁	209	206	98.6	3	1.4	0	0	0	0
60 岁以上	28	28	100	0	0	0	0	0	0
合计	310	307	99.0	3	1.0	0	0	0	0

表 2　巴破组汉语语言能力统计表

年龄段	总人口	熟练 人口	熟练 百分比	一般 人口	一般 百分比	略懂 人口	略懂 百分比	不会 人口	不会 百分比
6—12 岁	30	20	66.7	10	33.3	0	0	0	0
13—18 岁	43	42	97.7	1	2.3	0	0	0	0
19—59 岁	209	182	87.1	26	12.4	1	0.5	0	0
60 岁以上	28	4	14.3	12	42.9	6	21.4	6	21.4
合计	310	248	80.0	49	15.8	7	2.3	6	1.9

三　巴破组家庭语言使用情况一览表

序号	家庭关系	姓名	年龄	文化程度	第一语言及水平	第二语言及水平	备注
1	户主	周布鲁	37	小学	基诺语,熟练	汉语,熟练	
	妻子	婆则	37	小学	基诺语,熟练	汉语,熟练	
	长子	布鲁木拉	15	小学	基诺语,熟练	汉语,熟练	
	长女	周艳梅	17	小学	基诺语,熟练	汉语,熟练	
2	户主	阿仙	33	初中	基诺语,熟练	汉语,熟练	族际婚姻
	长子	董晓超	7	学龄前	基诺语,熟练	汉语,熟练	
3	户主	白腊吕	41	初中	基诺语,熟练	汉语,熟练	
	丈夫	玖周	38	高中	基诺语,熟练	汉语,熟练	
	长子	周芸	20	初中	基诺语,熟练	汉语,熟练	
	次子	周强	14	小学	基诺语,熟练	汉语,熟练	

4	户主	东林	33	小学	基诺语,熟练	汉语,熟练	
	妻子	桂芳	32	初中	基诺语,熟练	汉语,熟练	
	长子	李越越	12	上小学	基诺语,熟练	汉语,熟练	
	次子	李平	10	上小学	基诺语,熟练	汉语,熟练	
5	户主	腰林	35	初中	基诺语,熟练	汉语,熟练	
	妻子	包吕	33	小学	基诺语,熟练	汉语,熟练	
	长子	李伟东	12	上小学	基诺语,熟练	汉语,熟练	
	次子	李伟兵	10	上小学	基诺语,熟练	汉语,熟练	
6	户主	李由先	44	小学	基诺语,熟练	汉语,熟练	
7	户主	小包杰	36	小学	基诺语,熟练	汉语,熟练	
8	户主	包布鲁	40	小学	基诺语,熟练	汉语,熟练	
	妻子	白腊温	40	小学	基诺语,熟练	汉语,熟练	
	长子	布鲁初	20	初中	基诺语,熟练	汉语,熟练	
	次子	布鲁飘	16	小学	基诺语,熟练	汉语,熟练	
	长女	布鲁施	18	上初中	基诺语,熟练	汉语,熟练	
9	户主	去格	59	小学	基诺语,熟练	汉语,熟练	
	妻子	温则	57	小学	基诺语,熟练	汉语,一般	
	长子	陈志平	31	小学	基诺语,熟练	汉语,熟练	族际婚姻
	长媳	鲍树坤	31	小学	哈尼语,熟练	汉语,熟练	基诺语一般
	长孙	陈志荣	9	上小学	基诺语,熟练	汉语,熟练	
	长孙女	陈志鹃	8	上小学	基诺语,熟练	汉语,熟练	
10	户主	布鲁杰	74	文盲	基诺语,熟练	汉语,一般	
	妻子	白腊收	77	文盲	基诺语,熟练	汉语,略懂	
	长女	白腊吕	40	初中	基诺语,熟练	汉语,一般	
11	户主	资肖	57	小学	基诺语,熟练	汉语,熟练	
	妻子	包麦	48	小学	基诺语,熟练	汉语,熟练	
	长子	肖布鲁	27	初中	基诺语,熟练	汉语,熟练	
	长媳	腰施	27	初中	基诺语,熟练	汉语,熟练	
	长孙	肖永平	5	学龄前			
12	户主	小二	41	小学	基诺语,熟练	汉语,熟练	
	妻子	木腊麦	39	小学	基诺语,熟练	汉语,熟练	
	长女	周英	21	初中	基诺语,熟练	汉语,熟练	
	次女	周燕	19	初中	基诺语,熟练	汉语,熟练	

13	户主	飘腰	50	文盲	基诺语,熟练	汉语,一般	
	妻子	子施	66	文盲	基诺语,熟练	汉语,一般	
14	户主	大切布鲁	49	小学	基诺语,熟练	汉语,熟练	
	妻子	周施	42	小学	基诺语,熟练	汉语,熟练	
	长子	白忠明	23	初中	基诺语,熟练	汉语,熟练	
	次女	布鲁收	24	初中	基诺语,熟练	汉语,熟练	
15	户主	切吕	68	文盲	基诺语,熟练	汉语,略懂	
	长女	沙麦	39	初中	基诺语,熟练	汉语,熟练	族际婚姻
	长孙	岩空香	16	上小学	基诺语,熟练	汉语,熟练	会傣语
	长孙女	玉蝶	5	学龄前			
16	户主	阿都	34	小学	基诺语,熟练	汉语,熟练	
	次女	陈梅云	11	小学	基诺语,熟练	汉语,熟练	
17	户主	阿七	59	小学	基诺语,熟练	汉语,熟练	
	妻子	包吕	57	文盲	基诺语,熟练	汉语,熟练	
	长子	飘子	30	初中	基诺语,熟练	汉语,熟练	
	长媳	腰都	29	小学	基诺语,熟练	汉语,熟练	
	长孙	秦峰	10	上小学	基诺语,熟练	汉语,熟练	
18	户主	优飘	63	文盲	基诺语,熟练	汉语,熟练	
	丈夫	白腊腰	63	文盲	基诺语,熟练	汉语,熟练	
	女儿	腰舍	31	初中	基诺语,熟练	汉语,熟练	
19	户主	肖收	25	初中	基诺语,熟练	汉语,熟练	族际婚姻
	长子	刘峻呈	2	学龄前			
20	户主	切飘	62	小学	基诺语,熟练	汉语,熟练	
	妻子	包则	54	小学	基诺语,熟练	汉语,熟练	
	长子	切志明	30	初中	基诺语,熟练	汉语,熟练	
21	户主	木腊布鲁	74	文盲	基诺语,熟练	汉语,一般	
	妻子	包麦	73	文盲	基诺语,熟练	汉语,一般	
	长子	沙杰	37	小学	基诺语,熟练	汉语,熟练	
	长媳	沙都	43	小学	基诺语,熟练	汉语,熟练	
	长孙女	杰飘	18	小学	基诺语,熟练	汉语,熟练	
	次孙女	杰施	16	小学	基诺语,熟练	汉语,熟练	
	三孙女	杰温	14	小学	基诺语,熟练	汉语,熟练	

22	户主	优周	36	小学	基诺语,熟练	汉语,熟练	
	妻子	阿妹	42	小学	基诺语,熟练	汉语,熟练	
	长子	周肖	18	初中	基诺语,熟练	汉语,熟练	
	次子	周木拉	13	上小学	基诺族,熟练	汉语,熟练	
23	户主	包优	59	文盲	基诺语,熟练	汉语,熟练	
	妻子	包则	54	文盲	基诺语,熟练	汉语,熟练	
	长子	优布鲁	33	小学	基诺语,熟练	汉语,熟练	
	次子	优切	30	初中	基诺语,熟练	汉语,熟练	
	次媳	阿仙	23	小学	基诺语,熟练	汉语,熟练	
	孙子	切得	7	学龄前	基诺语,熟练	汉语,熟练	
24	户主	中白腊车	48	小学	基诺语,熟练	汉语,熟练	
	妻子	周得	40	小学	基诺语,熟练	汉语,熟练	
	长子	车切	22	初中	基诺语,熟练	汉语,熟练	
	次子	车木拉	20	初中	基诺语,熟练	汉语,熟练	
25	户主	老大	69	文盲	基诺语,熟练	汉语,熟练	
	妻子	沙吕	66	文盲	基诺语,熟练	汉语,一般	
	长女	周都	32	小学	基诺语,熟练	汉语,熟练	族际婚姻
	长孙女	彭艳芳	12	上小学	基诺语,熟练	汉语,熟练	
	次孙女	彭艳玲	8	上小学	基诺语,熟练	汉语,熟练	
26	户主	少子	66	文盲	基诺语,熟练	汉语,一般	
27	户主	周温	34	小学	基诺语,熟练	汉语,熟练	
	儿子	冬云	16	小学	基诺语,熟练	汉语,熟练	
28	户主	飘肖	78	文盲	基诺语,熟练	汉语,不会	
	长子	肖布鲁	27	初中	基诺语,熟练	汉语,熟练	
29	户主	婆子	41	小学	基诺语,熟练	汉语,熟练	
	妻子	杰吕	44	小学	基诺语,熟练	汉语,熟练	
	长女	资叶	20	初中	基诺语,熟练	汉语,熟练	
	次女	资飘	18	初中	基诺语,熟练	汉语,熟练	
	三女	资麦	15	小学	基诺语,熟练	汉语,熟练	
30	户主	腰杰	38	小学	基诺语,熟练	汉语,熟练	
	妻子	白腊妞	43	小学	基诺语,熟练	汉语,熟练	
31	户主	阿明	33	初中	基诺语,熟练	汉语,熟练	族际婚姻
	妻子	张恒兰	34	小学	汉语,熟练	基诺语,一般	
	长女	布鲁绕	14	小学	基诺语,熟练	汉语,熟练	
	次女	布鲁吕	12	上小学	基诺语,熟练	汉语,熟练	

32	户主	阿发	36	小学	基诺语,熟练	汉语,熟练	
	妻子	切麦	36	小学	基诺语,熟练	汉语,熟练	
	长女	子得	16	小学	基诺语,熟练	汉语,熟练	
	次女	子布鲁	14	小学	基诺语,熟练	汉语,熟练	
33	户主	白腊都	49	小学	基诺语,熟练	汉语,熟练	
	长子	张恒波	25	小学	基诺语,熟练	汉语,熟练	
	长女	张恒梅	21	初中	基诺语,熟练	汉语,熟练	
34	户主	包先	41	小学	基诺语,熟练	汉语,熟练	
	妻子	子都	39	小学	基诺语,熟练	汉语,熟练	
	长子	先周	21	初中	基诺语,熟练	汉语,熟练	
	次子	先车	19	初中	基诺语,熟练	汉语,熟练	
	长女	先则	17	上初中	基诺语,熟练	汉语,熟练	
35	户主	车布鲁	67	文盲	基诺语,熟练	汉语,不会	
36	户主	阿得	49	小学	基诺语,熟练	汉语,一般	
	妻子	初收	48	小学	基诺语,熟练	汉语,一般	
	长子	陈志明	26	初中	基诺语,熟练	汉语,熟练	
	长女	切都	24	初中	基诺语,熟练	汉语,熟练	
	次女	切施	22	初中	基诺语,熟练	汉语,熟练	
	长孙女	李小燕	3	学龄前			
37	户主	白腊先	48	初中	基诺语,熟练	汉语,熟练	
	妻子	玉冬	37	小学	基诺语,熟练	汉语,熟练	
	长子	白志强	21	初中	基诺语,熟练	汉语,熟练	
	次子	先子	18	初中	基诺语,熟练	汉语,熟练	
38	户主	肖先	43	小学	基诺语,熟练	汉语,熟练	
	妻子	沙麦	43	小学	基诺语,熟练	汉语,熟练	
	长子	先白	23	小学	基诺语,熟练	汉语,熟练	
	长女	先都	21	初中	基诺语,熟练	汉语,熟练	
	次女	先施	20	初中	基诺语,熟练	汉语,熟练	
39	户主	林泽	74	文盲	基诺语,熟练	汉语,略懂	
	妻子	切飘	63	文盲	基诺语,熟练	汉语,不会	
	长子	泽李	34	小学	基诺语,熟练	汉语,熟练	
	儿媳	切妞	34	初中	基诺语,熟练	汉语,熟练	
	孙子	李进钟	13	小学			聋哑人
	孙女	李雯欣	3	学龄前			

40	户主	包资	39	小学	基诺语,熟练	汉语,熟练	
41	户主	肖得	37	小学	基诺语,熟练	汉语,熟练	
	母亲	切施	85	文盲	基诺语,熟练	汉语,不会	
	长子	周白	21	初中	基诺语,熟练	汉语,熟练	
	次子	周二	20	初中	基诺语,熟练	汉语,熟练	
	长女	周琴	17	小学	基诺语,熟练	汉语,熟练	
42	户主	优得	62	文盲	基诺语,熟练	汉语,略懂	
	长子	木腊车	33	小学	基诺语,熟练	汉语,熟练	
	次子	木腊操	29	小学	基诺语,熟练	汉语,熟练	
43	户主	大车切	76	文盲	基诺语,熟练	汉语,一般	
	妻子	白腊得	58	文盲	基诺语,熟练	汉语,一般	
	长子	切初	36	文盲	基诺语,熟练	汉语,一般	
	次子	切子	31	初中	基诺语,熟练	汉语,熟练	
	次媳	肖进	30	初中	基诺语,熟练	汉语,熟练	
	三子	切布鲁	29	初中	基诺语,熟练	汉语,熟练	
	三媳	泽妞	24	初中	基诺语,熟练	汉语,熟练	
	长孙	子扫	8	上小学	基诺语,熟练	汉语,熟练	
	长孙女	资则	6	学前班	基诺语,熟练	汉语,一般	
44	户主	白腊子	46	初中	基诺语,熟练	汉语,熟练	
	妻子	周叶	42	小学	基诺语,熟练	汉语,熟练	
	长女	阿花	24	初中	基诺语,熟练	汉语,熟练	
	次女	阿莲	22	初中	基诺语,熟练	汉语,熟练	
	三女	子收	20	初中	基诺语,熟练	汉语,熟练	
45	户主	车英	51	文盲	基诺语,熟练	汉语,一般	
	长子	热切	31	初中	基诺语,熟练	汉语,熟练	
	长媳	飘施	32	高中	基诺语,熟练	汉语,熟练	
	长孙女	热慧子	4	学龄前			
46	户主	资切	53	小学	基诺语,熟练	汉语,一般	
	妻子	木腊吕	52	小学	基诺语,熟练	汉语,一般	
	长子	切杰	33	初中	基诺语,熟练	汉语,熟练	
	长媳	资施	31	初中	基诺语,熟练	汉语,熟练	
	次子	沙布鲁	28	初中	基诺语,熟练	汉语,熟练	
	长孙	杰腰	11	上小学	基诺语,熟练	汉语,熟练	
	次孙	杰木拉	9	上小学	基诺语,熟练	汉语,熟练	

47	户主	普周	44	小学	基诺语,熟练	汉语,熟练
	妻子	优收	44	小学	基诺语,熟练	汉语,一般
	长子	周李	23	小学	基诺语,熟练	汉语,熟练
48	户主	布鲁初	77	文盲	基诺语,熟练	汉语,不会
	长子	车木拉	48	文盲	基诺语,熟练	汉语,一般
	长媳	李得	38	小学	基诺语,熟练	汉语,一般
	长孙	木腊切	22	初中	基诺语,熟练	汉语,熟练
	次孙	木腊久	17	初中	基诺语,熟练	汉语,熟练
49	户主	肖周	54	小学	基诺语,熟练	汉语,熟练
	妻子	白腊都	49	小学	基诺语,熟练	汉语,熟练
	长子	周康	28	初中	基诺语,熟练	汉语,熟练
	长女	周得	25	初中	基诺语,熟练	汉语,熟练
	母亲	沙麦	77	文盲	基诺语,熟练	汉语,略懂
	外孙女	王珍琳	4	学龄前		
50	户主	小切布鲁	48	小学	基诺语,熟练	汉语,熟练
	妻子	白腊则	46	小学	基诺语,熟练	汉语,熟练
	长女	秋香	15	小学	基诺语,熟练	汉语,熟练
	次女	秋梅	11	上小学	基诺语,熟练	汉语,熟练
51	户主	切周	41	小学	基诺语,熟练	汉语,熟练
	妻子	肖施	33	小学	基诺语,熟练	汉语,熟练
	长子	周慧明	12	上小学	基诺语,熟练	汉语,熟练
	长女	周慧芸	13	上小学	基诺语,熟练	汉语,熟练
52	户主	婆周	59	小学	基诺语,熟练	汉语,一般
	妻子	少机	57	文盲	基诺语,熟练	汉语,一般
53	户主	则你	66	文盲	基诺语,熟练	汉语,一般
	丈夫	波去	70	文盲	基诺语,熟练	汉语,一般
	长子	波阿三	36	初中	基诺语,熟练	汉语,熟练
54	户主	周肖	32	小学	基诺语,熟练	汉语,熟练
	妻子	张恒燕	31	小学	基诺语,熟练	汉语,熟练
	长子	周利民	10	上小学	基诺语,熟练	汉语,熟练
	长女	周丽婷	13	上小学	基诺语,熟练	汉语,熟练
55	户主	啊弟	36	小学	基诺语,熟练	汉语,熟练
	妻子	周温	36	小学	基诺语,熟练	汉语,熟练
	长子	布鲁车	14	上小学	基诺语,熟练	汉语,熟练
	长女	布鲁丹	16	初中	基诺语,熟练	汉语,熟练

56	户主	飘布鲁	48	小学	基诺语,熟练	汉语,一般	
	妻子	婆施	47	小学	基诺语,熟练	汉语,一般	
	长子	布鲁资	22	小学	基诺语,熟练	汉语,熟练	
	次子	布鲁肖	18	初中	基诺语,熟练	汉语,熟练	
57	户主	子腰	43	初中	基诺语,熟练	汉语,熟练	
	妻子	周都	33	小学	基诺语,熟练	汉语,熟练	
	长子	腰车	14	上初中	基诺语,熟练	汉语,熟练	
	次子	腰先	12	上小学	基诺语,熟练	汉语,熟练	
58	户主	车杰	50	小学	基诺语,熟练	汉语,一般	
	妻子	包吕	50	文盲	基诺语,熟练	汉语,略懂	
	长子	车文忠	30	初中	基诺语,熟练	汉语,熟练	
	次子	杰布鲁	26	初中	基诺语,熟练	汉语,熟练	
59	户主	李白	38	小学	基诺语,熟练	汉语,熟练	
	妻子	周机	34	小学	基诺语,熟练	汉语,熟练	
	长子	李明	14	小学	基诺语,熟练	汉语,一般	
	长女	包叶	10	上小学	基诺语,熟练	汉语,一般	
60	户主	包周	52	小学	基诺语,熟练	汉语,一般	
	妻子	周妞	48	小学	基诺语,熟练	汉语,一般	
	长子	周林	23	小学	基诺语,熟练	汉语,熟练	
	次子	车布鲁	21	初中	基诺语,熟练	汉语,熟练	
	三子	周收	19	初中	基诺语,熟练	汉语,熟练	
61	户主	木腊都	33	文盲	基诺语,熟练	汉语,熟练	族际婚姻
	长子	李秋平	12	上小学	基诺语,熟练	汉语,一般	
62	户主	阿三	36	小学	基诺语,熟练	汉语,熟练	
	妻子	切叶	36	小学	基诺语,熟练	汉语,熟练	
	长女	布鲁机	17	小学	基诺语,熟练	汉语,熟练	
	次女	布鲁麦	15	小学	基诺语,熟练	汉语,熟练	
63	户主	切木拉	44	初中	基诺语,熟练	汉语,熟练	
	妻子	沙叶	41	小学	基诺语,熟练	汉语,熟练	
	长子	木腊车	21	初中	基诺语,熟练	汉语,熟练	
	次子	木腊伟	19	初中	基诺语,熟练	汉语,熟练	
64	户主	包机	48	小学	基诺语,熟练	汉语,熟练	
	长子	包布鲁	26	大专	基诺语,熟练	汉语,熟练	

65	户主	杰施	27	初中	基诺语,熟练	汉语,熟练	族际婚姻
	长子	李贵聪	1	学龄前			
66	户主	布鲁车	66	小学	基诺语,熟练	汉语,一般	
	妻子	切则	51	小学	基诺语,熟练	汉语,一般	
	长子	车白	34	高中	基诺语,熟练	汉语,熟练	
	长女	车丽霞	30	初中	基诺语,熟练	汉语,熟练	
67	户主	周麦	72	文盲	基诺语,熟练	汉语,略懂	
	长子	李阿林	32	小学	基诺语,熟练	汉语,熟练	
68	户主	白腊车	52	初中	基诺语,熟练	汉语,熟练	
	妻子	木腊吕	44	初中	基诺语,熟练	汉语,熟练	
	长子	白志春	24	初中	基诺语,熟练	汉语,熟练	
	长女	白梅	22	初中	基诺语,熟练	汉语,熟练	
	次女	白燕	19	初中	基诺语,熟练	汉语,熟练	
69	户主	去妹	37	小学	基诺语,熟练	汉语,熟练	族际婚姻
	长子	纪得胜	13	小学	基诺语,熟练	汉语,熟练	
	长女	纪春丽	16	初中	基诺语,熟练	汉语,熟练	
70	户主	布鲁则	52	小学	基诺语,熟练	汉语,熟练	
	次女	周妞	30	初中	基诺语,熟练	汉语,熟练	
71	户主	大白腊得	65	文盲	基诺语,熟练	汉语,一般	
	长女	车都	34	小学	基诺语,熟练	汉语,熟练	族际婚姻
	长孙	黄阿荣	14	上初中	基诺语,熟练	汉语,熟练	
	长孙女	黄秀英	4	学龄前			
72	户主	车向东	45	初中	基诺语,熟练	汉语,熟练	
	妻子	泽施	41	小学	基诺语,熟练	汉语,一般	
	长子	车周	21	初中	基诺语,熟练	汉语,熟练	
	次子	车白	18	小学	基诺语,熟练	汉语,熟练	
	长女	车叶	16	小学	基诺语,熟练	汉语,熟练	
73	户主	婆施	76	文盲	基诺语,熟练	汉语,不会	
	长子	切周	36	小学	基诺语,熟练	汉语,一般	族际婚姻
	长媳	白云珍	29	小学	哈尼语,熟练	汉语,一般	基诺语一般
	长孙	周腰	10	上小学	基诺语,熟练	汉语,一般	
	长孙女	周吕	9	上小学	基诺语,熟练	汉语,一般	
74	户主	大沙木拉	59	文盲			聋哑人

75	户主	先切木拉	43	小学	基诺语,熟练	汉语,熟练	
	妻子	肖则	39	小学	基诺语,熟练	汉语,熟练	
	长子	木临庆	22	初中	基诺语,熟练	汉语,熟练	
76	户主	切腰	57	文盲	基诺语,熟练	汉语,熟练	
	长子	腰布鲁	25	初中	基诺语,熟练	汉语,熟练	
	次子	腰周	23	小学	基诺语,熟练	汉语,熟练	
77	户主	沙腰	81	文盲	基诺语,熟练	汉语,一般	
	妻子	车得	57	文盲	基诺语,熟练	汉语,一般	
	长子	阿七	34	小学	基诺语,熟练	汉语,熟练	
	长女	包收	30	初中	基诺语,熟练	汉语,熟练	
	长孙	飘周	8	上小学	基诺语,熟练	汉语,一般	
	次孙	飘资	7	学龄前	基诺语,熟练	汉语,一般	
78	户主	小车切	38	小学	基诺语,熟练	汉语,熟练	
	妻子	腰麦	36	小学	基诺语,熟练	汉语,熟练	
	长女	切温	18	上初中	基诺语,熟练	汉语,熟练	
	次女	切则	16	上初中	基诺语,熟练	汉语,熟练	
	三女	切妞	14	小学	基诺语,熟练	汉语,熟练	
79	户主	周白	38	小学	基诺语,熟练	汉语,熟练	
	妻子	小妹	38	小学	基诺语,熟练	汉语,熟练	
	长子	包切	18	小学	基诺语,熟练	汉语,熟练	
	长女	包妞	20	初中	基诺语,熟练	汉语,熟练	
80	户主	李布鲁	36	小学	基诺语,熟练	汉语,熟练	
	妻子	包施	33	小学	基诺语,熟练	汉语,熟练	
	长子	布鲁都	13	上小学	基诺语,熟练	汉语,熟练	
	次子	布鲁周	10	上小学	基诺语,熟练	汉语,一般	
81	户主	小白者	58	文盲	基诺语,熟练	汉语,一般	
82	户主	小包车	43	小学	基诺语,熟练	汉语,熟练	
	妻子	阿英	37	小学	基诺语,熟练	汉语,熟练	
	长子	车切	20	小学	基诺语,熟练	汉语,熟练	
	长女	沙叶	17	上初中	基诺语,熟练	汉语,熟练	
	次女	车麦	16	上初中	基诺语,熟练	汉语,熟练	
83	户主	周华	33	高中	基诺语,熟练	汉语,熟练	
	长女	郭燕秋	8	上小学	基诺语,熟练	汉语,一般	

84	户主	车切	58	文盲	基诺语,熟练	汉语,熟练	
	妻子	腰则	53	文盲	基诺语,熟练	汉语,熟练	
	长子	切包	22	小学	基诺语,熟练	汉语,熟练	
	长女	切收	26	初中	基诺语,熟练	汉语,熟练	族际婚姻
	长孙	史跃红	6	学龄前	基诺语,熟练	汉语,熟练	
85	户主	泽先	49	小学	基诺语,熟练	汉语,熟练	
	妻子	包得	44	小学	基诺语,熟练	汉语,熟练	
	长子	先周	25	初中	基诺语,熟练	汉语,熟练	
	次子	先车	24	初中	基诺语,熟练	汉语,熟练	

（三）巴亚新寨语言使用情况

一 概况

巴亚村巴亚新寨地处基诺族乡北部，距乡政府约 7 公里，有村级公路与 213 国道（小腊公路）相连。根据 2006 年统计，巴亚新寨共有 449 人，其中男性 244 人，女性 205 人。巴亚新寨传统上以种植旱稻、玉米等农作物为主，近年来主要种植橡胶、茶叶，也兼种李子、黄瓜等水果蔬菜作物。巴亚新寨人均纯收入约 1700 元，在全乡 45 个自然村中收入居中。2006 年 7 月，我们前往巴亚新寨进行了实地调查，对基诺族家庭语言使用状况、使用态度以及基诺语、汉语能力分别进行了统计和测试。

二 语言使用的特点及成因

（一）巴亚新寨的基诺族在语言使用方面主要有以下三个特点：

1. "基诺语—汉语"双语兼用。从家庭语言使用情况的统计材料来看，巴亚新寨能够熟练掌握基诺语的共有 431 人，占 99.1%，一般掌握的有 4 人，占 0.9%，掌握（包括熟练掌握和一般掌握，下同）基诺语的人口比例为 100%。巴亚新寨能够熟练掌握汉语的有 349 人，占 80.2%。一般掌握的有 48 人，占 11.0%。巴亚新寨掌握汉语的基诺族占 91.2%。

2. 基诺语、汉语的掌握情况在不同年龄段上存在一些差异。若单从"基诺族家庭语言使用状况一览表"来看，巴亚新寨基诺语的掌握情况在年龄段上的变化并不明显，但从基诺语词汇能力测试结果以及入户访谈中所了解到的情况看，青少年、中年人和老年人掌握基诺语还是有一些差异的。主要表现为青少年对基诺族的文化词语和现实生活中不常见事物的名称掌握程度较低，有些词语甚至已经完全忘记。

巴亚新寨基诺族掌握汉语的情况在年龄段上差异明显。不同年龄段汉语掌握汉语情况的统计见下表：

年龄段	熟练		一般		略懂		不会	
	人口	百分比	人口	百分比	人口	百分比	人口	百分比
6—12 岁	39	97.5	1	2.5	0	0	0	0
13—18 岁	60	96.8	1	1.6	1	1.6	0	0
19—59 岁	247	85.2	36	12.4	5	1.7	2	0.7
60 岁以上	3	7	10	23.3	12	27.9	18	41.8

从统计数字看，掌握汉语的基诺族在 6~12 岁这个年龄段有 40 人，为 100%，13~18 岁 61 人，为 98.4%，19~59 岁 283 人，为 97.6%，60 岁以上的 13 人，为 30.3%。可以看出，能够熟练使用汉语的基诺人集中在 6~12 岁、13~18 岁和 19~59 岁三个年龄段，60 岁以上的老人掌握汉语的程度较差。

（二）巴亚新寨双语成因可从以下三个方面来分析：

1. 高度聚居是巴亚新寨基诺语稳定使用的最主要的条件

巴亚新寨共有 100 户，其中基诺族家庭为 93 户，基诺族家庭户数占全寨总户数比例是 93%，明显为高度聚居。随着社会经济的发展，人口流动性的增强，巴亚新寨的族际婚姻和外来务工人员有递增趋势，但族际婚姻的存在和外来务工人员的流入没有改变巴亚新寨基诺山人口分布的高度聚居性。此外，家庭与社区语言教育、经济状况、民族意识以及国家语言政策等因素也对基诺语的稳定使用起到了一定的作用。

2. 学校教育是巴亚新寨基诺族掌握汉语的最主要的渠道

巴亚新寨的村民平时说汉语的机会比较少，所以他们兼用汉语主要还是通过学校教育。在巴亚新寨，初中以上学历的有 121 人，占 27.8%，小学以上学历的有 336 人，占 77.2%。据乡中心小学教师介绍，学生在小学毕业以后就已具备了汉语听、说、读、写的基本能力，经过初中阶段教育，学生的汉语一般都能达到较高的水平，学校教育为巴亚新寨基诺族掌握汉语奠定了坚实的基础。此外，巴亚新寨几乎家家户户都有电视机，村民们农闲时多以看电视为最主要的休闲方式，这对汉语的习得也起到了一定的作用。

3. 汉语和基诺语在使用上各有分工

基诺语是巴亚新寨村民日常生活中最重要的交际语言，村民在村寨、家庭中跟本族交流时一般都是使用基诺语。汉语通常是被当作因人而异、因场景而异的一种实用的工具，主要是跟外族人打交道时才使用。汉语和基诺语在使用场合和使用对象上并无太大的冲突，不存在一种语言"挤压"另一种语言使用空间的情形。

三 巴亚新寨家庭语言使用情况一览表

序号	家庭关系	姓名	年龄	文化程度	第一语言及水平	第二语言及水平	备注
1	户主	白腊切	38	小学	基诺语,熟练	汉语,熟练	
	弟弟	周腰	24	初中	基诺语,熟练	汉语,熟练	
	父亲	白腊都	74	文盲	基诺语,熟练	汉语,不会	
2	户主	资腰	48	小学	基诺语,熟练	汉语,一般	
	妻子	白腊则	55	小学	基诺语,熟练	汉语,一般	
	长子	腰布鲁	27	小学	基诺语,熟练	汉语,熟练	
3	户主	周布鲁	85	文盲	基诺语,熟练	汉语,不会	
	妻子	沙得	82	文盲	基诺语,熟练	汉语,不会	
	长子	布木拉	39	小学	基诺语,熟练	汉语,熟练	
	长媳	先得	39	小学	基诺语,熟练	汉语,熟练	
	长孙	木拉资	7	小学	基诺语,熟练	汉语,熟练	
	长孙女	木腊得	19	初中	基诺语,熟练	汉语,熟练	
4	户主	资切	39	小学	基诺语,熟练	汉语,熟练	
	妻子	沙叶	41	小学	基诺语,熟练	汉语,熟练	
	长女	切得	19	初中	基诺语,熟练	汉语,熟练	
	次女	切则	17	初中	基诺语,熟练	汉语,熟练	
5	户主	飘车布鲁	40	小学	基诺语,熟练	汉语,熟练	
	妻子	木腊都	34	小学	基诺语,熟练	汉语,熟练	
	母亲	资都	70	文盲	基诺语,熟练	汉语,略懂	
	长子	布鲁兹	16	小学	基诺语,熟练	汉语,一般	
	长女	布鲁收	13	上小学	基诺语,熟练	汉语,熟练	
6	户主	木拉资	39	小学	基诺语,熟练	汉语,熟练	
	妻子	玉吨	40	小学	基诺语,熟练	汉语,熟练	
	长子	木春林	19	初中	基诺语,熟练	汉语,熟练	
	次子	资周	17	小学	基诺语,熟练	汉语,熟练	
	长女	资尾	7	上小学	基诺语,熟练	汉语,熟练	
7	户主	资布鲁	36	小学	基诺语,熟练	汉语,熟练	
	妻子	杰都	33	小学	基诺语,熟练	汉语,熟练	
	母亲	白腊施	68	文盲	基诺语,熟练	汉语,略懂	
	长子	布鲁杰	13	小学	基诺语,熟练	汉语,熟练	

8	户主	阿寿	48	小学	基诺语,熟练	汉语,熟练	
	妻子	木腊施	43	小学	基诺语,熟练	汉语,熟练	
	长子	李伟平	22	初中	基诺语,熟练	汉语,熟练	
	次子	李伟光	20	初中	基诺语,熟练	汉语,熟练	
	三子	李伟强	18	初中	基诺语,熟练	汉语,熟练	
9	户主	路白	40	小学	基诺语,熟练	汉语,熟练	
	妻子	阿妹	39	小学	基诺语,熟练	汉语,熟练	
	长子	白布鲁	13	上小学	基诺语,熟练	汉语,熟练	
	长女	白得	18	小学	基诺语,熟练	汉语,熟练	
	次女	白施	16	初中	基诺语,熟练	汉语,熟练	
10	户主	阿路	71	文盲	基诺语,熟练	汉语,略懂	
	妻子	白腊则	70	文盲	基诺语,熟练	汉语,略懂	
	长子	布鲁路	36	小学	基诺语,熟练	汉语,熟练	
11	户主	布木拉	62	文盲	基诺语,熟练	汉语,一般	
	妻子	杰则	62	文盲	基诺语,熟练	汉语,一般	
12	户主	飘杰	78	文盲	基诺语,熟练	汉语,略懂	
	姐姐	飘麦	81	文盲	基诺语,熟练	汉语,不会	
	长子	杰木拉	39	小学	基诺语,熟练	汉语,熟练	
13	户主	白腊车	48	初中	基诺语,熟练	汉语,熟练	
	妻子	杰侣	41	小学	基诺语,熟练	汉语,熟练	
	长子	车布鲁	22	初中	基诺语,熟练	汉语,熟练	
	长媳	周得	23	初中	基诺语,熟练	汉语,熟练	
	次子	车腰	20	初中	基诺语,熟练	汉语,熟练	
14	户主	婆切	40	小学	基诺语,熟练	汉语,熟练	
	妻子	切收	38	小学	基诺语,熟练	汉语,熟练	
	长子	切布鲁	19	小学	基诺语,熟练	汉语,熟练	
	次子	切腰	17	小学	基诺语,熟练	汉语,熟练	
15	户主	白腊周	48	文盲	基诺语,熟练	汉语,熟练	
	妻子	路施	46	文盲	基诺语,熟练	汉语,略懂	
	长子	周白	25	小学	基诺语,熟练	汉语,熟练	
	长媳	玉帕	24	小学	傣语,熟练	汉语,熟练	傣族,基诺语一般
	次子	周明	21	小学	基诺语,熟练	汉语,熟练	
	孙子	李亚康	3	学龄前	基诺语,一般	汉语,一般	

16	户主	周美芳	29	初中	基诺语,熟练	汉语,熟练	
	长女	周世梦瑶	2	学龄前	基诺语,一般	汉语,一般	
17	户主	切你	62	文盲	基诺语,熟练	汉语,一般	
	妻子	白腊麦	62	文盲	基诺语,熟练	汉语,一般	
	长子	切腰	34	小学	基诺语,熟练	汉语,熟练	
	长孙	切布鲁	19	初中	基诺语,熟练	汉语,熟练	
	次孙	切腰	17	初中	基诺语,熟练	汉语,熟练	
18	户主	妹切	82	文盲	基诺语,熟练	汉语,略懂	
	妻子	白腊妞	78	文盲	基诺语,熟练	汉语,略懂	
	长子	切周	41	初中	基诺语,熟练	汉语,熟练	
	长媳	木腊侣	40	初中	基诺语,熟练	汉语,熟练	
	长孙	周白	22	初中	基诺语,熟练	汉语,熟练	
	次孙	周布鲁	20	初中	基诺语,熟练	汉语,熟练	
	长孙女	周得	18	初中	基诺语,熟练	汉语,熟练	
19	户主	先你	66	小学	基诺语,熟练	汉语,熟练	
	妻子	沙都	54	小学	基诺语,熟练	汉语,一般	
	长子	先周	33	小学	基诺语,熟练	汉语,熟练	
	长媳	车机	27	初中	基诺语,熟练	汉语,熟练	
	长孙女	周娅琪	8	上小学	基诺语,熟练	汉语,熟练	
	次孙女	周娅芳	6	学龄前	基诺语,熟练	汉语,熟练	
20	户主	白腊周	51	文盲	基诺语,熟练	汉语,熟练	
	妻子	车妞	48	小学	基诺语,熟练	汉语,熟练	
	长女	周温	27	小学	基诺语,熟练	汉语,熟练	
	次女	周玉梅	24	初中	基诺语,熟练	汉语,熟练	
	女婿	切布鲁	26	小学	基诺语,熟练	汉语,熟练	
21	户主	白腊杰	82	文盲	基诺语,熟练	汉语,不会	
	妻子	白腊妞	80	文盲	基诺语,熟练	汉语,不会	
	长子	白腊切	48	小学	基诺语,熟练	汉语,熟练	
22	户主	资白	43	小学	基诺语,熟练	汉语,熟练	
	妻子	布鲁收	42	小学	基诺语,熟练	汉语,熟练	
	长女	保施	23	小学	基诺语,熟练	汉语,熟练	
	长子	保腰	21	小学	基诺语,熟练	汉语,熟练	
23	户主	白腊侣	61	文盲	基诺语,熟练	汉语,一般	
	长子	车腰	34	小学	基诺语,熟练	汉语,熟练	
	长媳	阿英	30	初中	基诺语,熟练	汉语,熟练	
	妹妹	车进	30	初中	基诺语,熟练	汉语,熟练	
	长女	腰得	3	学龄前	基诺语,一般	汉语,一般	

24	户主	白腊子	43	初中	基诺语,熟练	汉语,熟练	
	妻子	腰则	42	初中	基诺语,熟练	汉语,熟练	
	长子	白资周	16	初中	基诺语,熟练	汉语,熟练	
	长女	资梅英	18	初中	基诺语,熟练	汉语,熟练	
25	户主	腰代	57	小学	基诺语,熟练	汉语,一般	
	弟弟	沙杰	49	小学	基诺语,熟练	汉语,熟练	
	弟媳	木腊施	49	小学	基诺语,熟练	汉语,熟练	
26	户主	肖收	77	文盲	基诺语,熟练	汉语,略懂	
	长子	腰杰	34	小学	基诺语,熟练	汉语,熟练	
	长媳	杰得	30	初中	基诺语,熟练	汉语,熟练	
	长孙	杰布鲁	12	小学	基诺语,熟练	汉语,熟练	
	长孙女	杰妞	16	小学	基诺语,熟练	汉语,熟练	
27	户主	保布鲁	91	文盲	基诺语,熟练	汉语,不会	
	妻子	车妞	88	文盲	基诺语,熟练	汉语,不会	
	长子	布鲁杰	37	小学	基诺语,熟练	汉语,一般	
	长女	白腊侣	43	文盲	基诺语,熟练	汉语,略懂	
28	户主	切布鲁	66	文盲	基诺语,熟练	汉语,一般	
	长子	布木拉	33	小学	基诺语,熟练	汉语,熟练	
29	户主	腮子	36	初中	基诺语,熟练	汉语,熟练	
	妻子	先得	34	初中	基诺语,熟练	汉语,熟练	
	长子	子肖	12	小学	基诺语,熟练	汉语,熟练	
	长女	子收	8	上小学	基诺语,熟练	汉语,熟练	
30	户主	作它杰	80	文盲	基诺语,熟练	汉语,不会	
	长子	白腊先	41	小学	基诺语,熟练	汉语,熟练	
	长媳	切侣	40	小学	基诺语,熟练	汉语,熟练	
	长孙	先白	17	小学	基诺语,熟练	汉语,熟练	
31	户主	婆先	69	文盲	基诺语,熟练	汉语,一般	
	妻子	白腊尾	71	文盲	基诺语,熟练	汉语,不会	
	长子	先资	41	初中	基诺语,熟练	汉语,熟练	
	长媳	先收	39	初中	基诺语,熟练	汉语,熟练	
	长孙	资白	20	初中	基诺语,熟练	汉语,熟练	
	次孙	资周	17	初中	基诺语,熟练	汉语,熟练	

32	户主	大杰布鲁	57	小学	基诺语,熟练	汉语,一般	
	妻子	沙麦	56	小学	基诺语,熟练	汉语,一般	
	长女	布鲁则	35	小学	基诺语,熟练	汉语,熟练	
	女婿	沙腰	34	小学	基诺语,熟练	汉语,熟练	
	次女	白梅英	33	初中	基诺语,熟练	汉语,熟练	
	长孙	财林	14	小学	基诺语,熟练	汉语,熟练	
	次孙	财伟	11	小学	基诺语,熟练	汉语,熟练	
33	户主	先大	54	文盲	基诺语,熟练	汉语,一般	
	长子	先资	36	初中	基诺语,熟练	汉语,熟练	
	长媳	李玲	26	小学	汉语,熟练	基诺语,熟练	汉族,墨江人
34	户主	先车布鲁	41	小学	基诺语,熟练	汉语,熟练	
	妻子	杰得	41	小学	基诺语,熟练	汉语,熟练	
	长子	布鲁杰	20	初中	基诺语,熟练	汉语,熟练	
	次子	布鲁先	19	初中	基诺语,熟练	汉语,熟练	
	三子	布鲁国	12	小学	基诺语,熟练	汉语,熟练	
	长女	布鲁证	30	初中	基诺语,熟练	汉语,熟练	
35	户主	小杰布鲁	47	初中	基诺语,熟练	汉语,熟练	
	妻子	切收	44	初中	基诺语,熟练	汉语,熟练	
	长子	杰忠明	22	初中	基诺语,熟练	汉语,熟练	
36	户主	资得切	56	文盲	基诺语,熟练	汉语,一般	
	妻子	白腊麦	55	文盲	基诺语,熟练	汉语,一般	
	长女	切尾	37	初中	基诺语,熟练	汉语,熟练	
	次女	切收	35	初中	基诺语,熟练	汉语,熟练	
	长孙女	马云婷	4	学龄前	汉语,熟练	基诺语,熟练	汉族
37	户主	保车	53	文盲	基诺语,熟练	汉语,一般	
	妻子	沙都	51	文盲	基诺语,熟练	汉语,一般	
	长子	车腰	29	小学	基诺语,熟练	汉语,熟练	
	长媳	周施	31	小学	基诺语,熟练	汉语,熟练	
	长孙女	腰机	10	上小学	基诺语,熟练	汉语,熟练	
	次孙女	腰妞	8	上小学	基诺语,熟练	汉语,熟练	
38	户主	尚布鲁	62	小学	基诺语,熟练	汉语,熟练	
	妻子	布鲁则	56	文盲	基诺语,熟练	汉语,熟练	
	长儿媳	阿芝妹	29	小学	基诺语,熟练	汉语,熟练	
	长孙	先周	8	上小学	基诺语,熟练	汉语,熟练	

39	户主	周肖	38	初中	基诺语,熟练	汉语,熟练
	妻子	布鲁施	38	初中	基诺语,熟练	汉语,熟练
	母亲	白腊叶	73	文盲	基诺语,熟练	汉语,一般
	妹妹	阿妹	36	小学	基诺语,熟练	汉语,熟练
	长子	肖切	13	小学	基诺语,熟练	汉语,熟练
	长女	肖丹	16	初中	基诺语,熟练	汉语,熟练
	侄女	胡慧	16	小学	基诺语,熟练	汉语,熟练
40	户主	车刀	59	文盲	基诺语,熟练	汉语,一般
	妻子	先得	57	文盲	基诺语,熟练	汉语,一般
	长子	大车布鲁	46	小学	基诺语,熟练	汉语,熟练
	长媳	布鲁施	30	小学	基诺语,熟练	汉语,熟练
	孙女	林芳	12	小学	基诺语,熟练	汉语,熟练
41	户主	腰周	55	小学	基诺语,熟练	汉语,熟练
	妻子	白腊得	48	小学	基诺语,熟练	汉语,熟练
	长子	周桑	24	初中	基诺语,熟练	汉语,熟练
42	户主	白腊得	43	初中	基诺语,熟练	汉语,熟练
	长子	子建华	22	初中	基诺语,熟练	汉语,熟练
	长女	子莉萍	19	高中	基诺语,熟练	汉语,熟练
43	户主	白腊切	78	文盲	基诺语,熟练	汉语,不会
	长子	切周	42	小学	基诺语,熟练	汉语,熟练
	长媳	白腊侣	41	小学	基诺语,熟练	汉语,熟练
	长孙女	周康	16	初中	基诺语,熟练	汉语,熟练
44	户主	白腊资	67	文盲	基诺语,熟练	汉语,不会
	长子	资腰	33	小学	基诺语,熟练	汉语,熟练
	长媳	资妹	27	小学	基诺语,熟练	汉语,熟练
	长孙女	腰麦	6	学龄前	基诺语,熟练	汉语,熟练
	长孙	腰杰	2	学龄前	基诺语,不会	汉语,不会
45	户主	玉克车	81	文盲	基诺语,熟练	汉语,不会
	长子	杰白	42	小学	基诺语,熟练	汉语,熟练
	次子	杰布鲁	41	小学	基诺语,熟练	汉语,熟练
	次媳	路温	41	初中	基诺语,熟练	汉语,熟练
	长孙	布鲁先	18	初中	基诺语,熟练	汉语,熟练
	次孙	布鲁车	15	上初中	基诺语,熟练	汉语,熟练

46	户主	白腊昌	61	小学	基诺语,熟练	汉语,一般	
	妻子	腰麦	54	小学	基诺语,熟练	汉语,一般	
	长女	切收	34	初中	基诺语,熟练	汉语,熟练	
	长孙女	唐娅	11	上小学	基诺语,熟练	汉语,熟练	
47	户主	车刀腰	41	小学	基诺语,熟练	汉语,熟练	
	妻子	白腊妞	41	小学	基诺语,熟练	汉语,一般	
	长子	腰杰	19	小学	基诺语,熟练	汉语,熟练	
	长女	腰收	22	初中	基诺语,熟练	汉语,熟练	
	次女	腰则	20	初中	基诺语,熟练	汉语,熟练	
48	户主	腰布鲁	36	小学	基诺语,熟练	汉语,熟练	
	妻子	切飘	35	小学	基诺语,熟练	汉语,熟练	
	长子	布鲁杰	15	小学	基诺语,熟练	汉语,熟练	
	次子	布鲁飘	13	小学	基诺语,熟练	汉语,熟练	
49	户主	作车白	40	小学	基诺语,熟练	汉语,熟练	
	妻子	沙妞	38	小学	基诺语,熟练	汉语,一般	
	长子	包肖	17	小学	基诺语,熟练	汉语,熟练	
	长女	白丹丹	19	初中	基诺语,熟练	汉语,熟练	
50	户主	先白	36	小学	基诺语,熟练	汉语,熟练	
	妻子	阿妹	34	小学	基诺语,熟练	汉语,熟练	
	长子	保车	12	小学	基诺语,熟练	汉语,熟练	
	长女	保周	10	小学	基诺语,熟练	汉语,熟练	
51	户主	沙腰	36	小学	基诺语,熟练	汉语,熟练	
	妻子	阿妹	36	小学	基诺语,熟练	汉语,熟练	
	长子	腰资	19	初中	基诺语,熟练	汉语,熟练	
	长女	腰收	17	初中	基诺语,熟练	汉语,熟练	
52	户主	腰收	37	初中	基诺语,熟练	汉语,熟练	
	长子	毛斌	16	初中	基诺语,熟练	汉语,熟练	
	次子	毛刚	13	上小学	基诺语,熟练	汉语,熟练	
53	户主	资白	37	小学	基诺语,熟练	汉语,熟练	
	妻子	婆施	34	小学	基诺语,熟练	汉语,熟练	
	长子	保杰	11	上小学	基诺语,熟练	汉语,熟练	
	次子	保切	7	上小学	基诺语,熟练	汉语,熟练	

54	户主	飘周	54	小学	基诺语,熟练	汉语,一般	
	妻子	白腊收	51	小学	基诺语,熟练	汉语,一般	
	长子	周布鲁	30	小学	基诺语,熟练	汉语,熟练	
	长媳	车云	26	初中	基诺语,熟练	汉语,熟练	
	长孙	布鲁杰	4	学龄前	基诺语,熟练	汉语,熟练	
	长孙女	布鲁得	4	学龄前	基诺语,熟练	汉语,熟练	
55	户主	切布鲁	37	小学	基诺语,熟练	汉语,熟练	
	妻子	阿妹	37	小学	基诺语,熟练	汉语,熟练	
	长子	布鲁杰	18	小学	基诺语,熟练	汉语,熟练	
	长女	布鲁机	16	初中	基诺语,熟练	汉语,熟练	
56	户主	腰切	58	文盲	基诺语,熟练	汉语,一般	
	妻子	切麦	53	初中	基诺语,熟练	汉语,一般	
	弟弟	腰先	48	文盲	基诺语,熟练	汉语,一般	
	长子	切腰	35	小学	基诺语,熟练	汉语,熟练	
	长媳	先都	35	小学	基诺语,熟练	汉语,熟练	
	长女	切尾	33	高中	基诺语,熟练	汉语,熟练	
	长孙女	腰收	15	初中	基诺语,熟练	汉语,熟练	
	次孙女	腰施	13	小学	基诺语,熟练	汉语,熟练	
57	户主	车腰	33	小学	基诺语,熟练	汉语,熟练	
	妻子	腰麦	37	初中	基诺语,熟练	汉语,熟练	
	长子	腰杰	11	小学	基诺语,熟练	汉语,熟练	
	长女	腰尾	14	小学	基诺语,熟练	汉语,熟练	
58	户主	作腰资	33	小学	基诺语,熟练	汉语,熟练	
	妻子	切吕	33	小学	基诺语,熟练	汉语,熟练	
	长子	资白	12	小学	基诺语,熟练	汉语,熟练	
	长女	姿施	10	上小学	基诺语,熟练	汉语,熟练	
59	户主	腰资	39	小学	基诺语,熟练	汉语,熟练	
	妻子	切得	37	小学	基诺语,熟练	汉语,熟练	
	长子	资白	19	初中	基诺语,熟练	汉语,熟练	
	次子	资周	16	初中	基诺语,熟练	汉语,熟练	
60	户主	布鲁先	24	初中	基诺语,熟练	汉语,熟练	
	妻子	周妞	21	初中	基诺语,熟练	汉语,熟练	
	长女	白燕婷	4	学龄前	基诺语,熟练	汉语,熟练	

61	户主	作他先	48	小学	基诺语,熟练	汉语,熟练	
62	户主	坡腰	56	小学	基诺语,熟练	汉语,熟练	
	妻子	白腊收	54	文盲	基诺语,熟练	汉语,一般	
	长子	腰周	29	初中	基诺语,熟练	汉语,熟练	
	次子	腰则	29	初中	基诺语,熟练	汉语,熟练	
	侄子	胡兆华	17	初中	基诺语,熟练	汉语,熟练	
	孙子	白诗杰	4	学龄前	基诺语,熟练	汉语,熟练	
63	户主	飘仙	56	小学	基诺语,熟练	汉语,熟练	
	妻子	沙都	55	小学	基诺语,熟练	汉语,一般	
	姨母	白腊都	71	文盲	基诺语,熟练	汉语,不会	
	长子	先子	33	小学	基诺语,熟练	汉语,熟练	
	长媳	玉勇	23	小学	布朗语,熟练	汉语,熟练	布朗族,基诺语一般
	长女	先收	30	初中	基诺语,熟练	汉语,熟练	
	长孙	李云	6	学龄前	基诺语,熟练	汉语,熟练	
64	户主	车波腰	68	文盲	基诺语,熟练	汉语,熟练	
	妻子	保施	67	文盲	基诺语,熟练	汉语,略懂	
	长子	腰子	39	小学	基诺语,熟练	汉语,熟练	
	长孙	资白	19	初中	基诺语,熟练	汉语,熟练	
	长孙女	资收	18	初中	基诺语,熟练	汉语,熟练	
65	户主	巴社杰	80	文盲	基诺语,熟练	汉语,不会	
	妻子	沙得	71	文盲	基诺语,熟练	汉语,不会	
	长子	沙车	32	初中	基诺语,熟练	汉语,熟练	
	长媳	腰温	32	初中	基诺语,熟练	汉语,熟练	
	长孙女	车基	12	小学	基诺语,熟练	汉语,熟练	
	长孙	车林	8	小学	基诺语,熟练	汉语,熟练	
66	户主	腰资	48	小学	基诺语,熟练	汉语,熟练	
	妻子	白腊妞	42	小学	基诺语,熟练	汉语,熟练	
	长子	资白	23	初中	基诺语,熟练	汉语,熟练	
	长孙	白嘉颖	3	学龄前	基诺语,略懂	汉语,不会	
67	户主	作他腰	57	小学	基诺语,熟练	汉语,一般	
	妻子	白腊收	56	小学	基诺语,熟练	汉语,一般	
	长子	腰周	31	小学	基诺语,熟练	汉语,熟练	
	长媳	周尾	23	小学	基诺语,熟练	汉语,熟练	
	长孙女	周艳	5	学龄前	基诺语,熟练	汉语,略懂	

68	户主	白腊腰	46	初中	基诺语,熟练	汉语,熟练	
	妻子	白腊都	43	初中	基诺语,熟练	汉语,熟练	
	长子	腰布鲁	24	职高	基诺语,熟练	汉语,熟练	
	次子	白建华	23	中专	基诺语,熟练	汉语,熟练	
69	户主	车切	39	小学	基诺语,熟练	汉语,熟练	
	妻子	沙都	39	小学	基诺语,熟练	汉语,熟练	
	长子	切周	19	初中	基诺语,熟练	汉语,熟练	
	次子	切飘	16	小学	基诺语,熟练	汉语,熟练	
70	户主	车切杰	61	小学	基诺语,熟练	汉语,一般	
	妻子	白腊得	53	小学	基诺语,熟练	汉语,一般	
	长子	杰腰	30	小学	基诺语,熟练	汉语,熟练	
	长媳	布鲁麦	29	初中	基诺语,熟练	汉语,熟练	
	长孙	腰资	10	上小学	基诺语,熟练	汉语,熟练	
	长孙女	腰施	9	上小学	基诺语,熟练	汉语,熟练	
71	户主	沙车	48	小学	基诺语,熟练	汉语,熟练	
	妻子	腰侣	41	小学	基诺语,熟练	汉语,熟练	
	长子	车志华	24	初中	基诺语,熟练	汉语,熟练	
	次子	车志强	20	初中	基诺语,熟练	汉语,熟练	
	长女	车梅英	22	初中	基诺语,熟练	汉语,熟练	
72	户主	车白	43	小学	基诺语,熟练	汉语,熟练	
	妻子	木腊得	43	小学	基诺语,熟练	汉语,一般	
	长子	保优	16	小学	基诺语,熟练	汉语,熟练	
	长女	保施	22	小学	基诺语,熟练	汉语,熟练	
	次女	保则	19	小学	基诺语,熟练	汉语,熟练	
73	户主	资周	38	小学	基诺语,熟练	汉语,熟练	
	妻子	周温	36	小学	基诺语,熟练	汉语,熟练	
	长子	周白	12	小学	基诺语,熟练	汉语,熟练	
	长女	周妞	15	文盲	基诺语,一般	汉语,略懂	
74	户主	白杰布鲁	35	初中	基诺语,熟练	汉语,熟练	
	妻子	切都	33	小学	基诺语,熟练	汉语,熟练	
	长女	布鲁收	16	初中	基诺语,熟练	汉语,熟练	
	次女	布鲁则	14	初中	基诺语,熟练	汉语,熟练	

75	户主	沙腰	54	小学	基诺语,熟练	汉语,熟练	
	妻子	白腊妞	48	文盲	基诺语,熟练	汉语,一般	
	长子	周志荣	28	大专	基诺语,熟练	汉语,熟练	
	次子	腰布鲁	26	初中	基诺语,熟练	汉语,熟练	
	长女	钟梅英	27	初中	基诺语,熟练	汉语,熟练	
76	户主	资得杰	48	文盲	基诺语,熟练	汉语,不会	
	妻子	腰收	48	文盲	基诺语,熟练	汉语,不会	
	长女	杰都	36	高中	基诺语,熟练	汉语,熟练	
	长子	杰腰	33	小学	基诺语,熟练	汉语,熟练	
77	户主	白腊车	55	小学	基诺语,熟练	汉语,熟练	
	妻子	白腊施	55	小学	基诺语,熟练	汉语,熟练	
	长子	车白	31	小学	基诺语,熟练	汉语,熟练	
	次子	车腰	29	文盲	基诺语,熟练	汉语,一般	
78	户主	破周	36	初中	基诺语,熟练	汉语,熟练	
	妻子	腰则	30	初中	基诺语,熟练	汉语,熟练	
	长子	周木拉	4	学龄前	基诺语,熟练	汉语,略懂	
79	户主	切布鲁	34	小学	基诺语,熟练	汉语,熟练	
	长子	布鲁杰	11	上小学	基诺语,熟练	汉语,熟练	
	次子	布鲁周	9	小学	基诺语,熟练	汉语,熟练	
80	户主	先大周	43	小学	基诺语,熟练	汉语,熟练	
	妻子	阿付	42	小学	基诺语,熟练	汉语,一般	
	长子	周肖	16	小学	基诺语,熟练	汉语,熟练	
	长女	周收	21	小学	基诺语,熟练	汉语,熟练	
	次女	周妞	18	小学	基诺语,熟练	汉语,熟练	
81	户主	车侣	79	文盲	基诺语,熟练	汉语,不会	
	长女	木拉都	39	小学	基诺语,熟练	汉语,熟练	
	长孙	蒋春华	17	初中	基诺语,熟练	汉语,熟练	
	次孙	蒋春云	14	小学	基诺语,熟练	汉语,熟练	
82	户主	包先	48	小学	基诺语,熟练	汉语,一般	
	妻子	白腊得	48	小学	基诺语,熟练	汉语,一般	
	长子	先白	36	小学	基诺语,熟练	汉语,熟练	
	长媳	杰得	39	小学	基诺语,熟练	汉语,熟练	
	长孙	包车	12	小学	基诺语,熟练	汉语,熟练	
	次孙	包尚	10	小学	基诺语,熟练	汉语,一般	

83	户主	保切	53	小学	基诺语,熟练	汉语,一般	
	妻子	沙叶	52	小学	基诺语,熟练	汉语,略懂	
	长女	杰飘	34	小学	基诺语,熟练	汉语,熟练	
	长婿	李志云	37	小学	汉语,熟练	基诺语,熟练	汉族
	长孙女	李美星	16	小学	基诺语,熟练	汉语,熟练	
	次孙女	李美玲	8	小学	基诺语,熟练	汉语,熟练	
84	户主	切资	37	小学	基诺语,熟练	汉语,熟练	
	妻子	布鲁机	38	小学	基诺语,熟练	汉语,熟练	
	长子	资腰	17	小学	基诺语,熟练	汉语,熟练	
	长女	资得	18	初中	基诺语,熟练	汉语,熟练	
	次女	资施	16	初中	基诺语,熟练	汉语,熟练	
85	户主	木腊资	47	小学	基诺语,熟练	汉语,熟练	
	妻子	保侣	48	小学	基诺语,熟练	汉语,熟练	
	长子	资布鲁	24	小学	基诺语,熟练	汉语,熟练	
	长媳	玉罕	22	小学	布朗语,熟练	汉语,熟练	布朗族,基诺语一般
86	户主	腰周	39	小学	基诺语,熟练	汉语,熟练	
	妻子	车妞	36	小学	基诺语,熟练	汉语,熟练	
	母亲	周都	67	文盲	基诺语,熟练	汉语,略懂	
	长子	周布鲁	15	小学	基诺语,熟练	汉语,熟练	
	长女	周温	18	初中	基诺语,熟练	汉语,熟练	
87	户主	先子	37	小学	基诺语,熟练	汉语,熟练	
	妻子	阿妹	34	小学	基诺语,熟练	汉语,熟练	
	长女	资英	10	上小学	基诺语,熟练	汉语,熟练	
	次女	资玲	8	上小学	基诺语,熟练	汉语,熟练	
88	户主	中沙切	40	文盲	基诺语,熟练	汉语,一般	
	长子	切布鲁	33	小学	基诺语,熟练	汉语,熟练	
	长媳	布鲁收	22	初中	基诺语,熟练	汉语,熟练	
	长孙女	鲁艳萍	1	学龄前	基诺语,不会	汉语,不会	
89	户主	腮者	34	小学	基诺语,熟练	汉语,熟练	
	妻子	切得	30	小学	基诺语,熟练	汉语,熟练	
	长子	周华	6	学龄前	基诺语,熟练	汉语,熟练	
	长女	周艳	2	学龄前	基诺语,不会	汉语,不会	

90	户主	周腰	36	小学	基诺语,熟练	汉语,熟练
	妻子	婆收	37	小学	基诺语,熟练	汉语,熟练
	长子	腰杰	17	小学	基诺语,熟练	汉语,熟练
	长女	腰麦	15	小学	基诺语,熟练	汉语,熟练
91	户主	坡切	61	文盲	基诺语,熟练	汉语,略懂
	妻子	保麦	59	文盲	基诺语,熟练	汉语,略懂
	弟弟	坡资	56	文盲	基诺语,熟练	汉语,一般
	长女	切尾	43	文盲	基诺语,熟练	汉语,一般
	次女	切则	39	文盲	基诺语,熟练	汉语,一般
	三女	切都	32	初中	基诺语,熟练	汉语,熟练
92	户主	杰白	40	小学	基诺语,熟练	汉语,熟练
	长女	保姬	21	初中	基诺语,熟练	汉语,熟练
	次女	保施	19	初中	基诺语,熟练	汉语,熟练
93	户主	纪车	54	小学	基诺语,熟练	汉语,熟练
	妻子	白腊都	54	小学	基诺语,熟练	汉语,熟练
	长子	纪叔洁	28	初中	基诺语,熟练	汉语,熟练
	长媳	资温	21	初中	基诺语,熟练	汉语,熟练
	长女	纪淑贤	28	高中	基诺语,熟练	汉语,熟练
94	户主	腰布鲁	41	小学	基诺语,熟练	汉语,熟练
	妻子	杰都	33	小学	基诺语,熟练	汉语,熟练
	母亲	白腊施	68	文盲	基诺语,熟练	汉语,不会
	长子	布鲁先	14	小学	基诺语,熟练	汉语,熟练
	长女	布鲁机	15	初中	基诺语,熟练	汉语,熟练
95	户主	先车白	39	小学	基诺语,熟练	汉语,熟练
	妻子	周都	35	小学	基诺语,熟练	汉语,熟练
	父亲	先车	64	文盲	基诺语,熟练	汉语,略懂
	母亲	白腊得	58	文盲	基诺语,熟练	汉语,略懂
	长子	保布鲁	19	小学	基诺语,熟练	汉语,熟练
	次子	保腰	17	小学	基诺语,熟练	汉语,熟练
96	户主	保管白	56	小学	基诺语,熟练	汉语,熟练
	妻子	腰则	47	小学	基诺语,熟练	汉语,熟练
	长子	保先	21	初中	基诺语,熟练	汉语,熟练
	长女	白玉芬	24	初中	基诺语,熟练	汉语,熟练
	次女	白三	19	初中	基诺语,熟练	汉语,熟练

97	户主	保布鲁先	54	文盲	基诺语,熟练	汉语,一般	
	妻子	切尾	55	文盲	基诺语,熟练	汉语,一般	
	长子	先白	36	小学	基诺语,熟练	汉语,熟练	
	长媳	腰收	36	小学	基诺语,熟练	汉语,熟练	
	长孙	保车	15	小学	基诺语,熟练	汉语,熟练	
	次孙	保资	11	上小学	基诺语,熟练	汉语,熟练	
98	户主	李二	45	小学	基诺语,熟练	汉语,熟练	
	妻子	白腊叶	46	小学	基诺语,熟练	汉语,熟练	
	长子	李文平	12	小学	基诺语,熟练	汉语,熟练	
	长女	李秋平	14	初中	基诺语,熟练	汉语,熟练	
	次女	李春梅	10	小学	基诺语,熟练	汉语,熟练	
99	户主	沙周	41	小学	基诺语,熟练	汉语,熟练	
	妻子	腰麦	38	小学	基诺语,熟练	汉语,熟练	
	长子	周伟强	17	初中	基诺语,熟练	汉语,熟练	
	长女	周梅英	18	初中	基诺语,熟练	汉语,熟练	
100	户主	白腊切	45	小学	基诺语,熟练	汉语,熟练	
	妻子	周叶	41	小学	基诺语,熟练	汉语,熟练	
	长子	切资	20	初中	基诺语,熟练	汉语,熟练	
	长女	切则	19	初中	基诺语,熟练	汉语,熟练	

（四）巴亚老寨语言使用情况

一 概况

巴亚老寨又称"曼亚老寨"，属茄玛村公所4个自然村之一，位于乡政府所在地北部，东南是孔明山和茄玛村，北面是南线河，西面是扎果村和扎昌村。巴亚老寨的地理位置较偏僻，距小腊公路20余公里。因道路为山间简易公路，遇上雨季，道路崎岖泥泞，车辆通行困难。巴亚老寨属于23个最先建寨的寨子之一，1961年和1962年曾先后从其中分出了部分住户移至他地，建立了现在的巴亚新寨和巴亚中寨。2005年巴亚老寨的人均占有粮食为689公斤，人均纯收入1002元，在45个自然村中，属于比较贫困的村寨。据我们2006年7月的入户统计，寨中现有76户，总人口311人，均为基诺族，其中男性170人，女性141人。

二 语言使用的基本特点

巴亚老寨的语言使用主要有如下特点：全寨普遍熟练掌握基诺语，同时都不同程度地掌握

汉语。不同年龄段人的基诺语语言能力基本相当,但在汉语语言能力方面存在一些差异。具体见表1、表2:

表 1　不同年龄段的基诺语语言能力统计

年龄段	总人口	熟练 人口	熟练 百分比	一般 人口	一般 百分比	略懂 人口	略懂 百分比	不会 人口	不会 百分比
6—12 岁	29	28	96.6	1	3.4	0	0	0	0
13—18 岁	48	48	100	0	0	0	0	0	0
19—59 岁	202	202	100	0	0	0	0	0	0
60 岁以上	24	24	100	0	0	0	0	0	0
合计	303	302	99.7	1	0.3	0	0	0	0

表 2　不同年龄段的汉语语言能力统计

年龄段	总人口	熟练 人口	熟练 百分比	一般 人口	一般 百分比	略懂 人口	略懂 百分比	不会 人口	不会 百分比
6—12 岁	29	25	86.3	3	10.3	1	3.4	0	0
13—18 岁	48	48	100	0	0	0	0	0	0
19—59 岁	202	176	87.1	19	9.4	4	2	3	1.5
60 岁以上	24	4	16.7	6	25	13	54.2	1	4.1
合计	303	253	83.5	28	9.2	18	6	4	1.3

从表2中可以看出,60岁以下的人,汉语能力普遍较高,特别是13—18岁的青少年全部熟练掌握汉语;60岁以上的人,汉语能力较低,约有一半的人略懂即能听不能说。不同年龄段的人在汉语能力方面表现出的差异,可能与是否接受过学校教育有一定关系。我们从受教育程度的角度,对巴亚老寨村民的汉语能力的掌握程度进行了统计,见表3:

表 3　不同教育程度的人的汉语能力统计(6 岁以上)

教育程度	总人口	熟练 人口	熟练 百分比	一般 人口	一般 百分比	略懂 人口	略懂 百分比	不会 人口	不会 百分比
文盲	52	22	42.3	14	26.9	12	23.1	4	7.7
小学	156	138	88.5	13	8.3	5	3.2	0	0
初中	85	85	100	0	0	0	0	0	0
高中	7	7	100	0	0	0	0	0	0
合计	300	252	84	27	9	17	5.7	4	1.3

从表3中可以看出,汉语能力较差的主要集中在文盲半文盲中,而接受了初高中教育的人

全部都熟练掌握汉语。

在语言使用方面,全寨不论家庭内外都主要使用基诺语,但与外族的陌生人交谈时自然转用汉语。全寨家庭规模平均每户4人。人口最多的有两家,每家为7人;人口最少的2家,每家1人。三代同堂的22家,家庭主要使用语言为基诺语,两代同堂的50家,家庭主要使用语言也为基诺语。

三　巴亚老寨家庭语言使用情况一览表

序号	家庭关系	姓名	年龄	文化程度	第一语言及水平	第二语言及水平	备注
1	户主	白腊切	62	文盲	基诺语,熟练	汉语,一般	
	妻子	白腊舍	58	文盲	基诺语,熟练	汉语,熟练	
	长子	切布鲁	36	小学	基诺语,熟练	汉语,一般	
	儿媳	李阿妹	40	小学	基诺语,熟练	汉语,一般	
	孙子	布鲁先	12	小学	基诺语,熟练	汉语,一般	
2	户主	切别	51	小学	基诺语,熟练	汉语,略懂	
	妻子	车妞	49	小学	基诺语,熟练	汉语,熟练	
	母亲	杰得	71	文盲	基诺语,熟练	汉语,略懂	
	弟弟	扩腰	29	小学	基诺语,熟练	汉语,略懂	
	长子	白春光	20	初中	基诺语,熟练	汉语,熟练	
	长女	白春艳	23	初中	基诺语,熟练	汉语,熟练	
	二女	白玉花	22	初中	基诺语,熟练	汉语,熟练	
3	户主	腮白	43	小学	基诺语,熟练	汉语,熟练	
	妻子	资吕	40	小学	基诺语,熟练	汉语,略懂	
	长子	白腰	19	小学	基诺语,熟练	汉语,熟练	
	长女	白妹	15	上初中	基诺语,熟练	汉语,熟练	
4	户主	切资	24	小学	基诺语,熟练	汉语,熟练	
	母亲	切吕	39	小学	基诺语,熟练	汉语,熟练	
	弟弟	腰者	18	初中	基诺语,熟练	汉语,熟练	
5	户主	切飘	9	上小学	基诺语,熟练	汉语,熟练	
	母亲	资都	33	初中	基诺语,熟练	汉语,熟练	
	姐姐	腰得	11	上小学	基诺语,熟练	汉语,熟练	
6	户主	切飘	35	小学	基诺语,熟练	汉语,熟练	
	妻子	阿莲	38	高中	基诺语,熟练	汉语,熟练	
	长子	飘车	15	上初中	基诺语,熟练	汉语,熟练	
	长女	飘妹	13	上初中	基诺语,熟练	汉语,熟练	

7	户主	杰腰	24	初中	基诺语,熟练	汉语,熟练	
	母亲	周妞	43	初中	基诺语,熟练	汉语,熟练	
8	户主	腰木拉	37	小学	基诺语,熟练	汉语,熟练	
	妻子	切叶	31	小学	基诺语,熟练	汉语,熟练	
	长子	木腊者	8	上小学	基诺语,熟练	汉语,熟练	
	母亲	腰舍	86	文盲	基诺语,熟练	汉语,略懂	
9	户主	木腊资	49	小学	基诺语,熟练	汉语,熟练	
	长子	资白	20	小学	基诺语,熟练	汉语,熟练	
	次子	资者	19	小学	基诺语,熟练	汉语,熟练	
	母亲	白腊尾	78	文盲	基诺语,熟练	汉语,略懂	
10	户主	大切布鲁	42	小学	基诺语,熟练	汉语,一般	
	妻子	阿珍	36	小学	基诺语,熟练	汉语,一般	
	次子	秋建华	17	上初中	基诺语,熟练	汉语,熟练	
11	户主	腰布鲁	40	小学	基诺语,熟练	汉语,熟练	
	妻子	切麦	37	小学	基诺语,熟练	汉语,熟练	
	长子	布鲁者	16	上初中	基诺语,熟练	汉语,熟练	
	次子	腰车	14	上初中	基诺语,熟练	汉语,熟练	
12	户主	杰布鲁	42	小学	基诺语,熟练	汉语,熟练	
	妻子	腰麦	42	初中	基诺语,熟练	汉语,熟练	
	长女	陈春燕	20	初中	基诺语,熟练	汉语,熟练	
	次子	陈小夏	19	初中	基诺语,熟练	汉语,熟练	
13	户主	白腊切	42	小学	基诺语,熟练	汉语,熟练	
	妻子	资都	37	小学	基诺语,熟练	汉语,熟练	
	母亲	沙舍	75	文盲	基诺语,熟练	汉语,略懂	
	长子	切木拉	16	上初中	基诺语,熟练	汉语,熟练	
	次子	木腊车	14	上初中	基诺语,熟练	汉语,熟练	
14	户主	资布鲁	44	小学	基诺语,熟练	汉语,一般	
	妻子	阿珍	38	小学	基诺语,熟练	汉语,一般	
	长子	布鲁肖	18	初中	基诺语,熟练	汉语,熟练	
15	户主	白腊者	42	小学	基诺语,熟练	汉语,熟练	
	妻子	杰舍	39	小学	基诺语,熟练	汉语,熟练	
	长子	周白	21	小学	基诺语,熟练	汉语,熟练	
	长女	周升	16	上初中	基诺语,熟练	汉语,熟练	

16	户主	腰杰	36	文盲	基诺语,熟练	汉语,一般	
	妻子	沙则	39	小学	基诺语,熟练	汉语,熟练	
	长子	杰白	21	小学	基诺语,熟练	汉语,熟练	
	次子	杰腰	19	小学	基诺语,熟练	汉语,熟练	
	长女	杰飘	18	初中	基诺语,熟练	汉语,熟练	
17	户主	妹者	43	小学	基诺语,熟练	汉语,熟练	
	妻子	包机	38	小学	基诺语,熟练	汉语,熟练	
	长子	周布鲁	20	小学	基诺语,熟练	汉语,熟练	
	次子	周腰	18	上初中	基诺语,熟练	汉语,熟练	
18	户主	阿保	52	文盲	基诺语,熟练	汉语,一般	
	妻子	白机	50	小学	基诺语,熟练	汉语,一般	
	长子	保三	25	小学	基诺语,熟练	汉语,熟练	
	长媳	阿芝	23	小学	基诺语,熟练	汉语,熟练	
	孙子	沙车	6	学龄前	基诺语,熟练	汉语,一般	
	孙女	砂砂	4	学龄前			
19	户主	沙腰	38	小学	基诺语,熟练	汉语,熟练	
	妻子	婆舍	39	小学	基诺语,熟练	汉语,一般	
	长女	张薇	17	初中	基诺语,熟练	汉语,熟练	
	长子	张华	14	上初中	基诺语,熟练	汉语,熟练	
	弟弟	切木拉	33	初中	基诺语,熟练	汉语,熟练	
20	户主	资肖	34	小学	基诺语,熟练	汉语,熟练	
	妻子	车妞	33	小学	基诺语,熟练	汉语,熟练	
	长子	沙切	14	上初中	基诺语,熟练	汉语,熟练	
	次子	肖布鲁	10	上小学	基诺语,熟练	汉语,熟练	
21	户主	腰资	38	小学	基诺语,熟练	汉语,熟练	
	妻子	资收	37	小学	基诺语,熟练	汉语,熟练	
	长子	资周	20	初中	基诺语,熟练	汉语,熟练	
	次子	资切	18	初中	基诺语,熟练	汉语,熟练	
22	户主	小白腊切	58	文盲	基诺语,熟练	汉语,一般	
	妻子	资麦	55	文盲	基诺语,熟练	汉语,一般	
	长子	切者	23	小学	基诺语,熟练	汉语,熟练	
23	户主	切腰	39	初中	基诺语,熟练	汉语,熟练	
	妻子	者得	38	初中	基诺语,熟练	汉语,熟练	
	长子	腰车	16	上初中	基诺语,熟练	汉语,熟练	

24	户主	婆者	68	文盲	基诺语,熟练	汉语,一般	
	妻子	杰飘	55	小学	基诺语,熟练	汉语,一般	
	长子	周布鲁	32	小学	基诺语,熟练	汉语,熟练	
	长媳	周收	32	初中	基诺语,熟练	汉语,熟练	
	孙子	周海辉	2	学龄前			
25	户主	子木拉	56	小学	基诺语,熟练	汉语,熟练	
	妻子	车吕	51	小学	基诺语,熟练	汉语,熟练	
	长子	阿林	34	小学	基诺语,熟练	汉语,熟练	
	长媳	杰飘	36	小学	基诺语,熟练	汉语,熟练	
	长孙女	李佳乐	4	学龄前			
26	户主	木腊车	43	小学	基诺语,熟练	汉语,熟练	
	妻子	白腊的	43	小学	基诺语,熟练	汉语,熟练	
	长女	车都	23	小学	基诺语,熟练	汉语,熟练	
	长子	车布鲁	18	初中	基诺语,熟练	汉语,熟练	
27	户主	沙杰	64	文盲	基诺语,熟练	汉语,一般	
	妻子	杰得	58	文盲	基诺语,熟练	汉语,一般	
	长子	杰腰	34	初中	基诺语,熟练	汉语,熟练	
28	户主	腰布鲁	56	小学	基诺语,熟练	汉语,熟练	
	妻子	白腊尾	52	小学	基诺语,熟练	汉语,略懂	
	长子	布木拉	23	初中	基诺语,熟练	汉语,熟练	
	次女	布鲁吕	26	初中	基诺语,熟练	汉语,熟练	
29	户主	腰木拉	48	文盲	基诺语,熟练	汉语,熟练	
	妻子	沙得	43	初中	基诺语,熟练	汉语,熟练	
	长子	木腊车	24	小学	基诺语,熟练	汉语,熟练	
	长女	木腊施	22	初中	基诺语,熟练	汉语,熟练	
30	户主	扩腰	53	文盲	基诺语,熟练	汉语,熟练	
	妻子	婆舍	43	小学	基诺语,熟练	汉语,熟练	
	长子	阿里	23	小学	基诺语,熟练	汉语,熟练	
	次子	飘腰	20	小学	基诺语,熟练	汉语,熟练	
	侄女	小妹	21	小学	基诺语,熟练	汉语,熟练	
31	户主	先子	67	文盲	基诺语,熟练	汉语,略懂	
	妻子	白腊都	70	文盲	基诺语,熟练	汉语,一般	
	长子	资木拉	37	文盲	基诺语,熟练	汉语,不会	
	长媳	沙叶	36	文盲	基诺语,熟练	汉语,不会	
	孙子	者扫	10	上小学	基诺语,熟练	汉语,熟练	

32	户主	者腰	34	小学	基诺语,熟练	汉语,熟练
	妻子	切升	30	小学	基诺语,熟练	汉语,熟练
	长子	腰布鲁	9	上小学	基诺语,熟练	汉语,熟练
	长女	腰妞	8	上小学	基诺语,熟练	汉语,熟练
33	户主	沙车	49	小学	基诺语,熟练	汉语,熟练
	妻子	包则	44	小学	基诺语,熟练	汉语,熟练
	长女	车都	20	初中	基诺语,熟练	汉语,熟练
	次女	车麦	17	上初中	基诺语,熟练	汉语,熟练
	三女	车花	15	上初中	基诺语,熟练	汉语,熟练
34	户主	资腰	35	小学	基诺语,熟练	汉语,熟练
	母亲	先麦	78	文盲	基诺语,熟练	汉语,略懂
35	户主	周布鲁	36	小学	基诺语,熟练	汉语,熟练
	母亲	白腊尾	71	小学	基诺语,熟练	汉语,略懂
36	户主	杰腰	22	小学	基诺语,熟练	汉语,熟练
	母亲	沙姐	48	文盲	基诺语,熟练	汉语,一般
	姐姐	杰飘	24	小学	基诺语,熟练	汉语,熟练
37	户主	切周	36	初中	基诺语,熟练	汉语,熟练
	妻子	泽得	38	初中	基诺语,熟练	汉语,熟练
	长子	周明	16	上初中	基诺语,熟练	汉语,熟练
	次子	周强	14	上初中	基诺语,熟练	汉语,熟练
38	户主	周布鲁	41	小学	基诺语,熟练	汉语,熟练
	妻子	者得	39	初中	基诺语,熟练	汉语,熟练
	长子	布鲁杰	18	初中	基诺语,熟练	汉语,熟练
	长女	布鲁积	17	上初中	基诺语,熟练	汉语,熟练
	次女	布鲁则	15	上初中	基诺语,熟练	汉语,熟练
39	户主	资者	30	初中	基诺语,熟练	汉语,熟练
	妻子	周秀英	27	初中	基诺语,熟练	汉语,熟练
	长子	周肖	8	上小学	基诺语,熟练	汉语,熟练
	长女	周微	5	学龄前		
40	户主	周白	40	小学	基诺语,熟练	汉语,熟练
	妻子	周得	40	小学	基诺语,熟练	汉语,熟练
	母亲	白腊升	79	文盲	基诺语,熟练	汉语,不会
	长女	周娟	18	初中	基诺语,熟练	汉语,熟练
	次女	周琼	16	上初中	基诺语,熟练	汉语,熟练
	三女	周丹	14	上初中	基诺语,熟练	汉语,熟练

41	户主	白腊车	47	小学	基诺语,熟练	汉语,熟练	
	妻子	包叶	42	小学	基诺语,熟练	汉语,熟练	
	长子	车腰	24	小学	基诺语,熟练	汉语,熟练	
	次子	车布鲁	19	初中	基诺语,熟练	汉语,熟练	
42	户主	杰白	34	小学	基诺语,熟练	汉语,熟练	
	妻子	车三妹	26	小学	基诺语,熟练	汉语,熟练	
	长女	白妹	9	上小学	基诺语,熟练	汉语,熟练	
	弟弟	杰木拉	31	小学	基诺语,熟练	汉语,熟练	
	父亲	老杆	74	文盲	基诺语,熟练	汉语,熟练	
	长子	白者	7	上小学	基诺语,熟练	汉语,熟练	
43	户主	小车你	57	文盲	基诺语,熟练	汉语,熟练	
	妻子	白腊舍	51	文盲	基诺语,熟练	汉语,熟练	
	长子	车切	31	小学	基诺语,熟练	汉语,熟练	
	长媳	车都	29	初中	基诺语,熟练	汉语,熟练	
	长孙女	切叶	9	上小学	基诺语,熟练	汉语,熟练	
	次孙女	李佳佳	7	上小学	基诺语,熟练	汉语,熟练	
44	户主	扩腰	44	小学	基诺语,熟练	汉语,熟练	
	妻子	周都	39	小学	基诺语,熟练	汉语,熟练	
	长子	腰者	21	小学	基诺语,熟练	汉语,熟练	
	次子	腰布鲁	19	初中	基诺语,熟练	汉语,熟练	
	长女	腰舍	17	上初中	基诺语,熟练	汉语,熟练	
45	户主	沙先	54	小学	基诺语,熟练	汉语,熟练	
	妻子	包麦	56	小学	基诺语,熟练	汉语,熟练	
	侄子	张国庆	16	上初中	基诺语,熟练	汉语,熟练	
46	户主	你者	57	文盲	基诺语,熟练	汉语,熟练	
	妻子	白腊妞	58	文盲	基诺语,熟练	汉语,不会	
	次子	周腰	29	初中	基诺语,熟练	汉语,熟练	
	儿媳	切都	30	高中	基诺语,熟练	汉语,熟练	
	孙女	周路艳	1	学龄前			
47	户主	沙车	76	文盲	基诺语,熟练	汉语,一般	
	长子	沙布鲁	34	初中	基诺语,熟练	汉语,熟练	
	长媳	木腊得	31	高中	基诺语,熟练	汉语,熟练	
	长孙女	白佳	6	小学	基诺语,一般	汉语,一般	
	次孙女	白娟	4	学龄前			

48	户主	杰腰	39	文盲	基诺语,熟练	汉语,熟练	
	妻子	沙都	39	文盲	基诺语,熟练	汉语,熟练	
	长女	腰麦	19	文盲	基诺语,熟练	汉语,熟练	
	次女	腰则	14	上初中	基诺语,熟练	汉语,熟练	
	三女	腰舍	12	上小学	基诺语,熟练	汉语,熟练	
49	户主	切你	55	文盲	基诺语,熟练	汉语,熟练	
	妻子	周得	53	小学	基诺语,熟练	汉语,熟练	
	长子	切飘	25	小学	基诺语,熟练	汉语,熟练	
	长媳	布鲁积	30	高中	基诺语,熟练	汉语,熟练	
50	户主	小先切	48	小学	基诺语,熟练	汉语,熟练	
	妻子	白腊得	45	小学	基诺语,熟练	汉语,熟练	
	长女	冬妹	22	小学	基诺语,熟练	汉语,熟练	
	三女	切则	18	初中	基诺语,熟练	汉语,熟练	
51	户主	腰帕	86	文盲	基诺语,熟练	汉语,略懂	
	妻子	白腰尾	63	文盲	基诺语,熟练	汉语,略懂	
	长子	腰飘	33	高中	基诺语,熟练	汉语,熟练	
52	户主	发明	27	小学	基诺语,熟练	汉语,熟练	
	妻子	切则	27	小学	基诺语,熟练	汉语,熟练	
	长子	周布鲁	11	上小学	基诺语,熟练	汉语,熟练	
	长女	周基	9	上小学	基诺语,熟练	汉语,熟练	
53	户主	你布鲁	56	文盲	基诺语,熟练	汉语,熟练	
	妻子	切尾	54	文盲	基诺语,熟练	汉语,熟练	
	长子	布鲁杰	28	小学	基诺语,熟练	汉语,熟练	
	长媳	周都	28	初中	基诺语,熟练	汉语,熟练	
	长孙	李建秋	7	上小学	基诺语,熟练	汉语,熟练	
	次孙	杰白	6	学龄前	基诺语,熟练	汉语,熟练	
54	户主	切布鲁	41	小学	基诺语,熟练	汉语,熟练	
	妻子	周妞	32	小学	基诺语,熟练	汉语,熟练	
	长子	布鲁杰	17	上初中	基诺语,熟练	汉语,熟练	
	次子	布鲁资	15	上初中	基诺语,熟练	汉语,熟练	
55	户主	白腊车	52	文盲	基诺语,熟练	汉语,熟练	
	长子	车腰	27	小学	基诺语,熟练	汉语,熟练	
56	户主	切木拉	57	文盲	基诺语,熟练	汉语,熟练	
	妻子	白腊得	52	文盲	基诺语,熟练	汉语,熟练	
	长子	木腊腰	28	小学	基诺语,熟练	汉语,熟练	

57	户主	车布鲁	40	小学	基诺语,熟练	汉语,熟练	
	妻子	周梅仙	34	小学	基诺语,熟练	汉语,熟练	
	长女	布鲁收	17	上初中	基诺语,熟练	汉语,熟练	
	长子	布鲁资	15	上初中	基诺语,熟练	汉语,熟练	
	父亲	勤车	70	文盲			聋哑人
58	户主	腰布鲁	21	小学	基诺语,熟练	汉语,熟练	
59	户主	切木拉	38	小学	基诺语,熟练	汉语,熟练	
	妻子	周妞	36	小学	基诺语,熟练	汉语,熟练	
	长女	木腊机	16	上初中	基诺语,熟练	汉语,熟练	
	长子	木腊车	15	上初中	基诺语,熟练	汉语,熟练	
60	户主	木腊腰	48	文盲	基诺语,熟练	汉语,熟练	
	妻子	白腊得	42	小学	基诺语,熟练	汉语,熟练	
	长子	腰飘	24	小学	基诺语,熟练	汉语,熟练	
	次子	腰者	21	初中	基诺语,熟练	汉语,熟练	
	三子	腰车	19	小学	基诺语,熟练	汉语,熟练	
61	户主	子者	61	小学	基诺语,熟练	汉语,熟练	
	妻子	木腊得	56	文盲	基诺语,熟练	汉语,熟练	
	长子	阿里	36	小学	基诺语,熟练	汉语,熟练	
	次子	周三	31	小学	基诺语,熟练	汉语,熟练	
	次媳	木腊得	29	高中	基诺语,熟练	汉语,熟练	
	长孙	桥白	6	学龄前	基诺语,熟练	汉语,熟练	
	次孙	包子	4	学龄前			
62	户主	周勒	84	文盲	基诺语,熟练	汉语,略懂	
	长子	周布鲁	52	文盲	基诺语,熟练	汉语,熟练	
	长媳	白则	49	文盲	基诺语,熟练	汉语,熟练	
	长孙女	布鲁收	23	初中	基诺语,熟练	汉语,熟练	
	次孙女	布鲁麦	26	初中	基诺语,熟练	汉语,熟练	
63	户主	资毛	60	文盲	基诺语,熟练	汉语,略懂	
	妻子	资尾	46	文盲	基诺语,熟练	汉语,略懂	
	长子	资白	34	小学	基诺语,熟练	汉语,一般	
	次子	资切	31	文盲	基诺语,熟练	汉语,一般	
64	户主	周白	36	小学	基诺语,熟练	汉语,熟练	
	妻子	布鲁得	33	小学	基诺语,熟练	汉语,熟练	
	长子	周健卫	16	上初中	基诺语,熟练	汉语,熟练	
	次子	周健平	14	上初中	基诺语,熟练	汉语,熟练	

65	户主	车布鲁	59	初中	基诺语,熟练	汉语,熟练	
	长子	布鲁资	27	小学	基诺语,熟练	汉语,熟练	
66	户主	布鲁杰	30	小学	基诺语,熟练	汉语,熟练	
	妻子	布鲁积	30	小学	基诺语,熟练	汉语,熟练	
	长子	杰腰	10	上小学	基诺语,熟练	汉语,熟练	
	长女	杰舍	8	上小学	基诺语,熟练	汉语,熟练	
67	户主	沙切	59	小学	基诺语,熟练	汉语,熟练	
	妻子	周舍	59	文盲	基诺语,熟练	汉语,一般	
	长子	切腰	36	小学	基诺语,熟练	汉语,熟练	
	长媳	布鲁积	36	小学	基诺语,熟练	汉语,熟练	
	长孙女	婆得	15	上初中	基诺语,熟练	汉语,熟练	
	长孙子	婆先	13	上小学	基诺语,熟练	汉语,熟练	
68	户主	服生	50	小学	基诺语,熟练	汉语,熟练	
	妻子	婆施	48	小学	基诺语,熟练	汉语,一般	
	长子	阿大	28	小学	基诺语,熟练	汉语,熟练	
	母亲	张妹	78	文盲	基诺语,熟练	汉语,	
69	户主	你者白	34	小学	基诺语,熟练	汉语,熟练	
	妻子	布鲁收	32	小学	基诺语,熟练	汉语,熟练	
	长女	白妹	12	上小学	基诺语,熟练	汉语,熟练	
	长子	白先	9	上小学	基诺语,熟练	汉语,熟练	
70	户主	白腊切	39	初中	基诺语,熟练	汉语,熟练	
	妻子	包得	33	高中	基诺语,熟练	汉语,熟练	
	长女	切飘	11	上小学	基诺语,熟练	汉语,熟练	
	长子	切资	9	上小学	基诺语,熟练	汉语,略懂	
	母亲	迁尾	71	文盲	基诺语,熟练	汉语,略懂	
71	户主	资白	40	小学	基诺语,熟练	汉语,熟练	
	妻子	杰飘	35	小学	基诺语,熟练	汉语,熟练	
	长子	切飘	18	初中	基诺语,熟练	汉语,熟练	
	次子	白先	17	上初中	基诺语,熟练	汉语,熟练	
	长女	白得	16	上初中	基诺语,熟练	汉语,熟练	
72	户主	子白	36	小学	基诺语,熟练	汉语,熟练	
	妻子	车妞	34	小学	基诺语,熟练	汉语,熟练	
	长子	白腰	17	上初中	基诺语,熟练	汉语,熟练	
	次子	白杰	14	上初中	基诺语,熟练	汉语,熟练	
	母亲	白腊则	63	文盲	基诺语,熟练	汉语,一般	

73	户主	发二	26	小学	基诺语,熟练	汉语,熟练	
	妻子	车麦	20	小学	基诺语,熟练	汉语,熟练	
74	户主	腰帕杰	36	小学	基诺语,熟练	汉语,熟练	
	妻子	杰得	26	初中	基诺语,熟练	汉语,熟练	
	长女	杰都	9	上小学	基诺语,熟练	汉语,熟练	
	次女	杰施	7	上小学	基诺语,熟练	汉语,熟练	
75	户主	切木拉	33	初中	基诺语,熟练	汉语,熟练	
76	户主	阿法	62	小学	基诺语,熟练	汉语,熟练	
	妻子	布鲁绕	58	文盲	基诺语,熟练	汉语,熟练	

（五）巴昆组语言使用情况

一 概况

巴昆又称"曼昆"，位于基诺乡的东南部，在小腊公路的南边。巴昆往南是橄榄坝，往东是勐仑镇。据 2005 年资料，全组共有 40 户 214 人，其中男性 112 人，女性 102 人。全组有劳动力 172 人，人均占有粮食 721 公斤。我们于 2006 年 7 月 19 日调查了巴昆的语言使用情况，共访问了 39 户 196 人，其中基诺族 186 人，占总人口的 94.9%。此外，还有汉族 8 人，彝族 2 人。汉族和彝族都是从外地嫁到巴昆的媳妇或到巴昆上门的女婿。

橡胶是巴昆村民的主要经济来源之一。因为种植橡胶时间较早，现在能割胶的面积较大，因而巴昆人均年纯收入在全乡 45 个村寨中名列前茅。2005 年，人均年纯收入达到 3801 元。据了解，2006 年橡胶价格卖到每公斤 25 元，巴昆的人均收入将大大增加。巴昆每家每户都有电视机、VCD 影碟机、手机，安装了座机电话、太阳能热水器，而且越来越多的家庭购买了摩托车、拖拉机。

二 语言使用的基本特点

（一）基诺语是巴昆村民日常生活中最重要的交际语言

巴昆基诺语保留得很好，具有很强的活力。无论在村寨里，还是在家庭内，或者在橡胶园，人们都普遍使用基诺语。巴昆不同年龄段的人的基诺语水平见表 1：

表1

年龄段	总人口	熟练		一般		略懂		不会	
		人口	百分比	人口	百分比	人口	百分比	人口	百分比
6—12 岁	16	9	56.3	7	43.7	0	0	0	0
13—18 岁	27	27	100	0	0	0	0	0	0
19—59 岁	118	108	91.6	7	5.9	3	2.5	0	0
60 岁以上	23	23	100	0	0	0	0	0	0
合计	184	167	90.7	14	7.7	3	1.6	0	0

从表1可以看出,在巴昆,不同年龄段的村民绝大多数能熟练使用基诺语。60岁以上的老人共有23人,他们全都能熟练使用基诺语。13—18岁这一年龄段的少年儿童,都是在巴昆出生、长大的,也都能熟练使用基诺语。只有少数人的基诺语水平处于"一般"级或"略懂"级,没有完全不会基诺语的人。

基诺语水平处于"一般"级的有14人,他们分别属于两种类型:(1)一类是外来人口,而不是土生土长的基诺族。分别是第2户的李天英(汉族,临沧人)、第3户的佐丛英(汉族,景东人)、第16户的鲁国萍(彝族,镇源人)、第18户的小张(汉族,景谷人)、第19户的冯芬(汉族,镇源人)、第29户的小叶(汉族,景东人)、第32户的李发芬(汉族,普洱人)、第38户的张丽英(彝族,景东人)。(2)还有一类是6—9岁儿童。分别是第2户的周梓良(7岁)、第3户的切弓(6岁)、第19户的波婷婷(6岁)、第28户的车艳华(9岁)和车艳梅(7岁)姐妹俩、第38户的林子强(6岁)。

基诺语水平处于"略懂"级的3人,都是外族媳妇。分别是第4户的徐昌兰、第23户的何阿美(汉族,普洱人)、第33户的阿芳(汉族,镇源人)。

因为巴昆基诺语使用具有普遍性和广泛性,所以我们可以预测,上述基诺语水平"一般"或"略懂"的人在日常生活中会逐渐习得熟练的基诺语。

(二)巴昆组大多数村民是"基诺—汉"双语人

随着经济的发展、社会的进步,使用汉语的场合逐渐增多、频率也逐渐增多,越来越多的巴昆村民学习并掌握了汉语文。我们对不同年龄段的人的汉语能力进行了调查,见表2:

表2

年龄段	总人口	熟练		一般		略懂		不会	
		人口	百分比	人口	百分比	人口	百分比	人口	百分比
6—12 岁	16	16	100	0	0	0	0	0	0
13—18 岁	27	27	100	0	0	0	0	0	0
19—59 岁	118	102	86.4	14	11.9	2	1.7	0	0
60 岁以上	23	6	26.1	8	34.8	0	0	9	39.1
合计	184	151	82.0	22	12.0	2	1.1	9	4.9

从表2可以看出,6—12岁和13—18岁年龄段的汉语水平十分均衡,"熟练"级比例在4个年龄段中最高。19—59岁和60岁以上年龄段的汉语水平呈现出一定的差异性,而且这两个年龄段的汉语使用情况具有不同的特点。(1)19—59岁年龄段中汉语熟练的占该年龄段总人口的86.4%,比巴昆组"熟练"级的平均值82.0%高出4个百分点。这说明该年龄段中熟练使用汉语的人占大多数。(2)60岁以上年龄段中能熟练使用汉语的仅占到该年龄段总人口的26.1%,不会汉语的占到39.1%。与其他年龄段相比,60岁以上的老人的汉语水平明显偏低。

总的来看,巴昆组约82%的人能够熟练使用汉语,不会汉语的只有4.9%。所以可以说,在巴昆,绝大多数人都是"基诺—汉"双语人。

三 巴昆组家庭语言使用情况一览表

序号	家庭关系	姓名	年龄	文化程度	第一语言及水平	第二语言及水平	备注
1	户主	婆周	74	文盲	基诺语,熟练	汉语,一般	
	妻子	腰都	61	文盲	基诺语,熟练	汉语,一般	
2	户主	周永祥	34	高中	基诺语,熟练	汉语,熟练	
	妻子	李天英	31	初中	汉语,熟练	基诺语,一般	汉族,临沧人
	长子	周梓良	7	上小学	汉语,熟练	基诺语,一般	
	次子	周梓康	3	学龄前			
3	户主	腰木拉	57	初小	基诺语,熟练	汉语,熟练	
	妻子	肖都	54	文盲	基诺语,熟练	汉语,一般	
	长子	木拉切	30	初中	基诺语,熟练	汉语,熟练	
	儿媳	佐丛英	30	初中	汉语,熟练	基诺语,熟练	汉族,景东人
	长孙	切志强	8	上小学	汉语,熟练	基诺语,一般	
	次孙	切弓	6	上小学	汉语,熟练	基诺语,一般	
4	户主	沙汽	57	初小	基诺语,熟练	汉语,熟练	
	妻子	腰得	55	文盲	基诺语,熟练	汉语,一般	
	长子	沙国强	27	中专	基诺语,熟练	汉语,熟练	
	儿媳	徐昌兰	23	高中	汉语,熟练	基诺语,略懂	
	长孙	沙景胜	2	学龄前			
5	户主	刘石生	42	高中	基诺语,熟练	汉语,熟练	
	妻子	包麦	42	初中	基诺语,熟练	汉语,熟练	
	长女	刘春梅	19	初中	基诺语,熟练	汉语,熟练	
	次女	刘春丽	17	初中	基诺语,熟练	汉语,熟练	
	长子	刘春福	15	初中	基诺语,熟练	汉语,熟练	

6	户主	老笨	71	文盲	基诺语,熟练	汉语,熟练	
	妻子	梅英	70	文盲	基诺语,熟练	汉语,熟练	
	长子	刘石林	41	高小	基诺语,熟练	汉语,熟练	
	儿媳	布鲁都	40	初中	基诺语,熟练	汉语,熟练	
	长女	刘凤	18	高中	基诺语,熟练	汉语,熟练	
	长子	刘强	16	初中	基诺语,熟练	汉语,熟练	
7	户主	咪气	39	初中	基诺语,熟练	汉语,熟练	
	母亲	车雷	76	文盲	基诺语,熟练	汉语,一般	
	长子	资白	16	初中	基诺语,熟练	汉语,熟练	
	长女	资得	14	小学	基诺语,熟练	汉语,熟练	
	次女	资温	13	小学	基诺语,熟练	汉语,熟练	
8	户主	阿四	69	文盲	基诺语,熟练	汉语,熟练	
	长子	沙周	43	文盲	基诺语,熟练	汉语,熟练	
	长媳	沙得	42	初中	基诺语,熟练	汉语,熟练	
	长子	王剑侠	20	初中	基诺语,熟练	汉语,熟练	
	次子	王志明	18	初中	基诺语,熟练	汉语,熟练	
9	户主	肖飘	67	文盲	基诺语,熟练	汉语,一般	
	妻子	布鲁麦	66	文盲	基诺语,熟练	汉语,不会	
	长子	飘周	32	初中	基诺语,熟练	汉语,熟练	
	长媳	张海兰	31	初中	基诺语,熟练	汉语,熟练	
	长孙女	周文娟	12	上小学	基诺语,熟练	汉语,熟练	
	次孙女	周老三	9	上小学	基诺语,熟练	汉语,熟练	
	长孙	周文焕	8	上小学	基诺语,熟练	汉语,熟练	
10	户主	飘布鲁	44	高小	基诺语,熟练	汉语,熟练	
	妻子	三妹	43	初中	基诺语,熟练	汉语,熟练	
	长女	布鲁则	26	高中	基诺语,熟练	汉语,熟练	
	长子	布鲁肖	24	中专	基诺语,熟练	汉语,熟练	与布鲁车是双胞胎兄弟
	次子	布鲁车	24	中专	基诺语,熟练	汉语,熟练	
	儿媳	包则	23	初中	基诺语,熟练	汉语,熟练	
11	户主	曾善科	65	文盲	基诺语,熟练	汉语,熟练	
	妻子	包收	62	文盲	基诺语,熟练	汉语,熟练	
	长子	曾云兵	31	高中	基诺语,熟练	汉语,熟练	
	长媳	资吕	25	高小	基诺语,熟练	汉语,熟练	
	长孙	曾云飞	5	学龄前			

12	户主	大包布鲁	50	小学	基诺语,熟练	汉语,熟练	
	妻子	周升	46	初中	基诺语,熟练	汉语,熟练	
	母亲	资收	93	文盲	基诺语,熟练	汉语,不会	
	长女	包锦菊	24	高中	基诺语,熟练	汉语,熟练	
	长子	张志荣	23	初中	基诺语,熟练	汉语,熟练	
	次女	张蕾	20	高中	基诺语,熟练	汉语,熟练	
13	户主	周白	31	初中	基诺语,熟练	汉语,熟练	
	妻子	周麦	30	初中	基诺语,熟练	汉语,熟练	
	长女	白雪	5	学龄前			
14	户主	阿三	55	文盲	基诺语,熟练	汉语,一般	
	妻子	周腰	50	文盲	基诺语,熟练	汉语,一般	
	长子	周加强	27	初中	基诺语,熟练	汉语,熟练	
	长女	周晓梅	26	初中	基诺语,熟练	汉语,熟练	
	次女	布鲁得	22	初中	基诺语,熟练	汉语,熟练	
15	户主	汽木拉	37	小学	基诺语,熟练	汉语,熟练	
	妻子	飘都	37	小学	基诺语,熟练	汉语,熟练	
	长子	木文华	18	高中	基诺语,熟练	汉语,熟练	
	长女	木文红	16	初中	基诺语,熟练	汉语,熟练	
	次女	木文婷	14	初中	基诺语,熟练	汉语,熟练	
16	户主	操白	55	高小	基诺语,熟练	汉语,一般	
	妻子	木拉得	46	小学	基诺语,熟练	汉语,一般	
	长子	包杰	33	高中	基诺语,熟练	汉语,熟练	
	长媳	鲁国萍	28	初中	汉语,熟练	基诺语,一般	彝族,镇源人
	长女	白玫	28	中专	基诺语,熟练	汉语,熟练	
	次女	包都	26	初中	基诺语,熟练	汉语,熟练	
	长孙女	杰媛	8	上小学	汉语,熟练	基诺语,熟练	
	长孙	杰瑞	7	上小学	汉语,熟练	基诺语,熟练	
17	户主	布鲁基	24	初中	基诺语,熟练	汉语,熟练	
	丈夫	郭益华	30	初中	基诺语,熟练	汉语,熟练	
	长子	车白	3	学龄前			

18	户主	婆布鲁	53	文盲	基诺语,熟练	汉语,一般	
	妻子	阿珍	49	文盲	基诺语,熟练	汉语,略懂	
	次女	婆都	27	初中	基诺语,熟练	汉语,熟练	
	女婿	小张	30	初中	汉语,熟练	基诺语,一般	汉族,景谷人
	三女	布鲁都	19	初中	基诺语,熟练	汉语,熟练	
	长孙	阿华	4	学龄前			
19	户主	婆些	76	文盲	基诺语,熟练	汉语,一般	
	妻子	包都	75	文盲	基诺语,熟练	汉语,不会	
	次子	先摩拉	38	小学	基诺语,熟练	汉语,熟练	
	次媳	冯芬	30	小学	汉语,熟练	基诺语,一般	汉族,镇源人
	长孙女	波婷婷	6	上小学	汉语,一般	基诺语,一般	
	长孙	波志朝	4	学龄前			
20	户主	包杰	56	文盲	基诺语,熟练	汉语,一般	
	妻子	门沙	49	小学	基诺语,熟练	汉语,一般	
	父亲	沙白	93	文盲	基诺语,熟练	汉语,不会	
	长女	李文琳	29	初中	基诺语,熟练	汉语,熟练	
	次女	沙得	23	小学	基诺语,熟练	汉语,熟练	
	长子	沙子	18	初中	基诺语,熟练	汉语,熟练	
21	户主	门泽	71	文盲	基诺语,熟练	汉语,不会	
	妻子	肖基	68	文盲	基诺语,熟练	汉语,不会	
	次子	泽白	31	高小	基诺语,熟练	汉语,熟练	
	儿媳	杰都	26	初中	基诺语,熟练	汉语,熟练	
	长女	车麦	28	小学	基诺语,熟练	汉语,熟练	
	长孙女	白俊洁	4	学龄前			
22	户主	先泽	47	文盲	基诺语,熟练	汉语,略懂	
	长子	刘阿强	25	初中	基诺语,熟练	汉语,熟练	
	长媳	泽吕	20	初中	基诺语,熟练	汉语,熟练	
23	户主	木拉布鲁	46	高小	基诺语,熟练	汉语,熟练	
	妻子	木拉机	45	初中	基诺语,熟练	汉语,熟练	
	长子	沙飘	25	初中	基诺语,熟练	汉语,熟练	
	长媳	何阿美	21	高中	汉语,熟练	基诺语,略懂	汉族,普洱人
	长女	鲁晓英	23	初中	基诺语,熟练	汉语,熟练	
	次女	鲁娅婷	22	初中	基诺语,熟练	汉语,熟练	
	三女	鲁娅芳	19	初中	基诺语,熟练	汉语,熟练	

24	户主	扫周	48	文盲	基诺语,熟练	汉语,一般	
	妻子	沙都	48	高小	基诺语,熟练	汉语,一般	
	长子	周荣华	24	高中	基诺语,熟练	汉语,熟练	
	次子	周理	22	高中	基诺语,熟练	汉语,熟练	
	长女	周丽英	20	初中	基诺语,熟练	汉语,熟练	
	三子	周志强	17	初中	基诺语,熟练	汉语,熟练	
25	户主	包布鲁	37	高小	基诺语,熟练	汉语,熟练	
	妻子	布鲁收	37	高小	基诺语,熟练	汉语,熟练	
	长子	布鲁杰	14	上初中	基诺语,熟练	汉语,熟练	
26	户主	大周布鲁	33	初中	基诺语,熟练	汉语,熟练	
	妻子	腮则	32	初中	基诺语,熟练	汉语,熟练	
	长女	周敏杰	14	上初中	基诺语,熟练	汉语,熟练	
	次女	周敏艳	11	上小学	基诺语,熟练	汉语,熟练	
27	户主	沙布鲁	54	高小	基诺语,熟练	汉语,熟练	
	妻子	车机	52	高小	基诺语,熟练	汉语,熟练	
	母亲	周得	84	文盲	基诺语,熟练	汉语,一般	
	长女	布鲁得	28	初中	基诺语,熟练	汉语,熟练	
	长子	布鲁杰	23	初中	基诺语,熟练	汉语,熟练	
	次子	资布鲁	21	高小	基诺语,熟练	汉语,熟练	
28	户主	婆得	66	文盲	基诺语,熟练	汉语,不会	
	次子	包车	34	高小	基诺语,熟练	汉语,熟练	
	次媳	玉过	31	初中	基诺语,熟练	汉语,熟练	
	长孙	车艳华	9	上小学	基诺语,一般	汉语,熟练	
	长孙女	车艳梅	7	上小学	基诺语,一般	汉语,熟练	
29	户主	沙吕	36	高小	基诺语,熟练	汉语,熟练	
	丈夫	小叶	40	初中	汉语,熟练	基诺语,一般	汉族,景东人
	长女	叶佳佳	14	上初中	汉语,熟练	基诺语,熟练	
	长子	叶飞飞	12	上小学	汉语,熟练	基诺语,熟练	
30	户主	白腊周	50	初小	基诺语,熟练	汉语,一般	
	妻子	腰麦	48	初小	基诺语,熟练	汉语,一般	
	长子	周志荣	27	高小	基诺语,熟练	汉语,熟练	

31	户主	飘白	64	初小	基诺语,熟练	汉语,一般	
	妻子	布鲁则	63	文盲	基诺语,熟练	汉语,不会	
	长女	包麦	38	初中	基诺语,熟练	汉语,熟练	
	女婿	郭阿四	40	中专	基诺语,熟练	汉语,熟练	
	长孙	郭旭东	14	小学	基诺语,熟练	汉语,熟练	
	长孙女	郭世萍	12	小学	基诺语,熟练	汉语,熟练	
32	户主	野白	71	文盲	基诺语,熟练	汉语,一般	
	妻子	资麦	71	文盲	基诺语,熟练	汉语,不会	
	长子	老三	43	初中	基诺语,熟练	汉语,熟练	
	长媳	李发芬	36	初中	汉语,熟练	基诺语,一般	汉族,普洱人
	长孙	三景顺	7	上小学	汉语,一般	基诺语,熟练	
	长孙女	三景丽	5	学龄前			
33	户主	婆资	29	中专	基诺语,熟练	汉语,熟练	
	妻子	阿芳	22	中专	汉语,熟练	基诺语,略懂	汉族,镇源人
	长子	涛涛	1	学龄前			
34	户主	婆杰	38	初中	基诺语,熟练	汉语,熟练	
	妻子	包收	36	初小	基诺语,熟练	汉语,熟练	
	长子	杰剑	19	初中	基诺语,熟练	汉语,熟练	
	次子	杰国庆	18	初中	基诺语,熟练	汉语,熟练	
	长女	杰妞	17	初中	基诺语,熟练	汉语,熟练	
35	户主	腮肖	47	初中	基诺语,熟练	汉语,熟练	
	妻子	布鲁得	42	高小	基诺语,熟练	汉语,熟练	
	长子	肖子	21	初中	基诺语,熟练	汉语,熟练	
	长女	肖得	18	初中	基诺语,熟练	汉语,熟练	
	次女	肖吕	17	小学	基诺语,熟练	汉语,熟练	
36	户主	沙车	40	高小	基诺语,熟练	汉语,熟练	
	妻子	杰都	40	初中	基诺语,熟练	汉语,熟练	
	长女	车艳梅	17	初中	基诺语,熟练	汉语,熟练	
	次女	车燕	15	初中	基诺语,熟练	汉语,熟练	
37	户主	先切	40	高中	基诺语,熟练	汉语,熟练	
	妻子	沙都	38	小学	基诺语,熟练	汉语,熟练	
	长子	切卫忠	18	初中	基诺语,熟练	汉语,熟练	
	次子	切卫平	15	小学	基诺语,熟练	汉语,熟练	

38	户主	资白	65	高小	基诺语,熟练	汉语,熟练	
	妻子	标都	59	文盲	基诺语,熟练	汉语,一般	
	长子	阿林	32	中专	基诺语,熟练	汉语,熟练	
	长媳	张丽英	30	中专	汉语,熟练	基诺语,一般	彝族,景东人
	长孙	林子强	6	上小学	汉语,一般	基诺语,一般	
	次孙	林子尽	4	学龄前			
39	户主	先白	44	小学	基诺语,熟练	汉语,熟练	
	妻子	肖得	44	小学	基诺语,熟练	汉语,熟练	
	长女	白翠	20	初中	基诺语,熟练	汉语,熟练	
	次女	白梅英	18	初中	基诺语,熟练	汉语,熟练	
	三女	白志华	16	初中	基诺语,熟练	汉语,熟练	

(六）巴秀组语言使用情况

一 概况

基诺乡司土村巴秀组又称"曼秀"，共56户256人，劳动力172人。人均占有粮食618公斤，人均纯收入2318元。巴秀组每家每户均种植橡胶树。近几年的经济发展速度比较快，村民的生活水平也有了较大的提高。据本次调查统计，全组家庭的电视和电话的普及率都已达100%，手机、摩托车及拖拉机的普及率也均已超过90%。有个别家庭还拥有2—3辆摩托车或拖拉机。

本次调查了55户，255人，占全组人口的99.9%。由于6岁以下的儿童语言能力不稳定，因此在统计基诺语使用情况时没有将其包括在内。

二 语言使用的基本特点

巴秀组基诺语使用情况见表1：

表1

年龄段	熟练		一般		不会	
	人口	百分比	人口	百分比	人口	百分比
6—12岁	17	6.7	0	0	0	0
13—18岁	31	12.3	0	0	0	0
19—59岁	174	69.1	0	0	0	0
60岁以上	30	11.9	0	0	0	0
合计（252人）	252	100	0	0	0	0

巴秀组汉语使用情况见表2：

表2

年龄段	熟练		一般		不会	
	人口	百分比	人口	百分比	人口	百分比
6—12岁	16	6.3	0	0	1	0.4
13—18岁	14	5.6	17	6.7	0	0
19—59岁	73	29.0	101	40.1	0	0
60岁以上	1	0.4	4	1.6	25	9.9
合计（252人）	104	41.3	122	48.4	26	10.3

巴秀组的语言使用特点：

(1)基诺语的使用达100％。全组村民皆能熟练地掌握基诺语，在家庭内部及村寨内均主要使用基诺语进行日常交流。

(2)全组89.7％的村民能够使用汉语进行交流，只有10.3％不会汉语。但通过调查我们发现汉语在巴秀组村民的日常交流中所起的作用是辅助性的。

(3)巴秀组靠近傣族村寨，由于基诺人与周边的傣族相处融洽，逢年过节还会频繁地相互串门，交往甚多，因此有不少人能听懂傣语，也会说一两句傣语。

三 巴秀组家庭语言使用情况一览表

序号	家庭关系	姓名	年龄	文化程度	第一语言及水平	第二语言及水平	备注
1	户主	车泽	41	初中	基诺语,熟练	汉语,熟练	
	妻子	沙麦	40	初中	基诺语,熟练	汉语,熟练	
	父亲	包车	85	小学	基诺语,熟练	汉语,不会	
	长子	泽保	23	小学	基诺语,熟练	汉语,一般	
	长女	泽侣	21	小学	基诺语,熟练	汉语,熟练	
	次女	泽升	19	初中	基诺语,熟练	汉语,熟练	
2	户主	车木拉	68	小学	基诺语,熟练	汉语,不会	
	妻子	切飘	67	小学	基诺语,熟练	汉语,不会	
	长子	木腊杰	33	高中	基诺语,熟练	汉语,熟练	
	次子	木腊优	30	初中	基诺语,熟练	汉语,熟练	
	儿媳	茄麦	27	初中	基诺语,熟练	汉语,熟练	
	长孙女	优则	9	上小学	基诺语,熟练	汉语,一般	
	次孙女	优升	6	学龄前	基诺语,熟练	汉语,一般	

3	户主	木腊资	38	初中	基诺语,熟练	汉语,熟练	
	妻子	苗则	36	小学	基诺语,熟练	汉语,一般	
	长子	资木拉	18	初中	基诺语,熟练	汉语,熟练	
	长女	资刀	20	小学	基诺语,熟练	汉语,一般	
4	户主	也秋	37	小学	基诺语,熟练	汉语,一般	
	妻子	布鲁刀	32	小学	基诺语,熟练	汉语,一般	
	祖母	布鲁则	81	小学	基诺语,熟练	汉语,不会	
	父亲	车烈	55	小学	基诺语,熟练	汉语,一般	
	母亲	布鲁侣	56	小学	基诺语,熟练	汉语,一般	
	妹妹	也刀	32	小学	基诺语,熟练	汉语,一般	
	长子	秋布鲁	12	小学	基诺语,熟练	汉语,一般	
	长女	秋也	14	小学	基诺语,熟练	汉语,一般	
5	户主	中木拉者	47	初中	基诺语,熟练	汉语,熟练	
	妻子	保侣	46	小学	基诺语,熟练	汉语,一般	
	长子	周肖	22	初中	基诺语,熟练	汉语,熟练	
	长女	周施	20	小学	基诺语,熟练	汉语,一般	
	次女	周棋	18	初中	基诺语,熟练	汉语,熟练	
6	户主	大周麦	72	小学	基诺语,熟练	汉语,不会	
	长子	切白	33	小学	基诺语,熟练	汉语,一般	
	长女	切飘	31	小学	基诺语,熟练	汉语,一般	
7	户主	布鲁秋	48	小学	基诺语,熟练	汉语,一般	
	妻子	白机	47	小学	基诺语,熟练	汉语,一般	
	长女	秋升	28	高中	基诺语,熟练	汉语,熟练	
	次女	秋侣	26	初中	基诺语,熟练	汉语,熟练	
	三女	秋施	20	小学	基诺语,熟练	汉语,一般	
8	户主	中周白	48	初中	基诺语,熟练	汉语,熟练	
	妻子	腰都	43	初中	基诺语,熟练	汉语,熟练	
	母亲	肖麦	72	小学	基诺语,熟练	汉语,不会	
	长子	包车	24	初中	基诺语,熟练	汉语,熟练	
	长女	包吕	23	初中	基诺语,熟练	汉语,熟练	
	次女	包升	21	初中	基诺语,熟练	汉语,熟练	
9	户主	资泽	59	小学	基诺语,熟练	汉语,熟练	
	妻子	资升	57	小学	基诺语,熟练	汉语,一般	
	长子	泽布鲁	32	初中	基诺语,熟练	汉语,熟练	

10	户主	杰布鲁	39	小学	基诺语,熟练	汉语,熟练	
	妻子	资侣	39	小学	基诺语,熟练	汉语,一般	
	长女	布鲁刀	23	小学	基诺语,熟练	汉语,一般	
	次女	布鲁则	19	小学	基诺语,熟练	汉语,一般	
	三女	布鲁妞	17	小学	基诺语,熟练	汉语,一般	
11	户主	扫切	33	小学	基诺语,熟练	汉语,一般	
	妻子	切升	31	初中	基诺语,熟练	汉语,熟练	
	长女	切温	14	小学	基诺语,熟练	汉语,一般	
	次女	切收	12	上小学	基诺语,熟练	汉语,一般	
12	户主	布鲁先	38	小学	基诺语,熟练	汉语,一般	
	妻子	资叶	38	小学	基诺语,熟练	汉语,一般	
	长子	先资	17	小学	基诺语,熟练	汉语,一般	
	长女	破施	19	小学	基诺语,熟练	汉语,一般	
13	户主	扫门	57	小学	基诺语,熟练	汉语,熟练	
	妻子	布鲁则	54	小学	基诺语,熟练	汉语,一般	
	长子	门者	32	小学	基诺语,熟练	汉语,熟练	
14	户主	苗扫	35	小学	基诺语,熟练	汉语,熟练	
	妻子	腰都	34	小学	基诺语,熟练	汉语,一般	
	长女	扫妹	14	小学	基诺语,熟练	汉语,一般	
	次女	扫侣	11	上小学	基诺语,熟练	汉语,一般	
15	户主	资木拉	59	小学	基诺语,熟练	汉语,一般	
	妻子	白腊则	55	小学	基诺语,熟练	汉语,一般	
	长女	木腊麦	30	初中	基诺语,熟练	汉语,熟练	
	次女	木腊叶	28	初中	基诺语,熟练	汉语,熟练	
	三女	木腊吕	25	初中	基诺语,熟练	汉语,熟练	
16	户主	腰杰	37	小学	基诺语,熟练	汉语,一般	
	妻子	周机	37	小学	基诺语,熟练	汉语,一般	
	长女	杰飘	17	小学	基诺语,熟练	汉语,熟练	
	次女	杰侣	14	小学	基诺语,熟练	汉语,一般	
17	户主	布鲁肖	38	小学	基诺语,熟练	汉语,一般	
	妻子	门机	31	小学	基诺语,熟练	汉语,一般	
	母亲	泽机	53	小学	基诺语,熟练	汉语,一般	
	叔叔	白拉周	55	小学	基诺语,熟练	汉语,一般	
	弟弟	布鲁拉	34	初中	基诺语,熟练	汉语,熟练	
	长子	肖周	15	初中	基诺语,熟练	汉语,熟练	
	次子	肖包	13	上小学	基诺语,熟练	汉语,一般	

18	户主	沙切	60	小学	基诺语,熟练	汉语,熟练
	妻子	车得	53	小学	基诺语,熟练	汉语,一般
	长子	沙志平	30	大专	基诺语,熟练	汉语,熟练
	次子	沙志林	28	中专	基诺语,熟练	汉语,熟练
19	户主	保子	44	小学	基诺语,熟练	汉语,一般
	妻子	小周麦	43	小学	基诺语,熟练	汉语,一般
	长子	子木拉	20	小学	基诺语,熟练	汉语,一般
20	户主	沙腰	58	小学	基诺语,熟练	汉语,熟练
	妻子	腰飘	32	初中	基诺语,熟练	汉语,熟练
21	户主	周木拉	35	小学	基诺语,熟练	汉语,一般
	妻子	杰妞	35	小学	基诺语,熟练	汉语,一般
	母亲	木腊麦	91	文盲	基诺语,熟练	汉语,不会
	长子	木腊切	16	小学	基诺语,熟练	汉语,一般
	长女	木腊施	14	初中	基诺语,熟练	汉语,熟练
22	户主	木腊资	43	小学	基诺语,熟练	汉语,熟练
	妻子	周麦	43	初中	基诺语,熟练	汉语,熟练
	母亲	沙麦	83	小学	基诺语,熟练	汉语,不会
	长子	资保	22	初中	基诺语,熟练	汉语,熟练
	次子	资者	18	小学	基诺语,熟练	汉语,一般
	长女	资飘	20	小学	基诺语,熟练	汉语,一般
23	户主	大茄泽	57	小学	基诺语,熟练	汉语,一般
	妻子	包施	55	小学	基诺语,熟练	汉语,一般
	长子	泽周	32	初中	基诺语,熟练	汉语,熟练
	次子	李静熙	27	初中	基诺语,熟练	汉语,熟练
24	户主	肖资	59	小学	基诺语,熟练	汉语,熟练
	妻子	少刀	57	小学	基诺语,熟练	汉语,一般
	长子	资所	36	初中	基诺语,熟练	汉语,熟练
	次子	资布鲁	29	高中	基诺语,熟练	汉语,熟练
	长女	资则	32	初中	基诺语,熟练	汉语,熟练
25	户主	泽者	38	小学	基诺语,熟练	汉语,一般
	妻子	先都	37	小学	基诺语,熟练	汉语,一般
	长子	者布鲁	11	上小学	基诺语,熟练	汉语,一般
	长女	者叶	15	初中	基诺语,熟练	汉语,熟练
	次女	者侣	13	上小学	基诺语,熟练	汉语,一般

26	户主	周木拉	35	小学	基诺语,熟练	汉语,一般	
	妻子	腰兰	28	初中	基诺语,熟练	汉语,熟练	
	母亲	杰飘	83	小学	基诺语,熟练	汉语,不会	
	长女	木拉妞	8	上小学	基诺语,熟练	汉语,一般	
27	户主	小周泽	33	小学	基诺语,熟练	汉语,一般	
	妻子	切则	29	小学	基诺语,熟练	汉语,一般	
	母亲	泽施	71	小学	基诺语,熟练	汉语,不会	
	长子	泽腰	7	上小学	基诺语,熟练	汉语,一般	
	长女	泽都	9	上小学	基诺语,熟练	汉语,一般	
28	户主	周白	31	小学	基诺语,熟练	汉语,一般	
	妻子	门刀	29	小学	基诺语,熟练	汉语,一般	
	长女	白机	10	上小学	基诺语,熟练	汉语,一般	
29	户主	肖切	40	小学	基诺语,熟练	汉语,熟练	
	妻子	周机	40	小学	基诺语,熟练	汉语,一般	
	母亲	布鲁麦	81	文盲	基诺语,熟练	汉语,不会	
	弟弟	白腊腰	56	文盲	基诺语,熟练	汉语,一般	
	长子	切白	14	初中	基诺语,熟练	汉语,熟练	
30	户主	泽白	39	小学	基诺语,熟练	汉语,一般	
	妻子	婆施	38	小学	基诺语,熟练	汉语,一般	
	长子	保者	21	小学	基诺语,熟练	汉语,一般	
	长女	白秀红	19	初中	基诺语,熟练	汉语,熟练	
	次女	白秀英	17	初中	基诺语,熟练	汉语,熟练	
31	户主	大资白	40	小学	基诺语,熟练	汉语,熟练	
	妻子	苗叶	40	小学	基诺语,熟练	汉语,一般	
	父亲	白腊资	81	小学	基诺语,熟练	汉语,一般	
	母亲	布鲁则	82	小学	基诺语,熟练	汉语,不会	
	长子	包周	21	初中	基诺语,熟练	汉语,熟练	
	次子	包车	18	小学	基诺语,熟练	汉语,一般	
	三子	包布鲁	15	小学	基诺语,熟练	汉语,一般	
32	户主	资白	36	初中	基诺语,熟练	汉语,熟练	
	母亲	肖施	57	小学	基诺语,熟练	汉语,一般	
	妹妹	资麦	32	初中	基诺语,熟练	汉语,熟练	

33	户主	大布鲁秋	61	文盲	基诺语,熟练	汉语,一般	
	妻子	门机	53	小学	基诺语,熟练	汉语,一般	
	父亲	资门	94	文盲	基诺语,熟练	汉语,不会	
	长子	扫资	29	小学	基诺语,熟练	汉语,一般	
	长孙女	路英	3	学龄前	基诺语,一般	汉语,不会	
34	户主	周泽	41	小学	基诺语,熟练	汉语,一般	
	妻子	周都	38	小学	基诺语,熟练	汉语,一般	
	长女	泽妞	22	初中	基诺语,熟练	汉语,熟练	
	次女	泽机	20	初中	基诺语,熟练	汉语,熟练	
	三女	泽则	18	小学	基诺语,熟练	汉语,一般	
	四女	泽侣	16	初中	基诺语,熟练	汉语,熟练	
35	户主	苗者	42	小学	基诺语,熟练	汉语,一般	
	妻子	杰刀	38	小学	基诺语,熟练	汉语,一般	
	母亲	泽施	78	小学	基诺语,熟练	汉语,不会	
	妹妹	苗则	34	初中	基诺语,熟练	汉语,熟练	
	长子	切泽	18	小学	基诺语,熟练	汉语,一般	
	次子	周布鲁	15	小学	基诺语,熟练	汉语,一般	
36	户主	资切	53	小学	基诺语,熟练	汉语,熟练	
	妻子	腰麦	47	小学	基诺语,熟练	汉语,一般	
	长女	切叶	27	小学	基诺语,熟练	汉语,熟练	
37	户主	木腊杰	39	小学	基诺语,熟练	汉语,熟练	
	妻子	包麦	40	小学	基诺语,熟练	汉语,一般	
	长子	杰泽	21	初中	基诺语,熟练	汉语,熟练	
	次子	杰布鲁	17	小学	基诺语,熟练	汉语,一般	
	长女	杰升	19	小学	基诺语,熟练	汉语,一般	
38	户主	布鲁资	30	小学	基诺语,熟练	汉语,一般	
	妻子	布鲁收	33	初中	基诺语,熟练	汉语,熟练	
	长女	李艳	8	上小学	基诺语,熟练	汉语,一般	
	次女	李芳	6	学龄前	基诺语,熟练	汉语,不会	
39	户主	杰泽	43	小学	基诺语,熟练	汉语,一般	
	妻子	秋麦	41	小学	基诺语,熟练	汉语,一般	
	母亲	周麦	68	小学	基诺语,熟练	汉语,不会	
	长子	泽布鲁	18	初中	基诺语,熟练	汉语,熟练	
	长女	泽施	25	初中	基诺语,熟练	汉语,熟练	
	次女	泽刀	23	小学	基诺语,熟练	汉语,一般	
	三女	泽妞	21	初中	基诺语,熟练	汉语,熟练	

40	户主	布鲁飘	41	初中	基诺语,熟练	汉语,熟练	
	妻子	资升	40	小学	基诺语,熟练	汉语,一般	
	儿媳	飘麦	23	初中	基诺语,熟练	汉语,熟练	
	长女	飘施	20	小学	基诺语,熟练	汉语,一般	
	次女	飘侣	17	小学	基诺语,熟练	汉语,一般	
	三女	飘都	15	小学	基诺语,熟练	汉语,一般	
41	户主	切苗	75	小学	基诺语,熟练	汉语,不会	
	妻子	木腊升	73	小学	基诺语,熟练	汉语,不会	
	长子	苗周	30	小学	基诺语,熟练	汉语,熟练	
	长媳	布鲁妞	24	初中	基诺语,熟练	汉语,熟练	
	长孙	周腰	3	学龄前	基诺语,一般	汉语,不会	
	长孙女	周微	5	学龄前	基诺语,熟练	汉语,不会	
42	户主	飘布鲁	56	小学	基诺语,熟练	汉语,一般	
	妻子	布鲁妞	49	小学	基诺语,熟练	汉语,一般	
	长子	刘荣	29	初中	基诺语,熟练	汉语,熟练	
	次子	刘海燕	26	小学	基诺语,熟练	汉语,一般	
43	户主	大周白	52	小学	基诺语,熟练	汉语,一般	
	妻子	婆升	43	小学	基诺语,熟练	汉语,一般	
	长子	保杰	22	小学	基诺语,熟练	汉语,一般	
	长女	保刀	25	初中	基诺语,熟练	汉语,熟练	
	次女	保则	21	初中	基诺语,熟练	汉语,熟练	
44	户主	周扫	43	初中	基诺语,熟练	汉语,熟练	
	妻子	布鲁收	43	初中	基诺语,熟练	汉语,熟练	
	父亲	扫者	62	小学	基诺语,熟练	汉语,一般	
	母亲	周施	62	小学	基诺语,熟练	汉语,一般	
	长子	扫子	24	初中	基诺语,熟练	汉语,熟练	
	次子	白腊车	21	小学	基诺语,熟练	汉语,熟练	
	长女	扫升	18	小学	基诺语,熟练	汉语,一般	
45	户主	大布鲁先	60	小学	基诺语,熟练	汉语,一般	
	妻子	扫飘	48	小学	基诺语,熟练	汉语,一般	
	长子	破周	26	初中	基诺语,熟练	汉语,熟练	
	次子	先布鲁	25	初中	基诺语,熟练	汉语,熟练	

46	户主	包布鲁	74	小学	基诺语,熟练	汉语,不会	
	妻子	腰麦	74	小学	基诺语,熟练	汉语,不会	
	长子	布鲁者	33	小学	基诺语,熟练	汉语,一般	
	长媳	泽麦	31	小学	基诺语,熟练	汉语,一般	
	长孙	者林	9	上小学	基诺语,熟练	汉语,一般	
	长孙女	者红	7	上小学	基诺语,熟练	汉语,一般	
47	户主	肖们	63	小学	基诺语,熟练	汉语,不会	
	妻子	周刀	66	小学	基诺语,熟练	汉语,不会	
	长子	切泽	32	小学	基诺语,熟练	汉语,一般	
	次子	门吕	29	初中	基诺语,熟练	汉语,熟练	
48	户主	布鲁杰	65	小学	基诺语,熟练	汉语,不会	
	妻子	杰则	59	小学	基诺语,熟练	汉语,不会	
	长子	杰白	38	小学	基诺语,熟练	汉语,一般	
	长媳	扫都	40	小学	基诺语,熟练	汉语,熟练	
	长孙	李凤明	19	小学	基诺语,熟练	汉语,一般	
	次孙	李明	16	小学	基诺语,熟练	汉语,一般	
49	户主	包布鲁	32	小学	基诺语,熟练	汉语,熟练	
	母亲	周机	68	小学	基诺语,熟练	汉语,不会	
50	户主	包车	48	小学	基诺语,熟练	汉语,一般	
	妻子	沙叶	43	小学	基诺语,熟练	汉语,一般	
	长子	车志荣	26	小学	基诺语,熟练	汉语,熟练	
	长女	车刀	24	小学	基诺语,熟练	汉语,熟练	
51	户主	木拉周	32	小学	基诺语,熟练	汉语,一般	
	父亲	车扫	68	小学	基诺语,熟练	汉语,不会	
	母亲	包施	64	小学	基诺语,熟练	汉语,不会	
52	户主	木腊标	36	小学	基诺语,熟练	汉语,一般	
	妻子	阿兰	33	初中	基诺语,熟练	汉语,熟练	
	母亲	车机	59	小学	基诺语,熟练	汉语,一般	
	长子	标保	11	上小学	基诺语,熟练	汉语,一般	
	次子	标肖	7	上小学	基诺语,熟练	汉语,一般	

53	户主	木腊妞	43	小学	基诺语,熟练	汉语,一般	
	长子	先木拉	9	上小学	基诺语,熟练	汉语,一般	
	长女	先施	23	小学	基诺语,熟练	汉语,一般	
	次女	先麦	16	初中	基诺语,熟练	汉语,熟练	
54	户主	茄泽	38	小学	基诺语,熟练	汉语,一般	
	母亲	泽刀	74	小学	基诺语,熟练	汉语,不会	
	弟弟	木腊布鲁	33	小学	基诺语,熟练	汉语,一般	
	长子	婆者	26	小学	基诺语,熟练	汉语,一般	

（七）乡机关单位语言使用情况

单位	序号	家庭关系	姓名	年龄	文化程度	基诺语水平	备注
粮管所	1	户主	木春荣	51	初中	熟练	
		妻子	周秀英	43	初中	熟练	
		长女	木晓燕	22	高中	略懂	
		长子	木晓涛	18	初中	略懂	
	2	户主	张岳纳	68	小学	熟练	
		妻子	白腊吕	51	小学	熟练	
	3	户主	罗东林	36	初中	熟练	
		妻子	周世英	32	初中	熟练	
		长子	罗嘉豪	10	上小学	略懂	
	4	户主	唐晓贵	68	小学	略懂	曼武人
		妻子	朱老妹	68	小学	略懂	曼武人
		长女	唐树斌	40	初中	略懂	
	5	户主	沙杰	52	初中	熟练	
		妻子	者妞	47	初中	熟练	
		长女	沙秀兰	26	初中	熟练	
		长子	沙绍华	23	初中	熟练	
	6	户主	布鲁苗	62	小学	熟练	
		妻子	木腊舍	58	小学	熟练	
		次子	罗春林	34	初中	熟练	

	7	户主	切则	34	高中	熟练	
		长子	罗宁	11	上小学	一般	
	8	户主	标切	35	高中	熟练	
		妻子	罗玉兰	31	高中	熟练	
		长子	木林森	4	学龄前		
	9	户主	魏腰	59	小学	熟练	
		妻子	飘舍	49	小学	熟练	
		长子	腰木拉	31	高中	熟练	
		长女	腰则	27	中专	熟练	
		次子	腰布鲁	28	中专	熟练	
	10	户主	木腊标	62	小学	熟练	
		妻子	布鲁麦	58	小学	熟练	
		儿媳	杨春芳	33	小学	不会	汉族
		孙女	木秋羚	3	学龄前		
	11	户主	腰资	59	小学	熟练	
		妻子	周都	60	小学	熟练	
		次子	周志军	28	高中	熟练	
	12	户主	资切	55	小学	熟练	
		妻子	杰妞	46	初中	熟练	
		长子	自云冬	25	高中	熟练	
		长女	自云仙	23	初中	熟练	
乡中学	1	户主	李海松	35	初中	熟练	
		妻子	肖艳	34	初中	熟练	
		长女	李迎春	11	上小学	略懂	
	2	户主	生白	51	小学	熟练	
		妻子	切飘	49	小学	熟练	
		长子	常志荣	30	高中	熟练	
	3	户主	刀保生	45	初中	熟练	曼怀人
		妻子	白凤玲	39	小学	一般	曼控人
		长女	刀丽	17	高中	略懂	
		长子	刀洪敏	9	上小学	略懂	
	4	户主	石凤鸣	40	大专	略懂	汉族
		妻子	王春梅	38	初中	略懂	

		长女	石睿琦	11	上小学	不会	
	5	户主	杨继东	49	大专	熟练	巴来人
		妻子	雷顺妹	47	高中	略懂	曼武人
		长子	杨缙松	18	初中	略懂	
	6	户主	布鲁车	45	大本	熟练	
		妻子	曾四妹	39	小学	熟练	
		长女	白茜琳	19	高中	一般	
	7	户主	王军华	42	中专	一般	曼控人
		妻子	谢美兰	39	小学	一般	曼控人
		长女	王娟	17	初中	略懂	
		次女	王祎	11	小学	略懂	
二道班	1	户主	杨树林	41	初中	略懂	
		妻子	王成芳	37	初中	不会	哈尼族
		长女	王柠	12	上小学	不会	
	2	户主	罗金生	44	初中	略懂	
		妻子	李秀珍	40	小学	略懂	
		长女	罗芳	17	初中	不会	
		次女	罗红	14	初中	不会	
乡政企业种植场	1	户主	车阿格	42	小学	熟练	
		妻子	郭阿仙	39	小学	熟练	
		长子	车格龙	18	初中	一般	
		长女	车格欣	15	初中	一般	
	2	户主	梅少和	46	高中	熟练	
		妻子	普换珍	44	初中	熟练	
		长子	梅青青	22	高中	略懂	
		长女	梅玲玲	20	初中	略懂	
	3	户主	切木拉	43	小学	熟练	
		妻子	阿英	44	初中	熟练	
		长女	白冬梅	21	初中	熟练	
	4	户主	周肖	45	高中	熟练	
		妻子	三妹	43	小学	熟练	
		长女	周丽达	20	初中	熟练	

	次女	肖得	17	初中	熟练	
5	户主	资者	41	小学	熟练	
	妻子	切舍	43	初中	熟练	
	长女	白梅玲	21	初中	略懂	
	长子	周志国	14	上初中	一般	
6	户主	杰扫	61	小学	熟练	
	妻子	玖德	41	小学	熟练	
	长女	云妹	23	初中	熟练	
	长子	大地	21	初中	熟练	
7	户主	腮木拉	43	初中	熟练	
	妻子	迷堆	42	小学	熟练	
	长女	陶秋霞	20	初中	熟练	
8	户主	常安生	43	小学	一般	汉族,德宏人
	妻子	唐梅芬	44	初中	熟练	
	长子	常龙	18	高中	略懂	
	长女	常幸	13	小学	略懂	
9	户主	刀常生	43	小学	一般	曼武人
	妻子	杨慧兰	45	小学	一般	
10	户主	郭阿四	44	初中	熟练	
	妻子	周舍	37	小学	熟练	
	长子	郭梦秋	19	初中	略懂	
	长女	郭梦琪	16	小学	略懂	
11	户主	朱德伟	43	小学	略懂	哈尼族,墨江人
	妻子	董玉仙	39	小学	熟练	
	长子	朱建国	21	初中	略懂	
	长女	朱艳梅	19	初中	略懂	
12	户主	李保友	47	初中	一般	
	妻子	郭亚差	47	小学	一般	
	长子	李春	25	小学	略懂	
	次子	李强	24	小学	略懂	
13	户主	普保元	46	初中	略懂	曼控人
	妻子	者春梅	36	初中	略懂	彝族,墨江人
	次女	普欢欢	12	小学	不会	

	14	户主	陈有华	44	小学	熟练	曼控人
		妻子	胡保珍	41	小学	一般	
		长子	陈建辉	32	小学	熟练	
		三子	陈小三	24	初中	一般	
	15	户主	叶学敏	40	小学	略懂	汉族
		妻子	董玉仙	40	小学	熟练	巴卡人
		长女	叶语听	21	初中	熟练	
		次女	叶语婷	20	初中	熟练	
	16	户主	曾阿林	41	小学	熟练	巴来人
		妻子	张玉仙	37	小学	熟练	
		长女	曾永华	26	高中	一般	
		次子	曾小二	25	初中	一般	
乡卫生院	1	户主	刀志华	37		熟练	曼怀人
		妻子	学晓蓉	36		熟练	
		母亲	木拉升	66		熟练	
		长子	华泰龙	11		略懂	
		弟弟	学晓林	32		熟练	
	2	户主	白腊车	70		熟练	
		妻子	白腊叶	66		熟练	
		长女	车德	40		熟练	
		女婿	李忠云	44		略懂	彝族
		孙女	李友梅	5	学龄前		
		孙女	李友莲	2	学龄前		
	3	户主	资扫	63		熟练	
		妻子	资飘	45		熟练	
	4	户主	啊白	56		熟练	
		妻子	王国芬	47		略懂	
		长子	白彬	17		略懂	

（八）么羊组语言使用情况

一 概况

么羊属于洛特村委会，位于乡境东南部，距乡政府所在地 21 公里。五六十年前，寨子总共有 7 户，其中 3 户汉族，4 户基诺族，但现在发展成 28 户，共 134 人，文化程度较高。其中文盲 12 人，学龄前 3 人，小学 49 人（包括上小学 4 人），初中 55 人，高中 10 人（包括中专），大专 6 人。

二 语言使用的基本特点

么羊基诺族语言使用主要有如下特点：

1. 全寨都会讲汉语，而且非常熟练。汉语是么羊人的主要交际语言。见表 1：

表 1　汉语语言能力统计表

年龄段	熟练 人口	熟练 百分比	一般 人口	一般 百分比	略懂 人口	略懂 百分比	不会 人口	不会 百分比
12 岁以下	9	6.7	0	0	0	0	0	0
13—18 岁	24	17.9	0	0	0	0	0	0
19—59 岁	83	61.8	0	0	0	0	0	0
60 岁以上	18	5.4	0	0	0	0	0	0
合计	134	100	0	0	0	0	0	0

2. 全寨 67.2% 的人不会基诺语，19 岁以下全都不会基诺语，19—59 岁人约一般不会讲基诺语，60 岁以上的人近 30% 不会讲基诺语。也就是说年龄越小基诺语水平则越低。见表 2：

表 2　基诺语语言能力统计表

年龄段	熟练 人口	熟练 百分比	一般 人口	一般 百分比	略懂 人口	略懂 百分比	不会 人口	不会 百分比
12 岁以下	0	0	0	0	0	0	9	6.7
13—18 岁	0	0	0	0	0	0	24	17.9
19—59 岁	28	20.9	3	2.2	1	0.7	51	38
60 岁以上	12	9	0	0	0	0	6	4.5
合计	40	31.3	3	2.2	1	0.7	90	67.2

3. 基诺语为第一语言的共 23 人,汉语为第一语言的共 132 人。生活中,老年人仍讲基诺语,中青年人大多会听但不习惯或不会讲,青少年则不会听也不会讲,交流几乎都是汉语。

三 么羊组家庭语言使用情况一览表

序号	家庭关系	姓名	年龄	文化程度	第一语言及水平	第二语言及水平	备注
1	户主	何志强	28	初中	汉语,熟练	基诺语,一般	
	妻子	陈德林	25	初中	汉语,熟练	基诺语,不会	
	母亲	郭陆妹	55	小学	基诺语,熟练	汉语,熟练	
	大哥	何志刚	34	初中	汉语,熟练	基诺语,不会	
	二哥	何志荣	31	初中	汉语,熟练	基诺语,不会	
	长子	何云龙	7	学前	汉语,熟练	基诺语,不会	
	次子	何建东	3	学前	汉语,熟练	基诺语,不会	
2	户主	曾金安	43	小学	汉语,熟练	基诺语,不会	
	妻子	谢阿地	42	初中	汉语,熟练	基诺语,不会	
	长子	曾松	23	大专	汉语,熟练	基诺语,不会	
	次子	曾超	21	初中	汉语,熟练	基诺语,不会	
	三子	曾坤	18	初中	汉语,熟练	基诺语,不会	
3	户主	刘丁香	76	文盲	基诺语,熟练	汉语,熟练	
	长子	陶保明	34	初中	汉语,熟练	基诺语,不会	
4	户主	刁琼珍	38	小学	汉语,熟练	基诺语,不会	
	长子	郭匆	17	初中	汉语,熟练	基诺语,不会	
	长女	郭俊	20	初中	汉语,熟练	基诺语,不会	
	次女	郭叶	18	初中	汉语,熟练	基诺语,不会	
5	户主	郭永平	38	小学	汉语,熟练	基诺语,不会	
	妻子	梅东妹	38	初中	基诺语,熟练	汉语,熟练	
	父亲	郭老夯	71	文盲	基诺语,熟练	汉语,熟练	
	母亲	王阿庄	70	文盲	汉语,熟练	基诺语,不会	
	长子	郭军军	20	初中	汉语,熟练	基诺语,不会	
	次子	郭强	15	初中	汉语,熟练	基诺语,不会	
6	户主	何定安	58	小学	汉语,熟练	基诺语,熟练	
	妻子	王秀珍	50	小学	汉语,熟练	基诺语,不会	
	长子	何友成	27	初中	汉语,熟练	基诺语,不会	
	次子	何友福	24	大专	汉语,熟练	基诺语,不会	
	长女	何卫红	29	初中	汉语,熟练	基诺语,不会	

7	户主	文玲芝	43	小学	汉语,熟练	基诺语,熟练	
	长女	唐丽	23	中专	汉语,熟练	基诺语,不会	
	次女	唐娅	21	初中	汉语,熟练	基诺语,不会	
	三女	唐美	19	初中	汉语,熟练	基诺语,不会	
	四女	唐青	17	高中	汉语,熟练	基诺语,不会	
8	户主	李乔兴	53	小学	汉语,熟练	基诺语,熟练	
	妻子	何乔妹	49	小学	汉语,熟练	基诺语,熟练	
	父亲	白腊腰	84	文盲	汉语,熟练	基诺语,熟练	
	母亲	基飘	86	文盲	汉语,熟练	基诺语,熟练	
	长子	李春华	31	初中	汉语,熟练	基诺语,熟练	
	长女	李春梅	29	初中	汉语,熟练	基诺语,熟练	
9	户主	陶保昌	44	小学	基诺语,熟练	汉语,熟练	
	妻子	切尾	37	小学	基诺语,熟练	汉语,熟练	
	长子	陶叶青	19	高中	汉语,熟练	基诺语,不会	
	次子	陶叶庭	18	初中	汉语,熟练	基诺语,不会	
	三子	陶叶飞	16	初中	汉语,熟练	基诺语,不会	
10	户主	杜在昌	49	小学	汉语,熟练	基诺语,不会	
	妻子	雷云妹	42	小学	汉语,熟练	基诺语,不会	
	父亲	雷得智	76	文盲	汉语,熟练	基诺语,不会	
	母亲	王梅玲	72	文盲	汉语,熟练	基诺语,不会	
	弟弟	雷保兴	33	初中	汉语,熟练	基诺语,不会	
	长子	杜军勇	23	大专	汉语,熟练	基诺语,不会	
	长女	木晶洁	22	初中	汉语,熟练	基诺语,不会	
11	户主	布鲁腮	56	小学	汉语,熟练	基诺语,熟练	
	妻子	李阿迷	50	小学	汉语,熟练	基诺语,熟练	
	长子	刀志军	29	高中	汉语,熟练	基诺语,不会	
12	户主	曾云昌	38	小学	汉语,熟练	基诺语,熟练	
	妻子	李三妹	37	初中	汉语,熟练	基诺语,熟练	
	父亲	曾金全	68	文盲	汉语,熟练	基诺语,熟练	
	长女	曾婷	17	高中	汉语,熟练	基诺语,不会	
	次女	曾姗	16	初中	汉语,熟练	基诺语,不会	
	三女	曾丹	14	初中	汉语,熟练	基诺语,不会	

13	户主	布鲁资	40	小学	汉语,熟练	基诺语,不会	
	妻子	杜凤芝	39	小学	汉语,熟练	基诺语,不会	
	长子	刀健身	13	上小学	汉语,熟练	基诺语,不会	
14	户主	木腊麦	39	小学	基诺语,熟练	汉语,熟练	
	长子	李昆	24	初中	汉语,熟练	基诺语,不会	
15	户主	陶保文	40	初中	汉语,熟练	基诺语,不会	
	妻子	李小红	37	初中	汉语,熟练	基诺语,不会	
	长子	陶润	16	初中	汉语,熟练	基诺语,不会	
	长女	陶娇	14	小学	汉语,熟练	基诺语,不会	
16	户主	刀保才	41	小学	汉语,熟练	基诺语,不会	
	妻子	王从妹	40	初中	汉语,熟练	基诺语,不会	
	长女	刀妮	19	中专	汉语,熟练	基诺语,不会	
	次女	刀娜	17	中专	汉语,熟练	基诺语,不会	
17	户主	谢文杰	32	初中	汉语,熟练	基诺语,不会	
	妻子	切都	31	初中	基诺语,熟练	汉语,熟练	
	父亲	谢保柱	81	文盲	基诺语,熟练	汉语,不会	
	母亲	郭妹	67	小学	汉语,熟练	基诺语,不会	
	长女	谢磊磊	13	上小学	汉语,熟练	基诺语,不会	
	次女	谢毛毛	10	上小学	基诺语,熟练	汉语,熟练	
18	户主	李珍妹	42	小学	基诺语,熟练	汉语,熟练	
	父亲	谢保珠	80	文盲	汉语,熟练	基诺语,不会	
	长子	谢伟	21	高中	汉语,熟练	基诺语,不会	
	次子	谢涛	17	初中	汉语,熟练	基诺语,不会	
	长女	谢蓉	19	初中	汉语,熟练	基诺语,不会	
19	户主	文天潮	41	小学	汉语,熟练	基诺语,不会	
	妻子	代存风	38	初中	汉语,熟练	基诺语,不会	
	父亲	文保和	83	文盲	基诺语,熟练	汉语,熟练	
	长子	文兵	18	初中	汉语,熟练	基诺语,不会	
	长女	文肖	16	初中	汉语,熟练	基诺语,不会	
20	户主	雷乔安	64	小学	汉语,熟练	基诺语,熟练	
	妻子	白腊都	62	小学	基诺语,熟练	汉语,熟练	
	长子	雷其青	29	高中	汉语,熟练	基诺语,一般	

21	户主	布鲁杰	43	小学	汉语,熟练	基诺语,熟练
	妻子	白腊侣	40	小学	基诺语,熟练	汉语,熟练
	长子	刀云兵	18	初中	汉语,熟练	基诺语,不会
	长女	刀琴	20	初中	汉语,熟练	基诺语,不会
	次女	刀艳	22	初中	汉语,熟练	基诺语,不会
22	户主	李阿前	57	小学	基诺语,熟练	汉语,熟练
	妻子	雷顺弟	53	小学	汉语,熟练	基诺语,不会
	长子	李春	28	初中	汉语,熟练	基诺语,不会
	长女	李芳	32	初中	汉语,熟练	基诺语,不会
23	户主	李阿老	38	初中	汉语,熟练	基诺语,不会
	妻子	李琼芬	34	小学	汉语,熟练	基诺语,不会
	长子	李建秋	14	初中	汉语,熟练	基诺语,不会
	长女	李学书	11	小学	汉语,熟练	基诺语,不会
24	户主	王康章	63	文盲	汉语,熟练	基诺语,不会
	长子	王从林	35	大专	汉语,熟练	基诺语,一般
	长媳	白阿梅	32	初中	基诺语,熟练	汉语,熟练
	长孙女	王雨倩	11	小学	汉语,熟练	基诺语,不会
	次孙女	王雨婼	8	小学	汉语,熟练	基诺语,不会
25	户主	刀阿笨	52	小学	基诺语,熟练	汉语,不会
	长子	雷志明	30	初中	汉语,熟练	基诺语,不会
	长女	雷云芝	28	初中	汉语,熟练	基诺语,不会
26	户主	资肖	61	小学	基诺语,熟练	汉语,熟练
	妻子	切勒	54	小学	基诺语,熟练	汉语,熟练
	长子	阿大	31	初中	基诺语,熟练	汉语,熟练
	长媳	云飞	32	初中	汉语,熟练	基诺语,不会
	次子	胡永军	24	中专	汉语,熟练	基诺语,不会
	孙子	胡雷	11	小学	汉语,熟练	基诺语,不会
27	户主	谢永忠	35	初中	汉语,熟练	基诺语,不会
	妻子	胡珍妹	35	初中	基诺语,熟练	汉语,熟练
	母亲	朱玉仙	57	小学	汉语,熟练	基诺语,不会
	长子	谢梦凡	12	上小学	汉语,熟练	基诺语,不会
	长女	谢梦云	15	小学	汉语,熟练	基诺语,不会
	次女	谢梦烛	13	小学	汉语,熟练	基诺语,不会

28	户主	雷桂仙	31	初中	汉语,熟练	基诺语,一般	
	丈夫	雷伟强	25	大专	汉语,熟练	基诺语,不会	
	父亲	雷阿才	50	初中	基诺语,熟练	汉语,熟练	
	母亲	何腊梅	51	小学	基诺语,熟练	汉语,熟练	
	长子	切志秋	9	上小学	汉语,熟练	基诺语,不会	

（九）洛科大寨语言使用情况

一 概况

基诺乡巴卡村洛科大寨位于乡境东南部,距乡政府驻地约34公里。据乡政府2005年统计数据显示:洛科大寨共有30户130人,女性74人,男性56人。全寨人口中,具有劳动能力的约有53人,占全寨总人口数的41%;全寨人均占有粮1100公斤,全乡排名第三位;全寨人均纯收入为1005元,全乡排名第45位。主要经济作物为砂仁和茶叶,近几年才开始引入橡胶种植。

对洛科大寨的语言使用情况共调查了29户,121人。被调查人口数占全寨总人口数的93.1%。

二 语言使用的基本特点

1. 与大多数基诺族村寨相比,洛克大寨的基诺语水平较低。全寨82.6%的居民,能听懂基诺语,并能用基诺语进行简单交流。只有5.8%的成年人和老年人,基诺语水平熟练。具体情况见表1：

表 1

年龄段	熟练		一般		略懂		不会	
	人口	百分比	人口	百分比	人口	百分比	人口	百分比
12岁以下	0	0	4	3.3	0	0	8	6.6
13—18岁	0	0	12	9.9	0	0	0	0
19—59岁	4	3.3	80	66.1	0	0	3	2.5
60岁以上	3	2.5	4	3.3	0	0	3	2.5
合计(121人)	7	5.8	100	82.6	0	0	14	11.6

2. 全寨有11.6%的居民不会基诺语。其中12岁以下的儿童占6.6%,其原因与洛科大寨

居民的来源有关。我们在调查中了解到,洛科大寨居民过去或与汉族通婚,或与汉族杂居,因此有不少人的第一语言是汉语。

3. 洛科大寨全寨居民都会讲汉语,其中98.3%的居民汉语使用熟练。该寨的日常用语和公务用语(广播、开会)均为汉语,基诺语只限于本寨居民与其他基诺族交际时使用。汉语语言能力见表2:

表 2

年龄段	熟练		一般		略懂		不会	
	人口	百分比	人口	百分比	人口	百分比	人口	百分比
12岁以下	13	10.7	0	0	0	0	0	0
13—18岁	11	9.1	0	0	0	0	0	0
19—59岁	87	71.9	0	0	0	0	0	0
60岁以上	8	6.6	2	1.7	0	0	0	0
合计(121人)	119	98.3	2	1.7	0	0	0	0

4. 洛科大寨的居民虽然基诺语使用较少,但他们仍有很强的基诺族民族意识。

三 洛科大寨家庭语言使用情况一览表

序号	家庭关系	姓名	年龄	文化程度	第一语言及水平	第二语言及水平	备注
1	户主	张友顺	42	初中	汉语,熟练	基诺语,一般	
	妻子	李三妹	41	小学	汉语,熟练	基诺语,一般	
	长子	张川	17	上初中	汉语,熟练	基诺语,一般	
	长女	张霞	18	初中	汉语,熟练	基诺语,一般	
	父亲	张保林	80	文盲	汉语,熟练	基诺语,一般	
2	户主	李阿四	36	小学	汉语,熟练	基诺语,熟练	
	妻子	张海英	33	高中	汉语,熟练	基诺语,一般	
	父亲	布鲁先	73	文盲	汉语,一般	基诺语,熟练	
	长女	李丽	10	上小学	汉语,熟练	基诺语,一般	
	次女	李娜	9	上小学	汉语,熟练	基诺语,不会	
3	户主	朱保兴	55	小学	汉语,熟练	基诺语,一般	
	妻子	张阿换	53	小学	汉语,熟练	基诺语,一般	
	长子	朱挚伟	31	初中	汉语,熟练	基诺语,一般	
	次子	朱金龙	30	初中	汉语,熟练	基诺语,一般	

4	户主	李贵方	37	小学	汉语,熟练	基诺语,一般	
	妻子	腰积	30	小学	汉语,熟练	基诺语,一般	
	长子	李少光	11	上小学	汉语,熟练	基诺语,不会	
	长女	李路梅	13	上小学	汉语,熟练	基诺语,一般	
5	户主	张阿才	49	初中	汉语,熟练	基诺语,一般	
	妻子	学寺	48	小学	汉语,熟练	基诺语,一般	
	长子	张阿二	25	小学	汉语,熟练	基诺语,一般	
	次子	张军明	23	小学	汉语,熟练	基诺语,一般	
6	户主	孙德明	58	初中	汉语,熟练	基诺语,不会	
	妻子	张云芝	56	文盲	汉语,熟练	基诺语,一般	
	次子	张林冬	32	初中	汉语,熟练	基诺语,一般	
7	户主	张贵安	50	初中	汉语,熟练	基诺语,一般	
	妻子	孙阿珍	46	小学	汉语,熟练	基诺语,一般	
	长子	张学庭	18	中专	汉语,熟练	基诺语,一般	
	长女	张兰花	26	高中	汉语,熟练	基诺语,一般	
	次女	张春兰	23	中专	汉语,熟练	基诺语,一般	
8	户主	龙保	52	小学	汉语,熟练	基诺语,一般	
	妻子	何玉珍	43	初中	汉语,熟练	基诺语,一般	
9	户主	苏金文	41	初中	汉语,熟练	基诺语,一般	
	妻子	李妹	41	小学	汉语,熟练	基诺语,一般	
	长子	苏燕何	21	初中	汉语,熟练	基诺语,一般	
	次子	苏燕春	20	初中	汉语,熟练	基诺语,一般	
10	户主	龙小发	74	文盲	汉语,熟练	基诺语,一般	
	妻子	郭保珍	72	文盲	汉语,熟练	基诺语,一般	
	长子	龙小六	37	小学	汉语,熟练	基诺语,一般	
	长媳	沙阿珍	38	初中	汉语,熟练	基诺语,一般	
	长孙	龙青	12	上小学	汉语,熟练	基诺语,一般	
	长孙女	龙云	17	中专	汉语,熟练	基诺语,一般	
	次孙女	龙换	14	初中	汉语,熟练	基诺语,一般	
11	户主	苏小保	78	小学	汉语,一般	基诺语,熟练	
	妻子	胡美珍	58	小学	汉语,熟练	基诺语,一般	
	长子	苏金林	36	初中	汉语,熟练	基诺语,一般	
	长媳	王琼芬	33	小学	汉语,熟练	基诺语,一般	
	次子	苏迪克	3	学龄前	汉语,熟练	基诺语,不会	

12	户主	张华	59	小学	汉语,熟练	基诺语,一般
	妻子	何二妹	55	小学	汉语,熟练	基诺语,一般
	长子	张三	29	初中	汉语,熟练	基诺语,一般
13	户主	李八妹	57	文盲	汉语,熟练	基诺语,一般
	长子	苏金城	37	小学	汉语,熟练	基诺语,一般
	长媳	郭梅珍	37	小学	汉语,熟练	基诺语,一般
	长孙	苏燕福	15	小学	汉语,熟练	基诺语,一般
	次孙	苏燕伟	13	上小学	汉语,熟练	基诺语,一般
14	户主	扬阿顺	46	初中	汉语,熟练	基诺语,一般
	妻子	扬会珠	42	小学	汉语,熟练	基诺语,一般
	长子	扬海里	22	初中	汉语,熟练	基诺语,一般
	长女	扬海英	21	小学	汉语,熟练	基诺语,一般
15	户主	孙阿青	53	初中	汉语,熟练	基诺语,一般
	妻了	张英	58	小学	汉语,熟练	基诺语,一般
	母亲	王小诺	82	文盲	汉语,熟练	基诺语,不会
	子	孙小何	31	初中	汉语,熟练	基诺语,一般
16	户主	张贵华	53	小学	汉语,熟练	基诺语,一般
	妻子	李红兵	53	小学	汉语,熟练	基诺语,一般
	长子	张建国	26	高中	汉语,熟练	基诺语,一般
	长女	张建梅	24	初中	汉语,熟练	基诺语,一般
17	户主	张阿里	44	小学	汉语,熟练	基诺语,一般
	妻子	李阿妹	40	小学	汉语,熟练	基诺语,一般
	长子	张云雷	22	初中	汉语,熟练	基诺语,一般
	长女	张云春	24	初中	汉语,熟练	基诺语,一般
	次子	张云珍	20	初中	汉语,熟练	基诺语,一般
	三子	张云兰	18	初中	汉语,熟练	基诺语,一般
18	户主	杨忠祥	48	初中	汉语,熟练	基诺语,一般
	妻子	文伍妹	46	文盲	汉语,熟练	基诺语,一般
	长子	杨伟	18	初中	汉语,熟练	基诺语,一般
	长女	杨小琴	25	初中	汉语,熟练	基诺语,一般
	次女	杨小燕	23	初中	汉语,熟练	基诺语,一般
	三女	杨丽芬	18	初中	汉语,熟练	基诺语,一般
19	户主	伸阿明	60	小学	汉语,熟练	基诺语,一般
	妻子	李小团	40	小学	汉语,熟练	基诺语,一般
	长子	伸阿兵	36	小学	汉语,熟练	基诺语,一般
	次子	伸忠白	31	小学	汉语,熟练	基诺语,一般
	孙女	伸春燕	2	学龄前	汉语,熟练	基诺语,不会

20	户主	杨文强	35	初中	汉语,熟练	基诺语,一般	
	妻子	付兰	31	初中	汉语,熟练	基诺语,一般	
	长女	杨绍萍	12	上小学	汉语,熟练	基诺语,一般	
	次女	杨绍春	6	学龄前	汉语,熟练	基诺语,不会	
21	户主	苏金荣	35	小学	汉语,熟练	基诺语,一般	
	妻子	云珍	28	小学	汉语,熟练	基诺语,不会	哈尼人
	长女	苏芮	7	学龄前	汉语,熟练	基诺语,不会	
	次女	苏娜	5	学龄前	汉语,熟练	基诺语,不会	
22	户主	孙小和	44	初中	汉语,熟练	基诺语,一般	
	妻子	李六妹	44	初中	汉语,熟练	基诺语,一般	
	父亲	孙阿发	78	小学	汉语,熟练	基诺语,不会	
	长子	孙国栋	25	初中	汉语,熟练	基诺语,一般	
	次子	孙国林	22	初中	汉语,熟练	基诺语,一般	
23	户主	龙金荣	44	初中	汉语,熟练	基诺语,一般	
	妻子	张老妹	46	初中	汉语,熟练	基诺语,一般	
	长子	龙志强	19	初中	汉语,熟练	基诺语,一般	
	长女	龙梅	24	高中	汉语,熟练	基诺语,一般	
24	户主	腾阿志	52	小学	汉语,熟练	基诺语,不会	
	妻子	郭保妹	47	小学	汉语,熟练	基诺语,一般	
	父亲	郭长寿	86	文盲	汉语,熟练	基诺语,不会	
	长子	腾光建	23	初中	汉语,熟练	基诺语,一般	
	长女	腾金香	21	中专	汉语,熟练	基诺语,一般	
25	户主	张连芝	47	小学	汉语,熟练	基诺语,一般	
	长子	张继兵	23	初中	汉语,熟练	基诺语,一般	
26	户主	张小七	63	小学	汉语,熟练	基诺语,熟练	
	妻子	波苍	57	小学	汉语,熟练	基诺语,一般	
27	户主	张建华	37	小学	汉语,熟练	基诺语,一般	
	妻子	李玉兰	31	小学	汉语,熟练	基诺语,一般	
	长女	张雪姗	13	上小学	汉语,熟练	基诺语,一般	
	次女	张涛涯	12	上小学	汉语,熟练	基诺语,一般	
28	户主	张志春	44	小学	汉语,熟练	基诺语,一般	
	妻子	苏红荣	39	小学	汉语,熟练	基诺语,一般	
	长子	张小平	20	小学	汉语,熟练	基诺语,一般	
	长女	张燕儿	22	上高中	汉语,熟练	基诺语,一般	
29	户主	张桂英	38	小学	汉语,熟练	基诺语,一般	
	长子	刘迎福	7	学龄前	汉语,熟练	基诺语,不会	

（十）洛科新寨语言使用情况

一 概况

洛科新寨又称"曼控新寨"，位于基诺乡的东南部、小腊公路的北部，与勐腊县毗邻。根据2005年统计数据，洛科新寨有28户，共136人，其中男87人，女49人。人均占有粮食1024斤，人均纯收入1876元，在全乡45个自然村中暂列第18位。2006年7月，我们共调查到24户121人的语言使用情况，占总户数的85.9%，占总人口的89%。其中，基诺族115人，占全寨总人口的95%，其他民族有汉族4人，哈尼族1人，瑶族1人。这次的调查大致能反映出洛科新寨的语言使用特点。

二 语言使用的基本特点及成因

1. 是"汉语—基诺语"双语区。2. 汉语是洛科新寨日常生活中最重要的交际语言，无论男女老幼、家庭内外，都能熟练使用当地汉语方言。3. 基诺语在不同年龄段上呈现出一些差异性。我们对不同年龄段的人的基诺语能力进行了统计[1]，见下表：

年龄段	总人口	熟练 人口	熟练 百分比	略懂 人口	略懂 百分比	不会 人口	不会 百分比
6—12岁	11	0	0	3	27.3	8	72.7
13—18岁	9	0	0	9	100	0	0
19—59岁	82	8	9.8	62	75.6	12	14.6
60岁以上	13	2	15.4	5	38.4	6	46.2
合计	115	10	8.7	79	68.7	26	22.6

人们在日常生活中很少或者几乎不用基诺语，但作为一种语言能力，77%的人还不同程度地保留了基诺语。其中包括8.7%的人能熟练使用，68.7%的人基诺语水平一般。完全不会基诺语的人占全组总人口的22.6%。

从年龄段来看，熟练使用基诺语的人集中在19—59岁、60岁以上这两个年龄段，即主要是中老年人。其中，年龄最大的78岁，最小的32岁，平均年龄是47.3岁。30岁以下的青少年中没有人能够熟练使用基诺语。

---

[1] 不包括0—5岁的儿童5人的语言情况。

洛科新寨的基诺族不使用基诺语,可以从以下两个方面来分析:

1. 洛科新寨原来是一个以汉族为主、汉族和基诺族杂居的村落。

基诺乡的人对于洛科新寨不说基诺语的事实都很熟知,问及原因,大家的一个共同看法是,洛科新寨过去原本有大量的汉族居住,不会说基诺语。只有少量会说基诺语的基诺族。有的汉族经过长期与基诺族共同生活,已逐渐融入基诺族。

2. 族际婚姻的影响。

居住在洛科新寨的少数基诺族与汉族以及其他民族通婚后,人口较少的基诺族出现了语言转用。转用的方式是基诺族人放弃母语基诺语,转用汉语。洛科新寨除了"基诺—汉"家庭外,还有"基诺—哈尼"、"基诺—瑶"家庭。在后面的这两类少数民族家庭中,小孩均不继承父母中某一方的母语,而是使用第三种语言——汉语。

三 洛科新寨家庭语言使用情况一览表

序号	家庭关系	姓名	年龄	文化程度	第一语言及水平	第二语言及水平	备注
1	户主	胡寿	57	小学	汉语,熟练	基诺语,一般	
	妻子	李七妹	57	文盲	汉语,熟练	基诺语,一般	
	长子	胡小荣	34	小学	汉语,熟练	基诺语,一般	
2	户主	刀真科	77	文盲	汉语,熟练	基诺语,一般	
	妻子	沙得	68	文盲	基诺语,熟练	汉语,熟练	
	长媳	陈保妹	42	小学	基诺语,熟练	汉语,熟练	
	长孙	刀卫东	18	初中	汉语,熟练	基诺语,一般	
	长孙女	刀卫仙	23	初中	汉语,熟练	基诺语,一般	
	次孙女	刀卫平	24	初中	汉语,熟练	基诺语,一般	
3	户主	玉纳	68	文盲	汉语,熟练	基诺语,不会	
	长子	陈阿明	37	小学	汉语,熟练	基诺语,一般	
4	户主	李万合	49	初中	汉语,熟练	基诺语,一般	
	妻子	彭保娣	48	高中	汉语,熟练	基诺语,一般	
	长子	李春华	26	小学	汉语,熟练	基诺语,一般	
	长女	李春燕	24	初中	汉语,熟练	基诺语,一般	
5	户主	李正英	82	文盲	汉语,熟练	基诺语,不会	汉族
	长子	毛大贵	49	初中	汉语,熟练	基诺语,不会	汉族
	长媳	邱友娣	44	初中	汉语,熟练	基诺语,一般	
	长孙	毛建华	24	初中	汉语,熟练	基诺语,一般	
	次孙	毛建强	23	初中	汉语,熟练	基诺语,一般	
	长孙女	毛建佳	21	中专	汉语,熟练	基诺语,一般	

6	户主	毛大忠	62	初中	汉语,熟练	基诺语,不会	
	妻子	王小诺	54	小学	汉语,熟练	基诺语,一般	
	长子	毛建国	28	初中	汉语,熟练	基诺语,一般	
	长媳	旁妹	24	初中	汉语,熟练	基诺语,不会	瑶族
	长孙	毛星寿	3	学龄前	汉语,熟练	基诺语,不会	
	长孙女	毛星知	6	学龄前	汉语,熟练	基诺语,不会	
7	户主	胡春华	32	初中	汉语,熟练	基诺语,一般	
	妻子	小槽	28	初中	汉语,熟练	基诺语,一般	
	长子	胡洛瑶	8	上小学	汉语,熟练	基诺语,不会	
	长女	胡洛仙	5	学龄前	汉语,熟练	基诺语,不会	
8	户主	王小荣	33	初中	汉语,熟练	基诺语,一般	
	妻子	阿英	32	小学	汉语,熟练	基诺语,不会	
	长子	王航	4	学龄前	汉语,熟练	基诺语,不会	
	长女	王薇	5	学龄前	汉语,熟练	基诺语,不会	
9	户主	雷友华	68	文盲	汉语,熟练	基诺语,一般	
	妻子	苏先妹	61	文盲	汉语,熟练	基诺语,一般	
	长子	雷明生	33	小学	汉语,熟练	基诺语,一般	
	长媳	沙书英	27	小学	汉语,熟练	基诺语,一般	
	长孙	雷皓巍	5	学龄前	汉语,熟练	基诺语,不会	
10	户主	毛大才	36	初中	汉语,熟练	基诺语,不会	
	妻子	陈保仙	34	小学	基诺语,熟练	汉语,熟练	
	长子	毛顺生	11	上小学	汉语,熟练	基诺语,一般	
	次子	毛顺林	10	上小学	汉语,熟练	基诺语,一般	
11	户主	胡阿半	76	文盲	汉语,熟练	基诺语,不会	
	长子	胡永昌	52	初中	汉语,熟练	基诺语,一般	
	长媳	毛大和	53	小学	汉语,熟练	基诺语,不会	
	长孙	胡五果	20	初中	汉语,熟练	基诺语,一般	
	长孙女	胡菊花	28	初中	汉语,熟练	基诺语,一般	
	次孙女	胡桐花	28	初中	汉语,熟练	基诺语,一般	
	三孙女	胡春花	22	初中	汉语,熟练	基诺语,一般	

12	户主	普保全	54	初中	汉语,熟练	基诺语,不会	
	妻子	曹七妹	52	小学	汉语,熟练	基诺语,不会	
	长子	普满林	20	初中	汉语,熟练	基诺语,一般	
	长女	普燕飞	27	中专	汉语,熟练	基诺语,一般	
	次女	普燕玲	26	初中	汉语,熟练	基诺语,一般	
	三女	普燕琼	24	初中	汉语,熟练	基诺语,一般	
	四女	普艳芬	22	初中	汉语,熟练	基诺语,一般	
13	户主	王阿保	70	文盲	汉语,熟练	基诺语,不会	
	长子	王东林	37	初中	汉语,熟练	基诺语,一般	
	长媳	胡燕平	35	初中	汉语,熟练	基诺语,一般	
	长孙女	王芳	12	上小学	汉语,熟练	基诺语,一般	
	次孙女	王青	10	上小学	汉语,熟练	基诺语,一般	
	三孙女	王瑞	8	上小学	汉语,熟练	基诺语,不会	
14	户主	王小六	44	初中	汉语,熟练	基诺语,一般	
	妻子	赵才珍	42	初中	汉语,熟练	基诺语,一般	
	长子	王春华	19	初中	汉语,熟练	基诺语,一般	
	长女	王春燕	21	初中	汉语,熟练	基诺语,一般	
	三女	王春花	17	初中	汉语,熟练	基诺语,一般	
15	户主	杨保顺	58	初中	汉语,熟练	基诺语,一般	
	妻子	雪过	59	文盲	基诺语,熟练	汉语,熟练	
	三子	杨三	25	初中	汉语,熟练	基诺语,一般	
	三媳	王娅	25	小学	汉语,熟练	基诺语,不会	哈尼族
	长子	杨阿贵	32	小学	汉语,熟练	基诺语,一般	
	次子	杨小合	27	中专	汉语,熟练	基诺语,一般	
	孙子	杨天晴	2	学龄前	汉语,熟练	基诺语,不会	
16	户主	王金文	42	初中	汉语,熟练	基诺语,一般	
	妻子	苏金妹	38	小学	汉语,熟练	基诺语,一般	
	长子	王昆	20	初中	汉语,熟练	基诺语,一般	
	次子	王杰	19	初中	汉语,熟练	基诺语,一般	
17	户主	李波切	40	初中	基诺语,熟练	汉语,熟练	
	妻子	陈保珍	38	初中	基诺语,熟练	汉语,熟练	
	母亲	沙麦	78	文盲	基诺语,熟练	汉语,熟练	
	哥哥	李友纳	42	小学	基诺语,熟练	汉语,熟练	
	弟弟	李小三	32	初中	基诺语,熟练	汉语,熟练	
	长子	李聪聪	17	初中	汉语,熟练	基诺语,一般	
	次子	李仁	15	初中	汉语,熟练	基诺语,一般	
	三子	李勐	13	小学	汉语,熟练	基诺语,一般	

18	户主	胡阿相	51	初中	汉语,熟练	基诺语,一般	
	妻子	毛大英	50	小学	汉语,熟练	基诺语,不会	
	长子	胡国良	25	中专	汉语,熟练	基诺语,一般	
	次子	胡国利	23	初中	汉语,熟练	基诺语,一般	
	长女	胡玲	27	大专	汉语,熟练	基诺语,一般	
19	户主	陈保林	40	小学	基诺语,熟练	汉语,熟练	
	妻子	何玉芬	41	小学	汉语,熟练	基诺语,一般	
	长女	陈晓	18	初中	汉语,熟练	基诺语,一般	
	次女	陈丽	17	初中	汉语,熟练	基诺语,一般	
	三女	陈会	12	小学	汉语,熟练	基诺语,一般	
20	户主	王金寿	54	初中	汉语,熟练	基诺语,一般	
	妻子	谢加兰	45	小学	汉语,熟练	基诺语,一般	
	母亲	杨凤珍	76	文盲	汉语,熟练	基诺语,不会	
	长子	王高峰	28	初中	汉语,熟练	基诺语,一般	
	次子	王高松	26	初中	汉语,熟练	基诺语,一般	
21	户主	胡保安	60	文盲	汉语,熟练	基诺语,一般	
	妻子	罗凤英	56	初中	汉语,熟练	基诺语,一般	
	长子	胡春林	29	初中	汉语,熟练	基诺语,一般	
	长妻	木娅梅	31	小学	汉语,熟练	基诺语,不会	汉族
	长孙	胡红	8	上小学	汉语,熟练	基诺语,不会	
22	户主	胡志勇	38	初中	汉语,熟练	基诺语,一般	
	妻子	木娅琼	29	小学	汉语,熟练	基诺语,不会	
	母亲	彭沙基	59	小学	汉语,熟练	基诺语,一般	
	长子	胡凯	7	上小学	汉语,熟练	基诺语,不会	
	次子	胡锐	8	上小学	汉语,熟练	基诺语,不会	
23	户主	胡永朝	44	初中	汉语,熟练	基诺语,一般	
	妻子	雷梅香	44	初中	汉语,熟练	基诺语,一般	
	长子	胡丹	17	初中	汉语,熟练	基诺语,一般	
	长女	胡伟	15	初中	汉语,熟练	基诺语,一般	
24	户主	胡万发	63	小学	汉语,熟练	基诺语,一般	
	妻子	刀四妹	58	文盲	汉语,熟练	基诺语,不会	
	长子	胡伟忠	26	初中	汉语,熟练	基诺语,一般	
	次子	胡伟国	24	初中	汉语,熟练	基诺语,一般	

二　访谈录

访谈，是调查研究语言使用问题的一个重要手段，它能从另一个角度了解到语言使用的实际。下面是调查组对基诺乡各界人士就基诺语使用问题所作的十个访谈录。从这些访谈录中，我们能够了解到基诺人对自己语言使用的看法。访谈对象大都是土生土长的基诺族人，对本地区、本民族的情况都有浓厚的感情和深切的体会，他们所谈到的情况和认识都是他们心里所想的，这对我们分析基诺族语言使用问题是有重要参考价值的。

（一）副乡长陶篝旺访谈录

调查对象：陶篝旺（基诺族，基诺名"切腰"，男，39岁，大专文化程度，基诺乡人民政府副乡长）

调查时间：2006年7月14日

问：请您简单介绍一下这些年基诺乡的经济发展情况。

答：基诺山的经济发展是从1956年开始的，原来是原始经济，不知道什么是经济。1956年以后，在计划经济发展当中，和全国很多地方的情况差不多——比较落后，相比之下，可能更落后一些。当时饿肚子的寨子也比较多，一直到1983年包产到户，这种情况有所好转。1979年三中全会以后，1983年正式成立这个镇子，开始包产到户，搞单干，90%的老百姓的温饱问题才得以基本解决，但是饿肚子的地方还有。当时的经济作物主要是砂仁，基诺族的经济可以说是从砂仁开始起步的。现在基诺山的生活水平还低于景洪市的生活水平。这里的经济主要是橡胶、茶叶和砂仁三大支柱，比较单一。从2000年到现在，基诺族变化很大，农业基础已经初具规模。

问：在您的记忆中，您是从什么时候开始学汉语的？

答：小时候在寨子里上学，当时寨子里面只有一位到外面读了高中回来的老师，他平时和我们打交道也是说基诺话，只是上课时说汉话，那时没有说汉语的语言环境。后来到乡里读初中才开始学汉语。这里的汉族老师多，跟我们说的都是汉语，经过初中三年的学习，汉语就没有什么问题了。

问：您的父母会说汉语吗？

答：不会说，只会说基诺话和傣话。我们住的寨子靠近傣族寨子。

问：基诺族的老年人会不会汉语？

答：六七十岁以上的老人一般不会说汉语。会说的也是个别的，比如当过领导、到外面学习过的。六十岁以下的普遍都会说汉语，有些说不好，但会说。

问：戴庆厦先生1986年来过基诺山，当时的基诺族差不多已经是全民双语了。您对基诺族接受汉语的印象是什么？

答：过去，由于缺乏使用汉语的语言环境，基诺族更多的是会说傣语，因为周围都是傣族，生活、交往都需要。我会听傣语，也会说一点。基诺族大概是从1983年开始普遍接受汉语的。当时外来人口多了，外来打工的深入到各个村寨，我们自己的人也出去了，社会、经济各方面的交往多了，汉语也就进来了。

问：1983年以前外来人口多不多？

答：几乎没有。主要是和傣族、哈尼族交往。基诺族跟什么民族的寨子接近，就很自然地会说哪种语言，靠近傣族的会说傣话，靠近哈尼族的会说哈尼语。傣语我会听也能说一点，还会一点哈尼语，基诺语没有问题，还会普通话和当地汉语方言。语言在平时的生活中自然就学会了。从学校教育来看，基诺族接受英语的能力也比较快。

问：现在外来人口多不多？他们在这里说不说基诺语？

答：比较多，有汉族、傣族、哈尼族。有些与基诺人一样了，特别是嫁过来的人，有的人说基诺语我都说不赢他们。曼海中寨那里也有十多个人是从外面嫁过来的。一般是这样的，两口子，女的更容易学一些，男的要慢一些，但是还是能学会。

问：行政手段对汉语的普及有什么影响？

答：这个影响是肯定的。主要是学校，还有看电视、听广播，都有影响，这些都很重要。

问：您在家里和孩子说什么话？

答：和孩子说汉语。他11岁了，会说基诺语。为了让他学说基诺语，从他刚断奶开始，就有意识地教他说基诺语，每年寒暑假就把孩子送到他爷爷、奶奶那里学说基诺语。我觉得一定要会基诺语，因为我们是基诺族。我是有意识地培养孩子的基诺语能力。但有的家庭没有这种意识。有些机关工作人员的孩子不会说基诺语了，他们的家长也担心，但没办法。

问：通过调查我们也发现，现在初中生的语言能力和四五十岁的人相比差了一些，您是怎么看待这个问题的？

答：现在的年轻人，基诺语只是在寨子里使用，大部分在学校里已经汉化，出去打工都是说汉语。总的看来，基诺语在退化，但是，农村就和乡镇的语言环境不同，他们那里个个都说基诺话。我们这一代人的基诺语还可以，但是，年轻人受的教育越多、和汉族交往越多，基诺语就越容易忘记。我们的乡长助理是基诺族，但是一句基诺话都不会说，他是在景洪市长大的。

问：基诺乡哪些地方汉语使用得多一些、哪些地方少一些？

答：一般来说，乡政府附近、机关附近、靠近勐雅的地方，汉语用得多一些，巴亚一带基诺语保留得好一些，但是最近这些年，汉语推进的速度相当快。

问：哪些地方靠近傣族寨子？那里的汉语情况怎样？

答：靠近橄榄坝的一些寨子，那里汉语好，傣语更好。

问：靠近哈尼族的地方情况怎么样？

答：也是靠近橄榄坝这一片，主要是一些农场，多说汉话。那里住的人比较杂，他们会的语言也比较多。

问：有人担心基诺语会一代一代地减弱，您怎么看待这个问题？

答：是的，会一代一代减弱，因为汉语在一代一代增强。

问：你们有没有采取一些措施减缓基诺语的这种衰退速度？

答：为了传承基诺族文化，政府组织人力正在挖掘民间艺术，还用国际音标把基诺语全部写下来。

问：有没有采取一些措施保留基诺语？

答：这是一个社会问题，政府可以做一些宣传，但是效果不大。不能规定哪一个人一定要说这种话不能说那种话。随着在社会交往中，基诺语越来越狭窄，汉化程度越来越高，使得用汉语的机会越来越多，人们自然而然地就不用基诺语了。老人和政府都担心基诺语的使用问题。为了保留基诺语的文化、习俗，政府还要做大量的工作，这种工作主要是靠我们这一代来做，因为趁那些老人还在，我们这辈人还懂一些，可以把他们知道的风俗习惯、礼仪、祭祀等东西都记下来，下一代就做不到了。基诺族有一百多种曲调，许多人不会唱了，也听不懂了，只有翻译过来才能懂。现在，文化站的人正在整理，以后还会出光盘。

问：汉语和基诺语在基诺族语言使用中的关系，是一进一退，那么，主要是哪些因素加速了汉语的进入？

答：有社会的原因，还有学校，学校的作用是相当大的，大概占60％。

问：您能否估计一下，这个一进一退的过程大概要持续多长时间？基诺语还能保留多长时间？

答：这个不好说，基诺语和汉语各有各的用途，一个人既可以把基诺语说得非常好，也可以把汉语说得非常好。在村寨里面人们仍然是用基诺语进行交流，到外面说汉语。不同的寨子，保留基诺语的情况也不一样。只要基诺族人口不减少，基诺语就不会消失。如果基诺人回到寨子里面说基诺语，出去说汉语，这种情况持续下去，基诺语再保留一百年也没有问题。

（二）基诺族长老沙车访谈录

调查对象：沙车（基诺族，男，76岁 基诺族长老）

调查时间：2006年7月14日

问：您是基诺族的长老，您为基诺族传统文化的保留，做了很多工作吧？

答：是的，老一辈的人，关心基诺文化更多。基诺语没有文字，文化也靠口耳相传，今后会说基诺语的人少了，基诺文化也就丢了，所以我们老一辈的人着急。现在，走了一个老人，就会带走一批基诺文化。

问：您认为基诺语今后会怎样发展？

答：再过差不多50年，一半基诺语都会消失，剩下的一半也只是日常用语了。到那时，像"吃饭"、"爸爸"等词可能还会保留，其他不常用的词就消失了。

问：现在的基诺族还有多少传统节日？

答：只有特懋克节了。基诺人的特懋克节，就像汉族人的春节。过去特懋克节要过三天，第一天祭鼓，第二天打铁，第三天薅地。现在的年轻基诺人，反而，更喜欢过汉族或西方的节日了。

问：基诺族是一个具有丰富民族文化的民族，对吗？

答：对。基诺族是中央到现在为止批准的最后一个少数民族，人口也较少。为什么基诺族会被批准？就是因为基诺族的文化，基诺族的语言与其他民族不同。世界上、地球上只有一个基诺族。基诺族的文化和语言是唯一的，也是属于全世界的，它要是丢了，就再也找不到了。

问：您家里的人都会说基诺语吗？

答：我说的基诺语，我儿子基本都能听懂，但对于基诺古老的谚语、歌曲，他知道的没我多。我的一个孙女能听懂基诺语，但她已经不说了，只说汉语。对于基诺语的词，我儿子知道的只有我的一半，我孙子知道的，那就更少了吧。

问：这样看来，基诺语是不是衰退了？

答：是呀，比20年前严重。

问：不同的职业或居住地对基诺语也有影响吧？

答：对，那影响更大。机关里的基诺干部，夫妻二人都是基诺族，不管是在办公室里，还是在家里都只说汉语了。相反，寨子里的人说基诺语多些。

问：很多到外地打工的基诺人回来后讲汉语，你们会反感吗？

答：老人会吧，可是没有办法，顺其自然吧。

问：现在的一些新兴事物，基诺语里找不到相对应的词吧？

答：对，新的东西，基诺语表达不了，只有汉话里有相应的词，比如电视机、拖拉机等，所以只能说汉语。两种语言相互补充吧！

问：基诺人中有些会说傣语吧？

答：是的，有些会说傣语。基诺语里也有一些傣语词。比如在巫师的祭词、唱词里，平时聊天也会插入傣话。特别是住的和傣族坝子接近的基诺人，在称呼中也带傣语。过去，买东西主要靠马驮和挑夫，但如果要到坝子去赶集，基诺人就会和傣族人说傣语。

问：基诺人跟汉族人能讲汉语，跟傣族人能讲傣语，基诺族人学习语言的能力很强，对吗？

答:对,一直都这样。去布朗族的寨子时,基诺人也会说布朗话,进哪个寨子就会讲哪种话。

问:为什么基诺人的语言能力这么强呢?

答:可能是因为基诺语没有文字,所以很善于学习实用的语言吧。

问:现在有不少的外族人,嫁到基诺山来或者来入赘,对吗?

答:是呀,很多,他/她们几乎都会说基诺语了。每个寨子里都有,还不少。而且他/她们学习基诺语很快,有的人说的比当地人还好。

问:他/她们为什么主动学习基诺语,而且还学得这么快呀?

答:我觉得他/她们除了爱自己的另一半以外,还爱基诺这个民族。他们愿意到这里生活,融入这里的生活。生活教会了他/她们新的语言。

问:现在哪几个寨子的基诺语保留得较完整,哪几个寨子的汉化较为严重?

答:基诺语保留完整的寨子很多,例如扎吕、扎果、巴亚、巴飘、巴朵、么卓等。而洛特、巴卡因与汉族居住地接近,所以汉化严重些。么卓这个寨子原来有大批汉族上门,所以说汉话的人也多;巴伞、回鲁等寨子因与傣族居住地接近,所以寨子里说傣语的人也多。

问:您认为现在的基诺族和过去有什么不同?

答:基诺族中读书的多了,说汉语的多了;基诺传统的祭祀、唱词几乎没有了;经济发展更快了,信仰鬼神的人少了;过去基诺族老人在世,不能分家,现在有的基诺人还没结婚就分家,尊老的思想淡了;但是由于国家重视,作为一个基诺族比过去更光荣、更自豪了。

(三) 民间艺人白腊先访谈录

调查对象:白腊先(基诺族,男,52岁,基诺乡巴亚村巴破组村民,现为基诺族乡基诺山寨舞蹈教师)

调查时间:2006年7月9日

问:这个村里都是土生土长的巴破人吗?

答:不是。我们这个村大多数,大概有80%的人是从扎果村搬过来的,那是大约1964或1965年的时候。原来我们村只有6户,当时扎果村比较大,一部分人就搬到这里来了,现在成了90户。

问:那你们现在说的话是巴破话还是扎果话?

答:说的是杂话,两个地方的话已经混合在一起了。

问:巴破寨周围有没有不会讲基诺话的寨子?

答:几乎没有,如果本身就是这个民族的,就都会讲基诺语。除非孩子父母住在城里,不跟基诺族打交道。不过这种情况很少。

问:这里的基诺族掌握基诺语的情况怎么样?

答:我们生活中的好多事物,特别是生活用品,别说是小孩子,连我们基本上都用汉语叫。比如说这个"杯子",我们也叫"$pe^{44}\,tsๅ^{54}$(杯子)",其实用基诺语叫"$lo^{31}\,tʌ^{31}$"。虽然表面上看起来人们汉语也会、基诺语也会,但我个人认为他们说的基诺话不是纯正的基诺话。我们基诺语只有话没有文字,再加上小孩子不努力的关系,有些连"谢谢"都不会说。我比较担心我们民族的语言会慢慢消失。

问:那关于传统文化方面,现在大家知道的有多少呢?

答:关于文化,大家也越来越不了解了。特别是传统的调子现在也逐步消失。那些民间歌曲,好多人都不会听,也不会唱,只有少数喜欢这些的老年人才会唱。

问:现在在基诺山寨表演的那些人是谁教的?

答:是我教的。

问:您又是跟谁学的呢?

答:我是自己自学的。我从7岁开始学习舞蹈,初中毕业,也就是大约从1976年就开始教舞蹈,现在已经有30年了。文化艺术中,我认为那些不用语言的形式,像舞蹈,还可以传下去,不会消失。但跟语言有关系的调子、民歌之类的就比较危险。

问:作为民间艺术文化的传播者,您认为什么样的办法能阻止我们的基诺语和基诺文化消失呢?

答:现在有的小孩不喜欢读书,大部分只读到初中就不读书。以这种文化程度还意识不到自己民族的重要性,自然就失去民族的东西了。现在的孩子生活条件好,条件越好越不爱读书。这样下去,不到二三十年左右我们民族真正的语言、文化就会消失。虽然他们说的是基诺话,但有许多词不会。比如说"椿树",我们有三种说法,那些孩子别说用基诺话区分这三种椿树,连一种都说不出来。所以我希望我们的孩子们加倍努力,多去学习我们的语言以及文化。如果可以的话办一些学习班,让孩子学一学基诺语言和文化。这样不仅孩子能学,我们这样年龄的人也可以去学习。

问:现在小孩子辍学的多吗?

答:现在我们村就有4个,村里辍学的孩子越来越多了。现在的孩子只想挣钱,不想读书。过去穷的时候大家都在读书,现在生活好了就不想读书了。

问:那父母希望小孩子读书还是早点去挣钱?

答:以我的观念来说当然要小孩子读书了!我们那个时候有些人中学毕业,当时觉得文化水平比较高,但现在都淘汰了,现在的孩子应该读高中、读大学。

问:这个村子的生活是从什么时候开始好起来的?

答:大概是1983年,我们这里大改革,日子开始好起来了。特别是1986年开始种橡胶,日子就越来越好过了。现在,电视机家家都有,90%的家庭有拖拉机,年轻人几乎都有摩托车。

原来我们谈恋爱是走路的,现在是骑摩托车。我们都能感觉到我们生活的发展。五六十年代的时候有手表已经不错了,后来发展成收音机,然后是录音机、缝纫机,再后来是电视机、VCD,现在发展到拖拉机、摩托车。微型车离我们也不远了,包括我家。我们这里好多田地是"立体式"的。"立体式"的意思是橡胶园、茶园里也种水果或其他东西,一年四季都有收成。

问:那跟过去比较,现在有没有退步的呢?

答:随着经济的发展,也出现了有很多不太好的社会现象。比如最近作案的也比较多。以前我们出门不锁门,现在不行了。还有,离婚率也越来越高,光我们寨子,现在至少有五六户。不过我们基诺族总的来说还是勤劳、豪放的民族,尊老爱幼,同时也是好客的民族。过去我们觉得,跟其他民族比较,好像低一等。现在不是了,各个民族都是平等的。

我希望我们基诺族加倍努力,使我们民族的语言及优良传统永远保持下去。

(四)乡政府宣传干事张云访谈录

调查对象:张云(基诺族,男,34岁,基诺乡巴卡村人,现任基诺乡乡政府宣传干事)

调查时间:2006年7月3日

问:您爱人李红波是汉族,她的基诺语水平怎样?

答:她来我们基诺乡十多年了,所以能听懂基诺语,但是她不会说基诺语。

问:你平时跟家里人说话是用基诺语还是汉语?

答:用汉语。特别是我们有了小孩之后,在家里面就基本不说基诺语了。

问:您儿子张汉基的第一语言是汉语,那他一点基诺语都不会说吗?

答:他几乎不会说基诺语,听也只能听懂一小点点。

问:您希不希望他今后能掌握基诺语?

答:我很希望他能学会基诺语,所以平时我会有意识地教他一些。我是这样想的:他作为基诺族的后代,应该能熟练地掌握我们本民族的语言,这是我想达到的目标。

问:您是不是经常教孩子基诺语?

答:不是。我想起来就教他。和他玩时,趁他特别高兴就很自然地教他几句。这个时候,他很容易就可以学会的。

问:您教他哪些基诺语?

答:主要是"吃饭"、"喝水"、"去哪里"这些基本的日常生活用语,也没有什么教材,我主要是模仿给他买的英语学习磁带里出现的那些日常对话的形式来教他基诺语。我还教他"爷爷"、"奶奶"、"爸爸"、"妈妈"等对长辈的称呼。另外,还教他一些人体器官的词,比如"头发"、"眼睛"、"鼻子"、"耳朵"、"嘴巴"等。

问:您孩子的爷爷奶奶跟他说基诺语还是汉语呢?

答:他们只跟他说汉语,几乎不用基诺语了。我儿子用基诺语称呼他的爷爷奶奶,接下来的语言交流就全部都只用汉语了。

问:像您家这样,孩子首先接触汉语,基本上不会基诺语的情况很常见吗?

答:这种情况有一些。即使孩子的父母都是基诺族,但他们平时在我们当地也不讲基诺语,而说汉语,所以他们很少教他们的子女基诺语。等孩子长大了,他们出去上学,说基诺语的机会就更少了,就渐渐把基诺语忘了。

问:那像您这样有意识地教孩子基诺语的家长多吗?

答:有是有,但据我了解,这样的家长并不太多。知识分子对本民族的文化比较爱护,所以有不少人能有意识地教孩子基诺语。而许多的基诺族老百姓只要满足自己的生存需要就可以了,他们不想那么多,也不主动去教自己的孩子基诺语。这种情况我也十分担忧。

问:那怎么办呢?

答:我们作为基诺人,应该责无旁贷地保护好自己的本族语言。我个人认为我们的基诺语最大的缺陷就在于它没有文字。几千年来,只是靠口耳相传,所以在稳固性方面不是太强。

问:那您是希望基诺语能有自己的文字?

答:是啊!我个人是非常渴望能够创制出基诺族自己的文字的!这样对于我们基诺族文化的保护是很有帮助的!

问:您妹妹张梅的汉语说得怎么样?

答:我妹子会基诺语,汉语水平一般,不如我和我爱人。她跟朋友一般交往可以用汉语,但用汉语深入交流就不行了。

问:您父亲的汉语很熟练,而您母亲的汉语水平一般,为什么会这样呢?

答:因为我父亲是医生,他懂我们基诺族的民间传统医术。他多年行医,所以和外界的接触比较多,他不但能熟练地讲当地汉语方言,普通话也说得还可以,而且,他还懂一些傣语、哈尼语。我母亲在家务农,接触的人大多数是乡里乡亲、左邻右舍,用基诺语比较多,所以她的汉语水平不如我父亲,当地汉语方言是一般水平,她也不会普通话。

问:您的伯父张飘者的汉语和基诺语都很熟练,那他平时跟别人交流用哪种语言比较多?

答:我伯父早年出去当兵,很多年才回来。当兵的时候,他都是用汉语和他的战友交流的。他退伍转业后在景洪市做汽车修理,他平时用汉语比较多一些,也能说普通话。

问:您和您的妹妹交流用基诺语还是汉语呀?

答:用基诺语。我妹夫也是基诺族,但是他们跟他们的孩子却只说汉语。

问:那有亲戚来家玩呢?

答:我们讲话主要用汉语,也偶尔穿插一些基诺语。

问:您在工作时用基诺语还是汉语呢?

答:一般以用汉语为多,当然也要看对方是基诺族还是汉族。如果对方是基诺族,我也会用基诺语跟对方交流。

问:您对基诺语的保护怎么看?

答:我在大学毕业时就专门写过文章,谈到基诺文化的特征,也谈到对基诺语的保护。我感觉我们作为基诺族人应该挽救我们的本族语,这很有必要,很迫切!

问:我们通过这几天的走访,发现基诺族的汉语普通话水平整体都比较高,这是为什么呢?

答:我想是因为我们基诺乡的人口相对集中,数量也比较少,只有两万人左右,普及中小学教育比较容易做到。还有,教师、事业单位以及机关的工作人员从学校出来,还要进行继续教育,读大专、本科。我们基诺族整体的文化水平还算是比较高的。而且,我们基诺乡的中小学教师都是从正规的师范学校毕业,整体素质很过硬,普通话水平也很不错,所以念过小学、中学的基诺族人的汉语普通话大多讲得比较好。

问:您是否希望基诺人都能成为基诺语、汉语双语人?

答:顺其自然吧!

问:如果有人在外地学习或工作几年后回到基诺山,不再愿意说家乡话或基诺语,您会反感吗?

答:不会啊!这种情况我可以理解。

(五)巴秀小学教师李文秋访谈录

调查对象:李文秋(基诺族,基诺名"婆布鲁",男,27岁,大专,基诺乡新司土村亚诺村民小组人。现在巴秀小学任教)

调查时间:2006年7月13日

问:请您简单介绍一下巴秀寨子的基本情况。

答:巴秀是司土村委会7个村民小组中的一个,在景洪市的南边,靠近橄榄坝地区。橄榄坝那边的经济总体比基诺山这边要好,但巴秀不在公路沿线,离公路大概有15公里,交通不便,比较闭塞,所以经济状况不是很好。全寨共有56户,两百多人。绝大多数是基诺族,有3个人是外地上门到巴秀的。一个是罗三,43岁,四川的汉族;一个是小江,40多岁,是墨江的哈尼族。他俩都会说基诺语了。最近刚来一个,有二十七八岁,是汉族,湖南人。巴秀的基诺语保留得很好,大家都说流利的基诺语。小孩一出生,父母就教他们基诺语。在街子上买菜、购物有时也会说汉语,因为老板大多是汉族和傣族。

问:请您简要地介绍一下巴秀小学的情况。

答:巴秀小学现在有9个学生,只有我1个老师。我2002年刚从曼海小学调到这边时,有35个学生,后来是15个。学生在这里读完二年级后,三年级就去乡中心完小或者茶地完小。

那里的教学质量高一些,而且现在搞"课改",小学三年级就要开设英语课。我一个人在巴秀教书,既教语文,又教数学,还要教音乐、美术等等,如果再加上英语的话,实在忙不过来。

问:您上课是用普通话还是基诺语教学?

答:我是用普通话。

问:学前班和低年级的学生能听懂汉语吗?

答:在巴秀教小学的一个困难是,有些小孩刚来学校时连最基本的汉语都不懂,更别说普通话了。记得我刚到巴秀时,遇到一个叫李艳的学生,她刚刚上一年级。有一天我用汉语问她:"你今天吃早饭了没有?"她没有回答我。我以为她没听清楚,就放慢语速又重复了一遍问题,她还是没回答我。于是,我改用基诺语问她。她用非常流利的基诺语说了一大串,说得很详细,可以说是"妙语连珠"了。学前班的学生有的汉语好一点,有的不好,所以上课时需要用基诺语辅助解释。一年级的情况会好一些,到了二年级,学生们就基本适应普通话教学了。每个学生也有差异,我上课用普通话提问,有的学生用汉语回答,有的则用基诺语回答。这种情况在一年级比较多,二年级以后都能用普通话来回答问题了。

问:课下您和学生聊天是说基诺语还是汉语?

答:下课的时候,我用普通话和学生聊天,胆大的学生用汉语和我聊,胆小的说基诺语。比如,有的小孩用基诺语说,昨天晚上妈妈跟自己生气了,所以心里很不高兴,等等。

问:学生的家长愿意让他们的孩子上学念书吗?他们重视汉语学习吗?

答:现在很多爷爷奶奶不愿让孩子多读书。因为家里的橡胶树多,有的家里人均拥有1000棵橡胶树。橡胶能卖好价钱,特别是今年的价钱高,每公斤能卖到25元。家长们觉得,孩子读到小学毕业就可以了,能识字,而且也有了力气,可以帮家里干活了。有的汉族家长也这么认为。因为巴秀的孩子说汉话的机会少,所以,有一次我在家长会上和汉族家长说:"你们作为孩子的家长,要多跟孩子说汉语",可是他们说"没必要"。

问:请您介绍一下橄榄坝那边其他几个基诺族寨子的语言使用情况。

答:橄榄坝那边的基诺族主要聚居在回鲁、回珍、巴秀等几个寨子,都归基诺乡管。这些寨子都不在公路沿线,基诺语保留得比较好,连3岁的小孩都会说基诺语。30岁以上的基诺族一般会说傣语,而且比较流利。30岁以下的年轻人能听懂傣语,但说的方面差一些。有些老人还会说爱尼话。因为巴秀挨着阿克老寨,那里住着爱尼人。我到巴秀4年了,也能听懂"吃饭"、"喝水"等几个简单的傣语词,其他的就不会了。我有时听见我的一些学生说傣话,那是他们的爷爷奶奶教的。

问:橄榄坝那边的基诺族和傣族、哈尼族爱尼人关系近吗?

答:关系很好。大家都是"老根",基诺族住在山上,傣族住在坝区。基诺族和傣族的交往主要是通过集市贸易。基诺族过年、过节的时候,傣族也到基诺族的寨子来玩。橄榄坝的傣族人甚至比基诺族人还要多,有一千多人。傣族人过节时也邀请基诺族去他们的寨子玩。有的傣族还会说基诺语。阿克老寨有一条河穿过全寨,爱尼人会沿河找菜,有时到巴秀寨子来吃饭。大家关系都很好。

问：橄榄坝的基诺族和基诺山的基诺族通婚的多吗？经常有往来吗？

答：有的。今年四月份就有一对年轻人，是巴亚老寨和回鲁的。去年也有一对，是巴亚中寨和回珍的。基诺族和阿克老寨的爱尼人结婚的就更多了，男女都有。我有一个回珍的朋友，他的父母只会说基诺语，不会说汉语，他的女朋友是爱尼人。今年过年时他把女朋友带回家，到现在她已经会说基诺语了。橄榄坝那边的基诺族也经常来乡政府这边办事、走亲戚。

问：您是从小就会说基诺语吗？

答：是的。但我的情况有些特殊。我9岁从亚诺（距离乡政府15公里）出来上学，后来乡政府送我到景洪市的州民族中学上学。初中毕业后考上州民族师范学校，毕业后回到基诺山教小学。由于离家时间比较早，时间也比较长，所以很多基诺话都不会说了。我到巴秀以后，经常和当地老人一起聊天，到现在4年时间了，我的基诺语已经很熟练了。

问：你出生在亚诺，先后在曼海、巴秀工作过。你认为各村之间所说的基诺语差别大吗？

答：各村之间的基诺语都有差异。我做过一个试验，用乡政府这边的基诺话问巴秀的小孩，他们能听懂；但改用亚诺的基诺话问，他们就听不懂了。我觉得巴秀的基诺语很纯，很少有汉语词汇。不像乡政府这边有的寨子说的基诺语，比如巴朵、亚诺、曼哇，夹杂很多汉语词汇。相比之下，我更喜欢巴秀的基诺语。

问：您还了解基诺山乡其他寨子基诺语的保留情况吗？

答：据我了解，曼哇、曼控、曼武、银场和么羊等寨子现在都已经不说基诺语了。司土新寨和司土小寨说汉语的人越来越多，巴来的基诺语保留得比较好，四五十岁人的汉语也说得还可以。

问：现在基诺族的年轻一代想走出基诺山吗？

答：年轻人都想出去看看外面的世界，比如到昆明，甚至更远的地方。我的朋友经常叫我带他们出去玩，到勐腊、勐海和景洪的一些景点。但不是很长时间在外，只是短期的，最终还是要回来的。

（六）基诺乡中心小学教师白友仙访谈录

调查对象：白友仙（女，38岁，基诺族，基诺乡中心小学语文教师）

调查时间：2006年7月5日

问：白老师，您的家里人平常主要是讲基诺语吗？

答：我的爸爸、妈妈主要是说基诺语，我的两个弟弟一般也是说基诺语。我们和孩子都说汉语，很少讲基诺语。

问：同事之间一般常说基诺语还是汉语呢？

答：不同的场合不一样。比如说，在学校里一般要说普通话，工作语言嘛，但同事们在一起私下聊天时就说基诺语。

问：为什么会有这种差别？

答：怎么说呢？虽然用汉语交际一点问题也没有，不过在说到我们基诺族的事情时，总觉得用汉语有点隔膜。

问：跟亲戚、朋友见面主要说什么语？

答：我的亲戚都是基诺族的，所以都说基诺语。跟朋友嘛，那要根据具体情况，如果是本族的，就说基诺语，如果是汉族、傣族，或其他民族的，一般就要说汉语了。

问：您希望当地的广播电视只用普通话，这和我们了解的其他基诺人的看法不太一样？

答：我的意思是，学好汉语从长远来看更有利于基诺人的进步和发展。

问：这样不会影响基诺语吗？

答：基诺语是在家里就可以学会的，使用场合也很多，应该不会受到太大的影响。

问：您希望基诺语永远保留下去吗？

答：希望是希望，不过这是不太可能的。

问：为什么这么讲？

答：现在社会发展得太快了，基诺语可能在一百年以后消失，也可能时间更长一些，但总有一天会完全消失的，这是谁也没有办法的事情。

问：白老师，您能介绍一下基诺族学生学习汉语的主要困难吗？

答：可以，这个问题我也很感兴趣。我觉得他们学汉语的主要问题是一般都能听懂，但不愿意开口，尤其是低年级的学生。

问：基诺语的特点对他们学好汉语影响大吗？

答：很大。低年级学生作文中病句非常多。不过一般来说，五年级以后，汉语表达就都比较熟练，也比较准确了。

问：白老师，现在学校辍学率比较高。您能谈谈其中的原因吗？

答：辍学的问题我也跟同事们交流过。我们觉得可能有两方面的因素：一是现在生活好了，但学生的惰性也增加了。另外一种因素可能是大学毕业生就业难的形势，也多少影响了学生学习的积极性。

（七）退休干部孙阿明访谈录

调查对象：孙阿明（男，基诺族，71岁，景洪市邮政局退休干部）

调查时间：2006年7月3日

问:听起来,您的汉语很熟练,您的基诺语怎么样?

答:基诺语很一般。因为很早就参加工作,说的都是汉语。

问:像您这么大年纪的老人,一般来说,基诺语都是比较熟练的吧?

答:你不了解我们这一代人的情况。基诺族是1979年才被国务院正式批准为单一民族的,早先在工作场合,满口基诺语不是一件很光彩的事。

问:怕受歧视?

答:对,可以这样理解吧。

问:您家里人的基诺语和汉语说得怎么样?

答:老伴汉语和基诺语都很熟练。她是家庭妇女,在乡政府这边,平常接触的既有基诺族人,也有四川人、湖南人,所以汉语和基诺语都会说。

问:儿女的情况呢?

答:儿子、女儿汉语很好,不过基诺语基本上都不怎么会说了。

问:您的孙子、孙女呢?

答:都不会了。他们从小上学,在学校里说的都是汉话,回家以后,父母说的也都是汉话。

问:您和大妈没教他们吗?

答:你知道,现在小孩子上学有多辛苦,平常哪有时间来我这边?我的孙子、孙女有的还在外边上大学,一年也回不来几次,根本没机会教他们。

问:大爷,您觉得学好基诺语重要不重要?

答:当然重要了。不会基诺语怎么跟本族人讲话?还有更重要的,没有基诺语就失去了民族传统。一个民族没有了自己的传统,还能称得上是一个民族吗?

问:那对于基诺族来讲,您觉得学好汉语重要吗?

答:非常重要。基诺族要发展,必须学好汉语,汉语要掌握得非常熟练才行。

问:那么,英语呢?

答:英语也要学会。现在基诺山经济发展得非常快,学好英语将来可以跟外国人做生意,赚大钱。

问:您能预测一下基诺语将来发展的情况吗?

答:将来的发展情况我说不好。不过,我觉得,基诺语会用得越来越少,如果不采取措施的话,有一天可能会完全消失。

(八)族际婚姻家庭刘川云访谈录

调查对象:刘川云(男,22岁,基诺族,中专毕业。父亲刘正白为四川安岳人,汉族人,母亲

包麦为基诺族人)

调查时间:2006年7月7日

问:你们家属于族际婚姻家庭,就是家里人不是同一个民族的情况。在家里,汉语和基诺语都常讲吗?

答:不是。我们都讲基诺语。

问:您父亲是汉族人,平时,不跟他讲汉语吗?

答:我爸爸来这里已经20多年,基诺语说得很流利了。

问:您在我们的调查表上填的是父母和兄弟的汉语、基诺语都很熟练。那么,在家里只说汉语不也完全可以吗?

答:行是行,不过总觉得有些话用基诺语讲更习惯一些,也更亲切一些。

问:在寨子里也都说基诺语吧?

答:对。我们这边大部分都是基诺族的。

问:什么情况下说汉语?

答:去乡里办事呀,或者跟汉族、傣族朋友一起的时候。

问:您觉得基诺语重要还是汉语重要?

答:应该说都重要。基诺语是民族语言,基诺人当然要学会民族语。汉语不懂也不行。

问:是不是因为您父亲是汉族人,您自己也有汉族成分,所以才觉得汉语很重要?

答:有点吧。不过,更重要的是,不学好汉语就升不了学,也无法跟外边的人交流。

问:英语也很重要吧?

答:(笑)当然很重要,不过我上中学的时候,英语考试总是不及格。

问:你的基诺语跟长辈相比怎么样?

答:应该说要差一些,有些词语,特别是我们民族历史、文化方面的一些词语,我们这一代都不知道了。

问:您觉得基诺语会不会慢慢消失?

答:不好说。嗯,也许会吧。不过,一百年内应该没问题吧。

问:基诺语如果有一天没有了,是不是非常可惜?

答:对,如果自己的民族连语言都没有了,那当然是非常可惜的。

(九)中学生罗云霞访谈录

调查对象:罗云霞(基诺族,基诺名"切吕",女,13岁,巴朵村人,基诺族自治乡中学初一年级学生)

调查时间:2006年7月5日

问:在你们学校里,基诺族的同学多不多?
答:大部分是基诺族的。
问:其他都有什么族的同学啊?
答:不清楚。但是他们不会说基诺语。
问:在学校,下课以后同学们聊天都用什么语言?
答:有时候说基诺语,有时候说汉语。跟老师和朋友说话的时候说基诺语,跟不会说基诺语的人就跟他们说汉语。
问:老师都是什么民族的呢?
答:有哈尼族、基诺族和汉族的。
问:基诺族的老师跟你们说什么话?
答:普通话。
问:哈尼族的老师跟你们说什么话?
答:有时候说基诺话。他会说。
问:基诺族的老师不跟你们说基诺话吗?
答:很少。
问:你们愿意听他说基诺语还是愿意听他说汉语?
答:汉语。
问:为什么?
答:有点不习惯,他说普通话的时候嘴巴张得很大。
问:你有没有不会说基诺语的朋友?
答:有。有十多个。
问:她们都是在学校里认识的吗?
答:是。
问:跟她们是说当地的汉语方言,还是说普通话?
答:说方言。
问:你是什么时候学会说汉语的?
答:小时候,爸爸妈妈跟我讲汉语。
问:平时在家的时候都是讲汉语吗?
答:有时候讲基诺语,有时候讲汉语。
问:村子里你的同学、朋友家里,他们跟爸爸妈妈说基诺语还是汉语?
答:说基诺语。有一个朋友,她跟她的爸爸妈妈都讲汉语。因为他爸爸是汉族。
问:你到这个朋友家里玩,你跟她的爸爸说什么语呢?

答：基诺语。
问：他爸爸是汉族，听得懂你说的吗？
答：听得懂，他爸爸来基诺很久了。
问：那他爸爸说不说基诺语呢？
答：有时候也说。
问：你跟你的姨父（巴朵村村长沙金寿）说汉语还是基诺语？
答：大多数时候都说汉语，很少说基诺语。
问：你们村子里的人是不是都会说汉语呢？
答：只有一些老人不会说。
问：哥哥会说汉语吗？
答：会。
问：你和哥哥之间用哪种语言交流？
答：我跟哥哥讲话用汉语。
问：你跟爸爸妈妈讲汉语，那哥哥跟爸爸妈妈讲汉语还是基诺语呢？
答：讲基诺语。
问：你跟爷爷奶奶说汉语还是基诺语？
答：有时候讲基诺语有时候讲汉语。
问：哥哥跟爷爷奶奶只用基诺语说话吗？
答：是。
问：你觉得哥哥说的基诺语好还是你说的基诺语好？
答：哥哥说得比我好。
问：小时候，你是先学的汉语还是先学的基诺语呢？
答：我先学的汉语。六七岁的时候才学的基诺语。
问：你的朋友们都愿意说基诺语吗？
答：愿意。
问：别的村子的人到你们村里去，你跟这些人说基诺语还是汉语？
答：说基诺语，因为都是基诺族。
问：你觉得平常每天说汉语的时间多还是说基诺语的时间多？
答：说汉语。跟爸爸、妈妈、哥哥都说汉语。
问：每天早晨起来，看见爸爸的时候说些什么？
答："爸爸你割胶回来了。"
问：这句话你用什么语说呢？
答：有时候用汉语，有时候用基诺语。
问：平常听见妈妈唱过歌吗？

答：听见过。

问：她是用汉语唱的还是用基诺语唱的？

答：她两种都会唱。

问：你会唱吗？

答：会。

问：是谁教给你的？

答：妈妈还有老师，不过跟张云老师学的不是基诺语的歌。

问：张云老师教的不是基诺族的歌吗？是些什么歌呢？

答：他现在调到乡政府工作了，他教我们唱过《共产党领上小康路》。

问：那学校老师给你们上音乐课时教些什么歌呢？

答：教音乐课本上的歌。有《欢乐颂》、《森林水车》、《中国娃》……

问：跟妈妈学的是基诺语的歌吗？妈妈教的歌多不多？

答：我只会三首。一首叫《求雨歌》，还有两首汉语名字我不知道。

问：你觉得基诺歌好听还是汉语歌好听？

答：两个都好听。

问：你听见奶奶或者外婆唱过基诺语的歌吗？

答：没有。

问：爸爸会不会唱啊？

答：不会。

问：妈妈的基诺语歌是跟谁学的，你知道吗？

答：跟磁带学的。

问：有基诺歌的磁带吗？在什么地方能买到？

答：好像景洪的天城市场有。

问：学校里表演节目的时候，有没有同学唱基诺语的歌啊？

答：有，学校不喜欢我们表演流行歌曲，我们可以唱基诺族的歌。不过只有何春艳唱过，是她大妈教她的，她大妈叫何贵英，是我们村里最会唱的。

问：何贵英有多大年纪啊？平常是不是过年过节的时候，她都会出来唱歌呢？

答：她有三四十岁吧，不过，现在不唱了，现在过节我们不唱歌。

问：你现在能唱一首基诺语的歌吗？

答：（唱歌）（歌词大意：我的家乡基诺山，山青水秀好风光。茶叶绿满坡，砂仁满山沟，敲起大鼓唱家乡，村村寨寨火塘亮……）

（十）小学生访谈录

调查对象：杜姗姗（11岁，基诺族，基诺乡巴伞组人，现中心小学五年级学生）、张婕妮（10岁，基诺族，基诺族自治乡巴伞组人，现中心小学五年级学生）、杨柠（11岁，基诺族，基诺族自治乡巴伞组人，现中心小学五年级学生）

调查时间：2006年7月3日

问：你们都是基诺族，但都不住在村寨里吗？
答：是的。我们的爸爸妈妈有的在机关工作，有的在学校工作。我们的家都在乡政府周围。
问：你们的爸爸妈妈都是做什么工作的啊？
答：（杨柠）我妈妈是农民，爸爸是勐仑养护段二道班的职工。（杜姗姗）我父母的情况和杨柠家一样，我爸爸和她爸爸在一个单位工作。（张婕妮）我妈妈是小学老师，爸爸在机关工作。
问：你们的爸爸妈妈和爷爷奶奶都是基诺族吗？
答：（张婕妮）我家是的。杜姗姗的外公外婆是拉祜族。杨柠的妈妈、爷爷、外公、外婆都是爱尼族。
问：你们在家里，和爸爸妈妈、爷爷奶奶说话是用基诺语吗？
答：（张婕妮）我和爸爸妈妈说当地汉语或基诺语，和爷爷奶奶说基诺语。
（杨柠）我和爸爸妈妈、爷爷奶奶都说当地汉语，因为爷爷奶奶听不懂基诺话。
（杜姗姗）我和爸爸妈妈说当地汉语，和爷爷奶奶主要说当地汉语，偶尔说基诺语。
问：那爸爸和妈妈，爷爷和奶奶之间呢？
答：（张婕妮）他们基诺语和汉语都用。
（杨柠）我的爷爷和奶奶用汉语说，爸爸和妈妈主要说汉语，有时妈妈也说爱尼语，爸爸能听懂。
（杜姗姗）我的爸爸妈妈有时用基诺语说话，有时用拉祜语说，爷爷奶奶之间用汉语。
问：要是家里来了亲戚，大家用什么语交谈呢？
答：主要是汉语和基诺语，因为我们和他们都能听懂。
问：和老师你们都说什么语呢？
答：都说普通话，学校里要求都说普通话。
问：和班里的同学你们都说什么语呢？
答：和有些同学说汉语，有些同学说基诺语。
问：班里有多少同学？基诺族的同学多吗？

答:班里有 31 个学生,有 30 个学生是基诺族,有一个学生是汉族。

问:30 个基诺族小朋友都会说基诺语吗?

答:30 个基诺族同学中有 6 个不会说基诺语。他们是:唐亚秋、许航、王欣、丁蓉、石睿琦和王祎。

问:你们知道他们为什么不会说基诺语吗?

答:他们的爸爸妈妈有些在机关或学校工作,他们都不住校。

问:有的小朋友不懂基诺语,你有没有觉得这样不好呢?

答:没有,他们可以慢慢学,我们也可以慢慢教他(她)们,肯定能学会的。

问:他们有没有人和你们说过要学基诺语呀?

答:有,他们想和更多的人交朋友。

问:你们是怎么学会基诺语的呢?

答:平时听到家里人和朋友说基诺语,出门大家一块玩时也说,自然就学会了。

问:爸爸妈妈有没有要求你们一定要学会基诺语?

答:没有,爸爸妈妈没有要求。我们听到周围的人说,我们自己就学会了。

问:你们什么时候开始学习普通话呢?

答:从上小学开始,老师就教普通话。如果爸爸、妈妈是老师,在上学前也会学一些。

问:全班的同学一开始都能听懂汉语吗?

答:大多都能,但寨子里的孩子学说普通话要慢些。

问:学过英语吗?

答:在课改班(课程改革班的简称)学过一点,但到五六年级就不学了。到初中才能再学。会说的不多。

问:现在有些人不会说基诺语,会不会有一天基诺族的人都不会说基诺语了呢?

答:(杨柠和张婕妮)不会的,虽然基诺语说起来很绕,但自己民族的语言应该不会丢失的。(杜姗姗)自己的语言丢了不好。

问:有没有想过好好学习,今后到大城市上学?

答:有,想出去看看。

问:那去大城市以后,你们还回来吗?

答:回,先去大城市好好学习,然后回来。

问:喜欢自己的民族吗?

答:虽然我们还不是很了解自己的民族,但我们都喜欢自己是基诺族。

三 基诺语五百词测试表

一 编写说明

1. 测试的目的:词汇量的大小是一个人语言能力高低的重要标志。为了更有效、更准确地掌握基诺族中青年以下的人基诺语词汇量情况,我们特别制定了这个《基诺语500词测试表》。

2. 所选词汇大多是基诺语中的基本词汇,包括自然现象、身体部位、亲属称谓、动植物名称、生活用品、数量词、形容词、动词、文化用词等。

3. 测试表中的500个词按常用、比较常用、不常用分为三级:第一级230个词(1—230);第二级140个词(231—370);第三级130个词(371—500)。希望能从测试比例的差异中,看到基诺族中青年基诺语能力的不同层次。

二 测试情况

说明:1.词的掌握情况分为四级:A.表示熟练说出;B.表示想后说出;C.表示提示后能懂;D.表示不懂。2.这次测试是随机抽样调查,一共测试了42人,以下列举的是其中10个人的测试结果。

(一) 被调查人情况

1. 白艳梅,女,10岁,小学生,巴朵组。
2. 罗云霞,女,13岁,初中生,巴朵组。
3. 周 红,女,15岁,初中生,巴亚新寨。
4. 周 路,男,17岁,初中文化程度,巴朵村组民。
5. 车布鲁,男,19岁,初中文化程度,巴亚老寨组民。
6. 胡利民,男,22岁,初中文化程度,石嘴一队组民。
7. 布鲁资,男,29岁,初中文化程度,巴朵村组民。
8. 先 则,女,35岁,小学文化程度,巴朵村组民。
9. 周木腊,男,36岁,小学文化程度,巴朵村组民。
10. 车 切,男,38岁,小学文化程度,巴破村组民。

（二）调查结果统计表

词汇		被调查人的代号及测试等级									
		1	2	3	4	5	6	7	8	9	10
1	天 tsho^{54} na^{31}	A	A	A	C	A	A	A	A	A	A
2	太阳 ŋjɯ^{31} ɔ^{33}	C	A	C	C	A	A	A	A	A	A
3	月亮 pu^{44} ɬɔ^{33}	C	A	C	A	A	A	A	A	A	A
4	星星 pu^{44} kji^{33}	D	B	C	C	A	A	A	A	A	A
5	风 ɬi^{31}	D	A	A	B	A	A	A	A	A	A
6	火 mi^{44}	A	A	A	A	A	A	A	A	A	A
7	蒸气 a^{44} sa^{54}	A	C	A	A	A	A	A	A	A	A
8	地 mi^{31} tsha^{54}	A	A	A	C	A	A	A	A	A	A
9	洞 a^{44} khlo^{54}	A	A	A	A	A	A	A	A	A	A
10	路 jɔ^{44} kho^{44}	A	A	A	A	A	A	A	A	A	A
11	水田 te^{33}	D	C	A	A	A	A	A	A	A	A
12	石头 lo^{31} mɔ^{33}	A	A	A	A	A	A	A	A	A	A
13	水 ji^{31} tʃho^{54}	A	A	A	A	A	A	A	A	A	A
14	名字 a^{33} mi^{44}	A	D	A	A	A	A	A	A	A	A
15	铁 ʃe^{31}	A	A	A	B	A	A	A	A	A	A
16	盐 tshʌ^{54} khʌ^{31}	A	A	A	C	A	A	A	A	A	A
17	村子 tso^{31} mi^{44}	C	A	A	C	A	A	A	A	A	A
18	家 tso^{31}	B	A	A	A	A	A	A	A	A	A
19	身体 a^{33} mʌ^{44}	C	C	A	C	A	A	A	A	A	A
20	头 vu^{44} khjɛ^{44}	A	A	A	A	A	A	A	A	A	A
21	头发 tshɛ^{44} khɯ^{44}	A	A	A	A	A	A	A	A	A	A
22	眼睛 mja^{31} sɯ^{44}	A	A	A	A	A	A	A	A	A	A
23	鼻子 nɤ^{31} to^{44}	A	A	A	A	A	A	A	A	A	A
24	耳朵 na^{44} kho^{54}	A	A	A	A	A	A	A	A	A	A
25	肚子 vu^{54} phu^{44}	A	A	A	A	A	A	A	A	A	A
26	脚 ʃo^{44} khji^{31}	A	A	A	A	A	A	A	A	A	A
27	手 la^{54} ɯ^{33}	A	A	A	A	A	A	A	A	A	A
28	手指 la^{54} ny^{54}	A	A	A	A	A	A	A	A	A	A
29	皮肤 a^{44} kho^{31}	C	A	A	A	A	A	B	A	A	A
30	肉 a^{44} ʃo^{44}	A	A	A	D	A	A	A	A	A	A

31	血 a⁴⁴ ʃi⁴⁴	A	A	A	A	A	A	A	A	A
32	骨头 ʃɔ⁴⁴ɯ⁴⁴	A	A	A	A	A	A	A	A	A
33	牙齿 a³³ tʃɯ⁴⁴	B	A	A	A	A	A	A	A	A
34	舌头 a³³ ɻɔ⁴⁴	A	A	A	A	A	A	A	A	A
35	胆 tshɯ³³ khɔ⁴⁴	C	C	C	A	A	A	B	A	A
36	屎 a⁴⁴ khli⁴⁴	A	A	A	A	A	A	A	C	A
37	尿 ji³¹ tshɛ⁵⁴	A	A	A	A	A	A	A	A	A
38	话 a⁴⁴ mi³³	D	D	A	D	A	A	A	A	A
39	基诺族 kjy⁴⁴ no⁴⁴	A	A	A	A	A	A	A	A	A
40	汉族 a⁴⁴ xo³¹	A	A	A	A	A	A	A	A	A
41	人 tshʌ³¹ zɔ⁴⁴	A	A	A	A	A	A	A	A	A
42	小孩 zɔ⁴⁴ ku⁴⁴	C	A	A	A	A	A	A	A	A
43	男人 khɔ⁴⁴ phɔ⁴⁴	A	A	A	A	A	A	A	A	A
44	妇女 khɔ⁴⁴ mɔ³³	A	A	C	A	A	A	A	A	A
45	朋友 ma⁵⁴ tʃhɤ⁴⁴	A	A	A	A	A	A	A	A	A
46	爷爷 a⁴⁴ phy⁴⁴	A	A	A	A	A	A	A	A	A
47	奶奶 a⁴⁴ phi⁴⁴	A	A	A	A	A	A	A	A	A
48	父亲 a⁴⁴ pu³³	A	A	A	A	A	A	A	A	A
49	母亲 a⁴⁴ mɔ³³	A	A	A	A	A	A	A	A	A
50	儿子 zɔ⁴⁴ jo³¹	D	C	A	A	A	A	A	A	A
51	女儿 zɔ⁴⁴ mi⁴⁴	D	C	A	A	A	A	A	A	A
52	孙子 a⁴⁴ li⁴⁴	C	C	A	A	A	A	A	A	A
53	哥哥 a⁴⁴ ʃo⁴⁴	B	D	A	A	A	A	A	A	A
54	姐姐 mi⁴⁴ xɯ⁴⁴	C	D	C	C	D	A	A	D	A
55	弟弟 ŋjɯ³¹ zɔ⁴⁴	C	A	C	A	A	A	A	A	A
56	妹妹 mi⁴⁴ ŋjɯ⁴⁴	D	D	D	C	D	A	A	A	A
57	舅父 a⁴⁴ kjy³³	C	D	C	A	A	A	A	A	A
58	黄牛 mɛ³¹ ŋjo⁴⁴	A	A	A	C	A	A	A	A	A
59	（牛）角 vu⁴⁴ khji⁴⁴	A	A	A	A	A	A	A	A	A
60	毛 a⁴⁴ mɯ⁴⁴	A	A	A	A	A	A	A	A	A
61	马 mjo⁴⁴ tha³¹	A	A	A	A	A	A	A	A	A
62	山羊 tʃhi⁵⁴ pɛ³¹	C	A	B	A	C	A	A	A	A
63	猪 va⁵⁴	A	A	A	A	A	A	A	A	A

64	狗 khɯ⁴⁴jo⁴⁴	A	A	A	A	A	A	A	A	A
65	猫 jo³¹mɛ³³	A	A	A	A	A	A	A	A	A
66	鸡 ja³¹	A	A	A	A	A	A	A	A	A
67	翅膀 a⁴⁴to⁴⁴	C	A	A	A	A	A	A	A	A
68	鸭子 tʃo⁴⁴ka³¹	A	C	A	A	A	A	A	A	A
69	老虎 lɔ⁴⁴mɯ³³	C	A	B	A	A	A	A	A	A
70	猴子 xo³¹mɔ³³	A	A	A	A	A	A	A	A	A
71	大象 jɔ³³	D	D	A	A	A	A	A	A	A
72	老鼠 xo³¹tʃha⁵⁴	A	A	A	A	A	A	A	A	A
73	鸟 ŋa³¹zɔ⁴⁴	A	A	A	A	A	A	A	A	A
74	老鹰 tsø³¹mɔ³³	A	C	A	C	A	A	B	A	A
75	麻雀 tʃo³¹ja³¹	D	D	D	C	C	A	A	D	C	A
76	孔雀 tʃɤ⁴⁴ja³¹	D	C	D	D	D	A	A	A	D	A
77	蛇 ɯ³¹	A	A	A	A	A	A	A	A	A
78	青蛙 phɔ³³ŋjy⁴⁴	A	A	A	A	A	A	A	A	A
79	鱼 ŋo⁴⁴ʃ⁴⁴	A	A	A	A	A	A	A	A	A
80	虫 py⁴⁴tʃu⁴⁴	A	A	A	A	A	A	A	A	A
81	蚊子 xjɔ³¹kjʌ⁴⁴	A	A	A	A	A	A	A	A	A
82	蜜蜂 pjɔ⁴⁴	B	A	A	A	A	A	A	A	A
83	树 sɯ⁴⁴tsɯ³¹	A	A	A	A	A	A	A	A	A
84	花 a⁴⁴po³³	A	A	A	A	A	A	A	A	A
85	竹子 vɔ³³	A	A	B	A	A	A	A	A	A
86	芭蕉 ŋa³¹sɯ⁴⁴	A	A	A	A	A	A	A	A	A
87	谷子 a⁴⁴mɛ⁴⁴	C	B	A	C	A	A	D	A	A
88	玉米 lɯ⁵⁴tu³³	A	A	A	C	A	A	A	A	A
89	香菜 pha⁴⁴mi³¹	D	A	C	D	A	D	A	D	A	A
90	萝卜 kʌ⁴⁴phu⁴⁴	D	C	C	A	A	C	D	C	D	D
91	茄子 ma⁵⁴khʌ³³	A	A	A	A	A	A	A	A	A
92	黄豆 nʌ³¹tʃhi⁴⁴	A	D	C	A	D	A	A	A	A
93	米 a⁴⁴mɛ⁴⁴tʃhe³¹	C	A	A	A	A	A	B	A	A
94	饭 a⁴⁴mɛ⁴⁴	A	A	A	A	A	A	A	A	A
95	花椒 tsœ⁵⁴sɯ⁴⁴	D	B	C	C	A	A	A	A	A
96	(鸡)蛋 vu³³	A	A	A	A	A	A	A	A	A

97	酒 tʃe³¹ phɯ⁴⁴	A	A	A	A	A	A	A	A	A	A
98	茶水 ŋja³¹	A	A	A	C	A	A	A	A	A	A
99	药 tshɿ⁴⁴	A	A	A	A	A	A	A	A	A	A
100	布 to⁵⁴tʃe⁵⁴	C	A	A	A	A	A	C	A	A	A
101	衣 kɔ⁴⁴tø³³	A	A	A	A	A	A	A	A	A	A
102	裤子 ɬʌ⁴⁴tsho⁴⁴	A	A	A	A	A	A	A	A	A	A
103	鞋 khœ⁵⁴tsho⁴⁴	A	A	A	A	A	A	A	A	A	A
104	耳环 na⁵⁴pha⁵⁴	A	A	A	A	A	A	A	A	A	A
105	被子 pɔ³¹pɯ⁴⁴	A	A	A	A	A	A	A	A	A	A
106	房子 tsɔ³¹	A	A	A	A	A	A	A	A	A	A
107	门 a⁴⁴kɔ³³	A	A	A	A	A	A	A	A	A	A
108	桌子 khlɛ³¹	D	D	C	C	A	A	A	A	A	A
109	柴 mi⁴⁴tsɔ⁴⁴	A	A	A	A	A	A	A	A	A	A
110	铁锅 ʃe³¹jʌ⁴⁴	A	A	C	A	A	A	C	A	A	A
111	刀 mjʌ⁴⁴kho⁴⁴	A	A	A	A	A	A	A	A	A	A
112	碗 lo³¹phu⁴⁴	A	A	A	A	A	A	A	A	A	A
113	筷子 tʃhɛ³¹thu⁵⁴	A	A	A	A	A	A	A	A	A	A
114	钱 phlu³¹	A	A	A	A	A	A	A	A	A	A
115	针 a⁴⁴kjø⁵⁴	A	A	A	A	A	A	A	A	A	A
116	枪 klo⁵⁴	D	A	A	A	A	A	A	A	A	A
117	梦 mi⁵⁴ma³¹	D	B	A	A	A	A	A	A	A	A
118	前 a⁴⁴pɤ³³	A	A	A	A	A	A	A	A	A	A
119	后 a⁴⁴no³¹	A	A	A	A	A	A	A	A	A	A
120	今天 ja⁵⁴ŋji³³	A	A	A	A	A	A	A	A	A	A
121	明天 mi⁴⁴ʃɔ⁴⁴ŋji³³	A	A	A	A	A	A	A	A	A	A
122	一 thi⁴⁴	B	A	A	A	A	A	A	A	A	A
123	二 ŋji⁵⁴	B	A	A	A	A	A	A	A	A	A
124	三 sø⁴⁴	A	A	A	A	A	A	A	A	A	A
125	四 li⁴⁴	A	A	A	A	A	A	A	A	A	A
126	六 khjo⁵⁴	A	A	A	A	A	A	A	A	A	A
127	九 kjy⁴⁴	A	A	A	A	A	A	A	A	A	A
128	(一)个(人) xjo³¹	A	A	A	A	A	A	A	A	A	A
129	(一)粒(米) sɯ⁴⁴	B	A	A	A	A	A	A	A	A	A

130	(一)朵(花)pho³³	A	A	A	A	A	A	A	A	A
131	(一)个月 ɬo⁴⁴	C	A	A	A	A	A	A	A	A
132	(一)年 mjɔ⁴⁴	C	A	A	A	A	A	A	A	A
133	我 ŋo³¹	A	A	A	A	A	A	A	A	A
134	你 nʌ³¹	A	A	A	C	A	A	A	A	A
135	他 khɤ³¹	D	C	A	A	A	A	A	A	A
136	这 xji³³	A	A	A	A	A	A	A	A	A
137	那(较远)khɤ³⁵	A	A	A	A	A	A	A	A	A
138	谁 khɔ³³ su⁴⁴	A	B	A	A	A	B	A	A	A
139	大 la⁵⁴ xɯ⁴⁴	C	A	A	A	A	A	A	A	A
140	高 la⁵⁴ mjo⁵⁴	A	A	A	A	A	A	A	A	A
141	长 la⁵⁴ ʃɯ⁵⁴	A	A	A	A	A	A	A	A	A
142	厚 a⁴⁴ thu⁴⁴	B	A	A	A	A	A	A	A	A
143	满 a⁴⁴ plɯ³³	C	A	A	A	A	A	A	A	A
144	多 la⁵⁴ thʌ⁵⁴	A	A	A	A	A	A	A	A	A
145	弯 a⁴⁴ kho³³	A	C	A	A	A	A	A	A	A
146	黑 a⁴⁴ na³¹	A	A	A	A	A	A	A	A	A
147	白 a³³ phlu⁴⁴	A	A	A	A	A	A	A	A	A
148	红 a³³ nɤ⁴⁴	A	A	A	A	A	A	A	A	A
149	重 a⁴⁴ ɬi⁴⁴	A	A	A	A	A	A	A	A	A
150	胖 pʌ⁵⁴	A	A	A	A	A	A	A	A	A
151	硬 a⁴⁴ kha³¹	C	A	A	A	A	A	A	A	A
152	新 a⁴⁴ ʃi⁵⁴	A	A	A	A	A	A	A	A	A
153	酸 a⁴⁴ tʃhɤ⁴⁴	A	A	A	A	A	A	A	A	A
154	甜 a⁴⁴ tʃhɿ⁴⁴	A	A	A	A	A	A	A	A	A
155	饱 plɯ³³	D	A	A	A	A	A	A	A	A
156	编(辫子)phlœ⁵⁴	A	A	A	A	A	A	A	A	A
157	病 nɔ³¹	A	A	A	A	A	A	A	A	A
158	踩 nʌ⁴⁴	A	A	A	A	A	A	A	A	A
159	沉 nɯ⁵⁴	A	A	A	A	A	A	A	A	A
160	吃 tsɔ⁴⁴	A	A	A	A	A	A	A	A	A
161	春 tho⁴⁴	D	A	A	A	A	A	A	A	A
162	出去 to³¹ le³³	A	A	A	A	A	A	A	A	A

163	锄（地）xjɔ³¹ tɤ³¹	A	C	B	A	A	B	B	A	A	A
164	穿（衣）tø³³	A	A	A	A	A	A	A	A	A	A
165	吹（喇叭）tsɯ³³	A	A	A	A	A	A	A	A	A	A
166	喘（气）kɤ³¹	A	C	A	A	A	A	A	A	A	A
167	打（人）tɯ⁴⁴	A	A	A	A	A	A	A	A	A	A
168	带（路）ʃɯ⁵⁴（zo⁴⁴）	C	A	A	A	A	A	A	A	A	A
169	到达 khɯ³¹	A	A	A	A	A	A	A	A	A	A
170	等待 tʌ⁴⁴	A	A	A	A	A	A	A	A	A	A
171	滴（水）tsa³¹	D	C	A	A	A	A	A	A	A	A
172	燃烧 plo³¹	C	A	A	A	A	A	A	A	A	A
173	掉（过头）no³¹ tɛ⁴⁴	A	C	C	A	A	B	A	A	A	A
174	钓（鱼）pɛ⁵⁴ kɤ³¹	D	D	C	A	D	A	C	A	A	A
175	懂 sɯ⁴⁴	D	A	A	A	A	A	Λ	Λ	A	A
176	（线）断 tshe³³	A	A	A	A	A	A	A	A	A	A
177	（棍子）断 thø³³	B	A	A	A	A	A	A	A	A	A
178	飞 plɛ³¹	A	A	A	A	A	A	A	A	A	A
179	缝 sɯ³¹	A	A	A	A	A	A	A	A	A	A
180	给 pi⁴⁴	A	A	A	A	A	A	A	A	A	A
181	关（门）phi⁴⁴	A	A	A	A	A	A	A	A	A	A
182	害羞 ʃa⁵⁴	A	A	A	A	A	A	A	A	A	A
183	喝 tʌ³¹	A	A	A	A	A	A	A	A	A	A
184	回 pho³¹	A	A	A	A	A	A	A	A	A	A
185	夹（菜）tʃhe³¹	A	A	A	A	A	A	A	A	A	A
186	教 ɬe³¹ mʌ⁴⁴	D	D	C	D	A	A	A	A	A	A
187	（公鸡）叫 tø³¹	A	A	A	A	A	A	A	A	A	A
188	借（钱）pa⁵⁴	A	C	C	A	A	D	D	A	A	D
189	开（门）pho³³	A	A	A	A	A	A	A	A	A	A
190	砍（树）pla⁵⁴	A	C	A	A	A	A	A	A	A	A
191	看 tɛ³³	A	A	A	A	A	A	A	A	A	A
192	看见 tɛ³³ mjʌ⁴⁴	A	A	A	A	A	A	A	A	A	A
193	哭 ŋjy³¹	A	A	A	A	A	A	A	A	A	A
194	（人）老 kha³¹	A	A	A	A	A	A	A	A	A	A
195	骂 jɤ⁴⁴	A	A	A	A	A	A	A	A	A	A

196	买 ju³¹	A	A	A	A	A	A	A	A	A
197	摸 vɔ⁴⁴	A	A	A	A	A	A	A	A	A
198	拿 ko³¹	A	A	A	A	A	A	A	A	A
199	跑 thʌ³¹	A	A	A	A	A	A	A	A	A
200	骑 tsɯ⁴⁴	A	A	C	A	A	A	A	A	A
201	切（菜）jε³³	C	A	B	A	A	A	A	A	A
202	去 le³³	A	A	B	A	A	A	A	A	A
203	解开 phɯ⁴⁴ phjʌ³¹	A	A	B	A	A	A	A	A	A
204	杀（人）sɛ⁵⁴	A	A	A	A	A	A	A	A	A
205	晒（衣服）ɬœ⁵⁴	A	A	A	A	A	A	A	A	A
206	烧（火）ŋjʌ⁴⁴	A	C	A	C	A	A	A	A	A
207	是 ŋɤ³¹	A	A	A	A	A	A	A	A	A
208	睡 ji⁵⁴	A	A	A	A	A	A	A	A	A
209	死 ʃi³¹	A	A	A	A	A	A	A	A	A
210	舔 mlʌ⁵⁴	A	A	A	A	A	A	A	A	A
211	跳舞 kɔ⁴⁴	A	C	A	A	A	A	A	A	A
212	听 nɔ³¹	A	A	A	A	A	A	A	A	A
213	停止 ja⁵⁴ vi⁴⁴	D	A	B	A	A	A	A	A	A
214	偷 khjy⁴⁴	A	A	A	A	A	A	A	A	A
215	推 tø⁴⁴	A	A	A	A	A	A	A	A	A
216	挖 tu⁴⁴	C	A	A	A	A	A	A	A	A
217	闻（嗅）nɛ³¹（tɕɛ⁴⁴）	A	A	A	C	A	A	A	A	A
218	问 nɔ³¹（tɕɛ⁴⁴）	A	A	A	A	A	A	A	A	A
219	洗（衣）tshɻ⁴⁴	C	A	A	A	A	A	A	A	A
220	下（蛋）khlə⁴⁴	C	A	A	A	A	A	A	A	A
221	想 kjɔ⁴⁴	C	A	A	C	A	A	A	A	A
222	笑 ɯ³¹	A	A	A	A	A	A	A	A	A
223	休息 nʌ⁴⁴ pjʌ⁴⁴	C	A	A	A	A	A	A	A	A
224	咬 thʌ⁵⁴	A	A	A	A	A	A	A	A	A
225	有（人）tʃɤ³¹	A	A	A	A	A	B	A	A	A
226	知道 sɯ⁴⁴	A	A	B	A	A	A	A	A	A
227	煮 tʃha⁵⁴	A	A	A	A	A	A	A	A	A
228	走 zo⁴⁴	A	A	A	A	A	A	A	A	A

229	坐 tɯ³¹	A	A	A	A	A	A	A	A	A
230	做 m³¹	C	C	C	C	A	A	A	A	A
231	云 m⁴⁴ tɛ⁴⁴	D	C	A	A	A	A	A	A	A
232	（打）雷 tsho⁵⁴ na³¹ (tɯ⁴⁴)	C	A	B	A	A	A	A	A	A
233	辫子 tshɛ⁴⁴ phlœ⁵⁴	A	A	C	A	A	A	A	A	A
234	眉毛 mja³¹ mɯ⁴⁴	A	A	A	A	A	A	A	A	A
235	肚脐 tʃha³¹ to⁴⁴	A	A	A	C	D	A	A	A	A
236	脚踝 ʃɔ⁴⁴ mja³¹	A	D	C	D	A	D	A	A	A
237	拳 la⁵⁴ thu³¹	A	A	A	A	A	A	A	A	A
238	筋 a⁴⁴ kju⁴⁴	A	C	B	A	A	A	A	A	A
239	心脏 nɯ³¹ sɯ⁴⁴	A	A	A	A	A	A	A	A	A
240	肾 a⁴⁴ sɯ⁴⁴ lɯ⁴⁴	D	C	D	A	D	D	D	D	A
241	胃 vu³³ mɔ³³	D	D	C	A	A	B	C	A	A
242	汗 khji⁴⁴	A	C	A	A	A	A	A	A	A
243	鼻涕 nɛ⁵⁴ pu⁴⁴	A	A	A	A	A	A	A	A	A
244	尸体 ʃi⁴⁴ mʌ⁴⁴	C	B	C	A	A	A	A	A	A
245	傣族 py⁴⁴ tʃhɛ⁴⁴	C	A	A	A	A	A	A	A	A
246	跛子 khji³¹ ʃɔ⁴⁴	C	A	A	B	A	A	A	A	A
247	聋子 nʌ⁴⁴ pʌ⁴⁴	C	C	A	A	A	A	A	A	A
248	女婿 lo⁴⁴ khei⁴⁴	C	D	A	C	A	A	A	A	A
249	嫂子 a⁴⁴ tshɿ³³	B	C	D	C	A	C	A	A	A
250	岳父 a⁴⁴ ŋyʁ⁴⁴ pu³³	B	A	C	A	A	A	A	A	A
251	寡妇 me⁴⁴ mai⁵⁴	D	D	C	D	A	D	A	A	A
252	公马 mjo⁴⁴ phɔ⁴⁴	D	C	D	A	A	C	A	A	A
253	鹅 tʃo⁴⁴ mɔ³³	C	C	C	D	D	D	A	A	A
254	野猪 va⁵⁴ thʁ³¹	A	C	B	A	A	A	A	A	A
255	松鼠 xo³¹ tshɛ³¹	C	C	A	A	A	A	A	A	A
256	猫头鹰 kho⁴⁴ pu³¹	A	C	B	A	A	A	A	A	A
257	燕子 tshi⁵⁴ pi⁵⁴ zʁ³³	A	A	B	A	A	A	A	A	A
258	乌鸦 lɯ³¹ ma⁵⁴	D	D	C	C	C	D	A	A	B
259	斑鸠 ko⁴⁴ khjy⁴⁴	D	D	C	C	B	B	A	C	A
260	乌龟 py⁴⁴ pjɔ⁴⁴	A	D	C	A	A	A	A	A	A
261	蝌蚪 khœ⁵⁴ lo⁴⁴	C	C	C	A	A	A	A	A	A

262	臭虫 kje³¹mɔ³³	C	C	C	C	A	D	A	D	A	A
263	苍蝇 xjɔ³¹m⁴⁴	A	A	B	A	A	A	A	B	A
264	蛆 ɖo³¹mɔ³³	A	A	C	D	A	A	A	A	A
265	蚯蚓 py⁴⁴tɤ⁴⁴lɤ⁴⁴	A	A	B	A	A	A	A	A	A
266	旱蚂蟥 kjœ⁴⁴tho⁵⁴	D	A	B	A	A	A	A	A	A
267	核 a⁴⁴tsɿ³³	A	A	B	A	A	D	A	C	A	A
268	刺儿 a⁴⁴kjo³³	B	A	C	A	B	A	A	A	A
269	甘蔗 po⁴⁴tʃhɿ⁴⁴	A	C	A	C	A	A	A	A	A
270	核桃 khɤ⁵⁴thɔ³¹	A	D	D	D	A	D	D	C	C
271	棉花 py⁴⁴te⁴⁴	C	A	A	A	A	A	A	A	A
272	韭菜 ko⁴⁴tʃhi³¹	D	D	C	C	D	D	C	A	A
273	大蒜 ko⁴⁴phlʌ⁴⁴	A	A	B	D	D	D	D	D	A
274	芝麻 ne⁴⁴pju³³	D	C	C	A	C	B	A	A	A
275	稀饭 xʌ⁴⁴pu³³	A	D	C	A	A	A	C	A	A
276	线 a⁴⁴khɯ⁴⁴	A	A	C	A	A	A	A	A
277	衣袖 la⁵⁴tu⁵⁴	A	A	B	A	A	A	A	A	A
278	扣子 a⁴⁴sɯ⁴⁴lɯ⁴⁴	A	D	B	D	D	A	D	A	A
279	裤腿儿 khji³¹po⁴⁴	D	A	B	A	A	A	A	A	A
280	腰带 tʃo⁵⁴tshɯ⁴⁴	A	A	B	A	A	C	A	A	A
281	梳子 phi⁵⁴ʃi³¹	A	A	A	A	A	A	A	A	A
282	手镯 la⁵⁴tshœ³¹	A	A	A	A	A	A	A	A	A
283	牛圈 ŋjɤ⁴⁴pʌ⁴⁴	C	C	C	B	D	A	A	C
284	橡子 ɛ⁴⁴ŋjy⁴⁴	D	D	C	C	B	A	C	A	A
285	园子 khjɛ⁴⁴khø⁴⁴	C	A	C	C	A	A	D	A	A
286	床 kjɤ³³tʃhɤ³³	A	D	C	C	D	D	D	B	A
287	瓢子 mja⁵⁴po⁴⁴	C	A	B	A	A	A	A	A	A
288	刀背 mjʌ⁴⁴no³¹/⁴⁴	D	C	B	A	A	A	A	A	A
289	吹火筒 mi⁴⁴tsɯ³³po⁴⁴tho⁴⁴	C	C	C	A	A	A	A	A
290	篮子 sa³¹phja³¹	C	A	C	C	A	A	C	A	A
291	剪刀 phɛ³¹ku³¹	C	A	C	A	A	A	A	A	A
292	伞 ʃu⁴⁴plɛ³³	C	C	B	C	A	B	A	A	A
293	马鞍 a⁴⁴khjɔ⁵⁴	D	D	B	D	D	D	D	D	A
294	船 lʌ⁴⁴	D	D	D	D	A	D	D	D	D

295	锄头 tshɤ⁴⁴ mɔ³³	A	A	A	A	A	A	A	A	A
296	箩筐 sɔ³¹ phja³¹	C	A	A	A	A	B	A	C	A
297	镰刀 khji³¹ xo⁴⁴	D	C	C	A	A	D	A	A	A
298	筛子 phɔ⁴⁴ ɬu³¹	A	D	C	A	D	A	B	A	A
299	弓 lɯ³¹ pja⁵⁴	D	A	A	A	A	A	A	A	A
300	笛子 pe³¹ tho⁴⁴	C	D	C	D	C	C	A	D	A
301	鬼 ne⁴⁴	A	A	A	A	A	A	A	A	A
302	金子 ʃɯ³¹	D	A	A	D	A	C	D	A	A
303	后天 ʃo³¹ phɔ⁴⁴ ŋji³³	A	A	A	C	A	A	A	A	A
304	早晨 nœ³¹ ʃʌ³³	A	A	A	A	A	A	A	A	A
305	去年 ji³³ mjɔ⁴⁴	C	A	A	A	A	A	A	A	A
306	明年 nɛ⁴⁴ mjɔ⁴⁴	C	C	A	A	A	A	A	A	A
307	现在 ja⁴⁴ tɜhɯ⁵⁵	Λ	Λ	Λ	Λ	A	A	A	A	A
308	(一)把(扫帚) pja³¹	A	B	A	A	A	A	A	A	A
309	(一)堆(粪) pø⁴⁴	D	C	A	A	A	B	A	B	A
310	(一)捆 tsɯ⁴⁴	A	A	A	A	A	A	A	A	A
311	我俩 ŋɯ⁵⁴ ŋji⁵⁴	A	A	A	C	A	A	A	A	A
312	我们 ŋu⁵⁴ ju³³	A	A	A	A	A	A	A	A	A
313	这些 xji³³ ma⁵⁴	A	C	B	C	A	A	A	A	A
314	怎么 ŋo⁵⁴ lo³³ ŋo⁵⁴ tɕ³³	A	A	C	A	A	A	A	A	A
315	低 a⁴⁴ mɛ³¹	C	A	A	A	A	A	A	A	A
316	远 a⁴⁴ lɤ⁴⁴	A	A	A	A	A	A	A	A	A
317	(水)浅 a⁴⁴ tɕ⁵⁴	D	B	A	A	A	A	C	A	A
318	瘪 a⁴⁴ phle⁴⁴	A	A	A	B	A	A	A	A	A
319	绿 a³³ ŋjy⁴⁴	A	A	A	A	A	A	A	A	A
320	轻 a⁴⁴ xjʌ⁵⁴	C	A	A	A	A	A	A	A	A
321	(人)瘦 a⁴⁴ khju⁴⁴	A	A	A	A	A	A	A	A	A
322	旧 a³³ ɬi⁴⁴	A	A	A	A	A	A	A	A	A
323	贵 phu⁴⁴	A	A	A	A	A	A	A	A	A
324	(天气)冷 a⁴⁴ tshœ⁵⁴	A	A	A	A	A	A	A	A	A
325	难 ja³³	D	D	A	A	A	A	A	A	A
326	涩 a⁴⁴ phø⁴⁴	A	A	A	B	A	A	A	B	A
327	熬(药) phu⁵⁴	C	C	A	A	A	A	A	A	A

328	绑 va³¹	A	A	B	A	A	A	A	A	A
329	补（衣）to⁵⁴	C	A	A	A	A	A	A	A	A
330	插（牌）tshœ³¹ tsho⁴⁴	A	A	A	A	A	A	A	A	A
331	缠（线）va³¹	C	A	A	A	A	A	A	A	A
332	盛（饭）khœ³¹	A	A	A	A	A	A	A	A	A
333	穿（鞋）tsho³³	A	A	A	A	A	A	A	A	A
334	戳 tshœ³¹	A	A	A	A	A	A	A	A	A
335	打瞌睡 ji⁵⁴nu⁵⁴	A	A	A	A	A	A	A	A	A
336	渡（河）khly⁴⁴	D	D	A	A	A	A	A	A	A
337	疯 vɯ³³	A	A	A	A	A	A	A	A	A
338	盖（房子）khjœ³¹	A	A	A	A	A	A	A	A	A
339	害怕 khjø³³	A	A	A	A	A	A	A	A	A
340	剪 phɛ³¹	A	A	A	A	A	A	A	A	A
341	（狗）叫 ɬo³¹	A	A	A	A	A	A	A	A	A
342	浸泡 klɔ⁴⁴	D	D	C	A	A	B	D	A	D	D
343	（水）开（了）tshu³¹	C	B	A	A	A	A	A	A	A
344	咳嗽 tshɿ⁴⁴	A	A	A	A	A	A	A	A	A
345	啃 tshʌ³¹	A	A	A	A	A	A	A	A	A
346	落 klɔ³³	C	A	A	A	A	A	A	A	A
347	满 plɯ³³	A	A	A	A	A	A	A	A	A
348	埋 phu³¹	C	D	A	D	A	A	A	A	A
349	磨刀 sɯ⁴⁴	A	A	A	A	A	A	A	A	A
350	呕吐 phœ⁵⁴	A	A	A	C	A	A	A	A	A
351	扔 tsø³³	A	A	A	A	A	A	A	A	A
352	撒（种）se⁴⁴	A	A	A	A	A	A	A	A	A
353	闩（门）khlʌ⁴⁴	A	C	B	C	D	A	C	A	A
354	弹（琴）thʌ³¹	D	A	D	C	A	D	C	A	A
355	挑选 tshɤ³¹	D	A	C	A	A	C	A	A	A
356	吞 mju⁵⁴	A	A	A	C	A	A	A	A	A
357	瞎 plɯ⁵⁴	A	A	A	A	A	A	A	A	A
358	写 pjo⁵⁴	A	A	A	A	A	A	A	A	A
359	舀（水）khu⁴⁴	C	A	A	A	A	A	A	A	A
360	赢 kɔ⁴⁴	C	A	A	C	A	A	A	A	B

361	栽(树) tsho³¹	A	B	A	A	A	A	A	A	A	A
362	张(嘴) ŋa⁵⁴	A	A	A	A	A	A	A	A	A	A
363	(马蜂)蜇 tø⁴⁴	A	A	A	B	A	B	A	A	A	A
364	织 ja⁵⁴	D	A	A	C	A	A	A	A	A	A
365	肿 pœ⁵⁴	C	A	A	B	A	A	A	A	A	A
366	抓住 tshu³¹	D	A	A	A	A	A	A	A	A	A
367	追 tʃhʌ³¹ ka⁵⁴	C	A	A	A	A	A	A	A	A	A
368	啄 tho³¹	A	C	A	A	A	A	A	C	A	A
369	很(重) tʃe⁵⁴ ɬi⁴⁴	C	D	A	D	A	D	A	A	A	A
370	还(有) sɯ⁴⁴	D	D	C	C	D	A	A	A	A	A
371	虹 sɯ³¹ thʌ³³ kho⁵⁴ tʃho⁴⁴	D	D	C	D	A	A	A	A	A	A
372	露水 pɛ⁴⁴ ji³¹	A	C	A	D	A	A	A	A	A	A
373	灰尘 a⁴⁴ mʌ⁵⁴	A	A	A	A	A	A	A	A	A	A
374	泡沫 a⁴⁴ mu⁵⁴	A	A	A	A	A	A	A	A	A	A
375	森林 sɯ³¹ tɤ³¹	D	B	A	C	A	A	A	A	A	A
376	棚子 to⁵⁴ m⁵⁴	C	C	C	A	A	A	C	A	A	A
377	额头 nɤ⁴⁴ thɤ⁵⁴	C	C	A	A	A	A	A	A	A	A
378	后颈 lɯ³¹ no⁴⁴ khlo⁵⁴	D	D	A	C	A	A	A	A	A	A
379	胸脯 nɯ³¹ kha³¹	C	A	C	D	A	A	A	B	A	A
380	胳膊 la⁵⁴ pu⁴⁴	A	A	A	A	A	A	A	A	A	A
381	胎盘 a³³ lo⁴⁴	D	D	C	C	C	A	C	A	A	A
382	疤 mʌ⁴⁴ jɔ⁴⁴	D	D	C	A	A	A	A	A	A	A
383	脑髓 vu⁴⁴ no⁵⁴	A	C	A	A	A	A	A	A	A	A
384	牙龈 so⁴⁴ kɯ⁵⁴	D	C	C	C	D	A	A	A	A	A
385	颚 mø⁴⁴ tha⁵⁴	A	C	C	C	A	A	A	A	B	A
386	脾 a⁴⁴ phe⁵⁴	D	D	C	D	A	A	A	B	A	A
387	痰 khjo⁴⁴ khlʌ³³	A	A	A	A	⁄A	A	A	A	A	A
388	污垢 a³³ tsɛ⁴⁴	A	D	A	C	D	A	A	A	A	A
389	生命 a⁴⁴ khʌ⁴⁴	D	D	C	C	A	A	C	A	A	A
390	头人 tʃo⁴⁴ pa⁴⁴	D	C	C	C	D	B	A	A	A	A
391	穷人 zɔ⁴⁴ tʃhy⁴⁴	D	C	C	A	A	A	A	A	A	A
392	富人 tsho⁵⁴ kɔ⁴⁴	C	C	C	C	A	B	A	B	A	A
393	贼 khjy⁴⁴ mɯ⁴⁴	A	A	A	A	A	A	A	A	A	A

394	主人 tʃo⁵⁴ ɨɤ³¹	C	D	A	C	A	B	A	A	A
395	鳏夫 jo³¹ thɤ⁴⁴	D	D	D	D	D	D	D	D	A
396	蹄 phlʌ⁴⁴ pœ⁵⁴	D	A	A	A	C	A	D	A	A
397	马鬃 mjo⁴⁴ tshɛ⁴⁴	D	C	C	D	B	A	A	C	A
398	鸡冠 nʌ⁴⁴ mo³¹	D	C	C	A	A	A	A	A	A
399	鸽子 tsɿ⁴⁴ ŋa³¹	A	B	C	A	B	B	B	A	B
400	穿山甲 thʌ⁴⁴ khɯ⁴⁴	D	D	C	C	A	A	A	A	A
401	水獭 ʃe³¹ a⁴⁴ mɔ³³	D	D	C	D	D	C	A	D	D
402	黄鼠狼 pjɔ³³ xji⁴⁴	D	D	C	D	A	C	D	A	A
403	蝙蝠 pɛ³¹ ɔ³³ pɛ³¹ tshi⁵⁴	D	B	C	C	A	C	A	A	B
404	鳞 ŋɔ⁴⁴ kji⁴⁴	D	B	C	D	A	C	A	A	A
405	泥鳅 pu³³ tø⁴⁴	D	B	C	C	A	B	C	A	A
406	蜈蚣 py⁴⁴ tʃu⁴⁴ va⁵⁴ kje⁵⁴	C	A	C	A	A	A	A	A	A
407	蟋蟀 kji⁵⁴ kji⁵⁴ ko⁵⁴ ko⁵⁴	C	A	C	A	A	A	A	A	A
408	螃蟹 vu⁴⁴ ʃɯ⁵⁴	D	A	C	A	A	A	A	A	A
409	花蕊 a⁴⁴ po³³ khjo⁴⁴ sɯ⁴⁴	C	C	C	A	A	B	A	C	B
410	柳树 mɛ⁴⁴ na³¹	D	D	C	C	D	C	D	D	A
411	藤子 a⁴⁴ nɯ³¹	D	A	A	C	A	A	A	A	A
412	小米 khɯ⁴⁴ jo⁴⁴ to⁴⁴ mi⁴⁴	D	C	C	D	A	B	A	B	A
413	稗子 ko³¹ phlʌ⁵⁴	D	A	C	C	A	A	A	D	A
414	糠 pha⁵⁴ khɯ⁴⁴	C	A	A	A	A	A	A	A	A
415	衣襟 kɔ⁴⁴ tø³³ a⁴⁴ kho⁴⁴	D	B	C	C	A	B	D	C	A
416	扣眼儿 phjʌ³¹ nɔ⁴⁴	D	B	A	D	B	C	D	D	A
417	裤裆 to⁴⁴ jɔ⁴⁴	C	C	C	D	D	C	A	A	D
418	裹腿 khji³¹ pɛ⁴⁴	D	B	C	A	A	A	A	D	A
419	笸子 phi⁵⁴ tsɿ³¹	C	A	A	C	A	D	A	D	A	A
420	蓑衣 tʃhu⁴⁴ mu³¹	D	A	C	B	B	A	A	C	A
421	门框 ko³³ po³³	C	D	B	C	A	D	D	A	B	A
422	台阶 tsɛ⁴⁴ thʌ⁵⁴	D	A	A	A	A	A	A	C	A	A
423	镜子 plɔ³¹ ji³¹	A	A	A	A	A	A	A	A	A
424	火石 mi⁴⁴ tɯ⁴⁴ lo³¹ kha³¹	D	D	C	D	D	A	A	A	A
425	刀刃 mjʌ⁴⁴ so⁴⁴	C	B	B	C	A	A	A	B	A
426	锥子 tʃhœ³¹ tʃhø³³	D	D	C	D	D	D	A	C	D	A

427	锁 ka^{54} tʃɛ^{33}	C	D	D	D	D	B	C	D	D	A
428	钥匙 ka^{54} tʃɛ^{33} a^{44} tʃhø^{33}	C	D	D	D	D	D	C	D	D	A
429	马掌 khjɛ^{54} kho^{31}	D	C	D	D	D	D	D	D	B	A
430	牛轭 ua^{44} ta^{44}	D	C	D	D	A	C	A	D	B	A
431	牛鼻圈 nɔ^{44} vu^{44} a^{44} phi^{33}	D	D	D	C	B	A	A	A	A	A
432	猪食槽 lʌ^{44} khjɛ^{44}	A	C	C	C	A	A	A	A	A	A
433	凿子 tso^{44}	D	D	D	D	D	A	A	A	A	A
434	信 kho^{44} fa^{54}	D	D	D	D	A	D	D	A	A	A
435	弦 ti^{54} thʌ^{31}	C	D	C	C	C	C	C	D	A	A
436	妖精 tshʌ^{31} phlʌ^{54} lɔ^{44}	D	C	C	A	A	A	D	D	D	A
437	龙王 py^{44} xo^{44} a^{33} suɯ^{44}	D	C	C	A	A	A	A	A	A	A
438	阎王 phe^{31} mɔ^{33}	D	D	D	D	B	C	C	D	A	A
439	灵魂 a^{44} sa^{54} a^{33} ɬɔ^{44}	D	C	B	A	A	A	A	A	A	A
440	运气 a^{33} tho^{44}	D	D	D	C	A	C	D	D	D	A
441	力气 kʌ^{44} kho^{44}	C	B	C	A	A	A	A	A	A	A
442	记号 a^{44} mai^{44}	D	D	D	D	D	A	A	A	A	A
443	结子 a^{33} lu^{44}	D	C	A	A	A	B	A	D	A	A
444	影子 a^{44} ji^{31}	C	B	A	B	B	A	A	A	A	A
445	东 ŋjɯ^{31} to^{31} a^{44} pɔ^{44}	C	C	B	C	C	B	A	C	D	A
446	角落 a^{44} ly^{31}	A	C	A	C	A	B	A	A	A	A
447	黎明 nœ^{31} kja^{54}	D	B	A	A	B	A	B	A	A	A
448	窄 a^{44} tʃhe^{31}	C	B	A	D	A	A	A	A	A	A
449	空 a^{44} ŋjø^{54}	C	B	A	A	A	A	A	A	A	A
450	皱 a^{44} tʃu^{54}	A	D	C	C	A	A	A	A	A	A
451	横 khlʌ^{33} pi^{33}	D	B	C	C	A	A	A	B	A	A
452	迟 a^{44} la^{31}	C	A	A	C	A	A	A	A	A	A
453	粘 a^{44} ŋʌ^{44} a^{44} ŋja^{31}	A	C	B	A	A	A	A	A	A	A
454	(路)滑 a^{44} klʌ^{54}	C	A	A	A	A	A	A	A	A	A
455	容易 a^{44} ŋai^{44}	C	B	A	A	A	A	A	A	A	A
456	腻 lɛ^{33}	C	A	D	C	A	A	A	D	A	A
457	聪明 kja^{33} pjɤ^{54}	C	D	A	A	A	A	A	A	A	A
458	摆动 lɛ^{31}	D	B	D	C	A	A	C	A	A	A
459	猜 phjʌ^{31}	D	D	D	A	D	D	C	D	A	A

460	嘴(馋) ɬa³¹	D	D	C	A	A	A	C	D	B	A
461	打赌 pa³¹ ʃi³¹	D	C	D	C	A	A	C	A	A	A
462	打喷嚏 xa⁵⁴ tɕhi³¹ m³¹	C	A	D	A	B	A	A	A	B	A
463	发烧 ɬo⁴⁴	D	C	C	A	A	A	A	A	A	A
464	故意 tɛ⁴⁴ sɤ⁵⁴	C	A	A	C	A	A	A	A	A	A
465	怪(你) pø³³	A	C	A	A	C	A	A	A	A	A
466	怀疑 kjɔ³³ ŋɤ⁴⁴	D	D	C	C	A	B	A	A	A	A
467	锯(木) si³³	C	C	C	C	A	B	A	B	A	A
468	夸奖 pja³¹ mɯ⁴⁴	D	D	D	C	D	D	C	A	C	A
469	麻木 ti⁴⁴	D	C	C	C	C	A	A	A	B	A
470	拧(手巾) khlʌ³¹	A	A	A	A	B	A	A	A	A	A
471	骗(牛) tɔ⁴⁴	D	D	D	C	D	A	A	A	A	A
472	熟悉 tsœ⁵⁴	D	A	D	A	A	C	A	A	A	A
473	漱(口) tʃo³¹	A	C	B	A	A	A	A	A	A	A
474	撕 tʃhœ³¹ pha³¹	C	A	A	A	A	A	A	A	A	A
475	脱(白) ja⁵⁴	D	D	D	C	D	B	A	D	A	A
476	洗(脸) pho⁵⁴	A	A	A	A	A	A	A	A	A	A
477	响 sɔ³¹	A	C	A	**C**	A	A	A	A	A	A
478	削 sɤ³¹	C	A	A	B	A	A	A	A	A	A
479	有(钱) tʃa³¹	C	A	A	A	A	A	A	A	A	A
480	月蚀 pu⁴⁴ ɬɔ³³ po⁴⁴ tshœ⁵⁴	D	D	B	A	B	B	C	D	D	A
481	驼子 mʌ³¹ kho³³	D	B	A	C	B	A	A	A	A	A
482	独眼龙 mja³¹ lɯ⁵⁴	C	C	B	C	B	B	D	A	D	A
483	念鬼的调 ne⁴⁴ khjʌ³³	D	D	D	A	A	B	A	C	C	A
484	哭调 me³¹ khjʌ³³	A	B	D	C	D	A	A	A	B	A
485	弩 sɔ⁴⁴ lɯ⁴⁴	D	C	C	C	A	B	A	C	B	A
486	吃人的鬼 thɔ⁵⁴ tʃhɔ⁵⁴	C	C	A	A	A	A	A	A	D	A
487	圈套 a⁴⁴ nɔ⁴⁴ khjɛ³¹	D	D	A	C	D	A	A	C	A	A
488	捕鸟网 ŋa³¹ pa³¹	D	A	D	D	D	A	D	D	D	A
489	夹棍 sɛ⁴⁴ khlʌ⁴⁴	D	D	C	D	D	A	A	D	A	A
490	捕猴笼 xo³¹ pʌ⁴⁴	D	D	D	D	D	D	B	D	D	A
491	砍地 xjɔ³¹ mjɔ⁴⁴	A	D	C	A	A	C	A	A	A	A
492	举行砍地仪式 xjɔ³¹ tsø³³	D	D	C	B	A	A	C	A	A	D

493	年初节 kho⁵⁴ pi⁴⁴ tʌ⁵⁴ ɬo³³	D	D	D	D	D	C	D	D	D
494	祭火节 tsho⁵⁴ tho³¹	D	D	C	C	D	D	C	D	D	A
495	吃新米 a⁴⁴ ʃi⁵⁴ tsɔ⁴⁴	D	A	A	A	A	A	A	A	A	A
496	叫谷魂 ko³¹ lɔ³¹ khu³¹	C	C	C	A	A	A	D	A	A	
497	节日 a⁴⁴ tshœ³¹	D	D	C	D	C	A	C	D	A	A
498	塔 va³¹ tʃo³³	C	D	C	D	D	D	D	D	A	
499	男老大 ŋiɤ³¹ ʃo⁴⁴	A	B	A	C	A	B	A	C	A	A
500	男老二 ŋiɤ³¹ ko⁴⁴	C	C	A	C	A	A	A	A	A	A

四　调查日志

6月9日

中央民族大学"985"工程创新基地"基诺族语言使用情况课题组"成立。举行第一次课题组成员会议，布置课题任务，讨论计划，初步分工。

6月9日至27日

分别进行调查前的准备工作。包括：收集、复印已有的基诺族、基诺语研究成果；熟悉基诺族的基本情况；大致了解基诺语的特点；配备调查所需的仪器（电脑、摄像机、照相机、录音机等）；编写调查问卷和调查提纲。

6月30日

课题组一行九人抵达昆明。当日晚，云南大学文学院院长段炳昌教授、党委书记罗江文教授、中文系主任王卫东教授等与课题组成员举行座谈会，并设宴招待。

7月1日上午

课题组抵达西双版纳傣族自治州州府景洪市。西双版纳州民委办公室主任李成忠到机场迎接。中午，州民委主任岩香宰等领导向课题组一行介绍基诺山基诺乡扶贫综合开发情况。

下午，到新华书店购买有关基诺族的书籍、画册以及西双版纳地图。

7月2日

上午，课题组到达基诺山基诺乡，在乡招待所住下。

中午，副乡长陶篝旺、文教干事杨少华、乡长助理刘祖宏向课题组一行介绍全乡社会、经济发展和语言使用的基本情况，并代表全乡基诺族父老宴请课题组全体成员。

调查集市语言使用情况。

下午1:00，课题组徒步到距离乡政府1.3公里的巴朵组入户调查语言使用情况。

7月3日

课题组成员继续对巴朵组进行调查。巴朵组组长沙金寿、会计白腊先、出纳甘志林协助调查。

随机抽样调查乡政府干部、儿童、村民的语言使用情况。专访退休干部孙阿明、乡政府宣传干事张云。

到乡文化站了解基诺族和基诺乡的历史、文化、宗教、艺术等相关情况。

与基诺乡小学学生张婕妮等三人进行座谈。

7月4日

整理、核对巴朵组语言使用情况材料。

调查在基诺山打工、定居的外地人的语言使用情况。

调查吉卓餐厅、流连饭店、李胡饭店的语言使用情况。

7月5日

继续整理、核对巴朵组语言使用情况材料。

向沙金寿、白腊先调查基诺语的语音系统、汉语借词,着重记录汉语影响引起基诺语结构特点及表达功能的变化。

对甘志林等四人进行基诺语 2644 个词汇测试,语言能力测试工作由此展开。

专访基诺乡中心小学教师白友仙、基诺乡中学学生罗云霞。

对退休干部孙阿明进行补充调查。

7月6日

制定基诺语 500 词测试表。

对不同年龄段、不同职业的基诺人分头进行词汇测试。

7月7日

分头对不同年龄段的基诺人进行基诺语 500 词测试。

对族际婚姻家庭成员刘川云进行专访。

7月8日

到巴亚新寨入户调查该寨的语言使用情况。村长资周配合调查。

调查么羊组的语言使用情况,么羊完小教师雷伟泽协助调查。

到基诺乡小学与在该校集中开会的各村小学教师座谈。

到胡荣、布鲁则家庭举行的入新房喜宴上了解语言使用情况。还抽空对参加喜宴的其他村寨的基诺族进行 500 词测试。

7月9日

到巴坡寨入户调查语言使用情况。村长车切、会计阿三帮助组织调查工作。专访民间艺人白腊先。

调查后参观基诺山寨民俗风情区,基诺族研究专家杨荣全程陪同讲解。

部分成员到基诺乡民族小学调查小学教育情况。

调查洛科新寨和洛科大寨语言使用情况,洛科新寨完小教师毛建明协助调查。

7月10日

补充调查巴亚新寨的语言使用情况。会计先资、出纳白腊腰协助调查。

专访到基诺乡上门的四川女婿胡荣。

在路边调查来基诺乡赶集的石嘴一队村民的语言使用情况。

7月11日

入户调查茄玛村委会巴亚老寨、茄玛的语言使用情况。村委会主任切周、副主任罗文静、会计腰飘、村民子者协助调查。对不同年龄段的基诺族进行 500 词测试。

晚上,开会总结,讨论全书提纲。确定书名为《基诺族语言使用现状及其演变》,并初步确定各章的章节及内容。

7月12日

上午,根据户籍材料核对各村寨被调查人的姓名、年龄、文化程度等基本信息。

下午,测试基诺族儿童的普通话能力。补充调查基诺语受汉语影响的情况。

晚上,召开会议,分配写作任务。

7月13日

补充调查基诺语词汇。分析基诺语词汇与汉语词汇并存、并用的特点。

调查巴秀的语言使用情况,了解靠近橄榄坝地区的基诺族村寨的语言使用情况。巴秀小学教师李文秋协助调查,并对他进行专访。

调查曼哇老寨、生牛等地基诺族语言转用的情况。曼哇老寨村民李继伟协助调查,并对他进行基诺语500词测试。

7月14日

赴巴朵组入户调查外来人口基诺语的使用情况,并分别进行语言能力测试。

到中小学调查基诺族学生的中小学教育情况。

专访基诺乡副乡长陶箐旺。

记录基诺族说普通话的语音材料。

晚上,专访基诺族长老沙车。

7月15日

继续整理材料。

专访基诺乡前乡长纳培(现任景洪市提案法制文史委员会主任)。

整理基诺族说普通话的音系。

调查集市、医院的语言使用情况。

7月16日

按分工任务分头整理调查材料,开始正文部分的写作。

在集市上调查外来商贩掌握基诺语的情况。

7月17日

赴巴朵组进行基诺语的500词测试。到景洪市民宗局、州市两级教委收集相关材料。

7月18日

继续整理材料。调查基诺语中的汉语借词。

7月19日

继续整理材料。调查基诺语结构本体。

下午,调查巴来村巴昆组的语言使用情况,乡政府统计员张包资(巴昆人)协助工作。

7月20日

继续整理材料。基诺语结构本体调查。

7月21日

继续整理材料。基诺语结构本体调查。补充调查汉语对基诺语的影响。

7月22日

继续整理材料。基诺语结构本体调查。调查乡邮电所、信用社、派出所的语言使用情况。

7月23日

继续整理材料。基诺语结构本体调查。调查基诺乡乡机关单位基诺族家庭语言使用情况。

7月24日

继续整理材料。

测试沙车的孙子沙冬林的基诺语能力。

晚上,调查组设便宴感谢沙车长老、沙金寿组长等基诺人对调查工作的热情帮助。

7月25日

上午,离开基诺山,乘车抵达橄榄坝(勐罕镇)。镇武装部长岩龙、秘书岩温香介绍橄榄坝镇的基本情况。

下午,赴距离橄榄坝11公里的司土村委会的回鲁组进行入户调查。组长资泽、会计周白协助调查。返程途中遇大雨,车陷泥潭中。深夜11点回到橄榄坝。

凌晨1点开会,总结近一个月的调查工作,布置回京后的全书撰写工作。

7月26日

调查圆满结束。上午,从橄榄坝出发乘车到景洪,乘飞机回昆明。

中午,云南民族大学东南亚语言文化学院院长刘劲荣教授、院党委书记罗海麟设宴接待,交流调查收获。

下午,调查组部分成员离滇返京。

7月27日

下午,调查组成员全部离开昆明返京。

7月28日至8月10日

分工撰写的章节全部交齐。开始统稿。

8月14日

与商务印书馆商谈该书的出版事宜。确定该书由商务印书馆出版。

8月15日

在中国语言学会第13届学术研讨会上,课题组以《关于语言使用国情调查研究的几个问题——以基诺族语言使用个案调查研究为例》为题,向与会专家汇报了这次调查的主要收获。

8月16日至25日
 统稿。
8月26日至9月10日
 进一步修改全稿。
9月10日
 讨论如何提高全稿的质量和体例规范问题。
9月11日至13日
 进一步修改全稿。
9月14日
 定稿。

五　调查表及调查问卷选登

个人语言使用情况调查表（一）

受访人：布鲁则（户主的妻子）
调查对象：新司土村巴朵组腰布鲁一家及其主要亲戚
调查时间：2006年7月3日

		姓名	年龄	民族	籍贯	文化程度	第一语言及熟练程度	第二语言及熟练程度	备注
第一代	祖母	婆升	75	基诺	巴朵	文盲	基诺语，熟练	汉语，不会	
第二代	父亲	腰布鲁	56	基诺	巴朵	文盲	基诺语，熟练	汉语，不会	户主
	母亲	布鲁则	56	基诺	巴朵	小学	基诺语，熟练	汉语，不会	
第三代	儿子	布鲁资	29	基诺	巴朵	初中	基诺语，熟练	汉语，不会	
	儿媳	罕慧	30	爱尼人	澜沧	小学	爱尼话，熟练	汉语，熟练	基诺语一般，拉祜语略懂
	女儿	布鲁收	32	基诺	巴朵	初中	基诺语，熟练	汉语，不会	嫁给勐腊傣族
	女儿	布鲁蕾	26	基诺	巴朵	初中	基诺语，熟练	汉语，不会	嫁到内蒙古
第四代	孙女	资珍妮	2	基诺	巴朵				

个人语言使用情况调查表（二）

受访人：杰泽（户主）
调查对象：新司土村巴朵组杰泽一家及其主要亲戚
调查时间：2006年7月3日

		姓名	年龄	民族	籍贯	文化程度	第一语言及熟练程度	第二语言及熟练程度
第一代	祖父	布鲁杰	71	基诺	巴朵	文盲	基诺语,熟练	汉语,不会
	祖母	者机	70	基诺	巴朵	文盲	基诺语,熟练	汉语,不会
	外祖父	布鲁车	66	基诺	巴朵	文盲	基诺语,熟练	汉语,一般
第二代	父亲	杰泽	40	基诺	巴朵	小学	基诺语,熟练	汉语,熟练
	母亲	车机	42	基诺	巴朵	小学	基诺语,熟练	汉语,熟练
	父亲的弟弟	杰木拉	34	基诺	巴朵	小学	基诺语,熟练	汉语,熟练
	父亲的姐姐	杰妞	47	基诺	巴朵	小学	基诺语,熟练	汉语,熟练
	父亲的妹妹	杰飘	35	基诺	巴朵	小学	基诺语,熟练	汉语,熟练
	母亲的弟弟	车白	35	基诺	巴朵	小学	基诺语,熟练	汉语,熟练
	母亲的弟弟	车布鲁	30	基诺	巴朵	小学	基诺语,熟练	汉语,熟练
	母亲的妹妹	车妞	33	基诺	巴朵	小学	基诺语,熟练	汉语,熟练
第三代	儿子	泽腰	20	基诺	巴朵	初中	基诺语,熟练	汉语,熟练
	女儿	泽温	17	基诺	巴朵	初中	基诺语,熟练	汉语,熟练

个人语言使用情况调查表(三)

受访人:沙先(户主)

调查对象:茄玛村巴亚老寨沙先一家及其主要亲戚

调查时间:2006年7月4日

		姓名	年龄	民族	籍贯	文化程度	第一语言及熟练程度	第二语言及熟练程度	备注
第一代	祖父	你白	去世	基诺	巴亚老寨	文盲	基诺语,熟练	汉语,一般	
	祖母	白腊吕	去世	基诺	巴亚老寨	文盲	基诺语,熟练	汉语,不会	
	外祖父	沙包	去世	基诺	巴破	文盲	基诺语,熟练	汉语,熟练	
	外祖母	白腊微	去世	基诺	巴破	文盲	基诺语,熟练	汉语,一般	

第二代	父亲	沙先	54	基诺	巴亚老寨	初小	基诺语,熟练	汉语,熟练	
	母亲	包麦	56	基诺	巴破	小学	基诺语,熟练	汉语,熟练	
	父亲的姐姐	拾妹	60	基诺	巴亚老寨	初小	基诺语,熟练	汉语,熟练	嫁到本村
	父亲的妹妹	白腊都	48	基诺	巴亚老寨	高中	基诺语,熟练	汉语,熟练	丈夫是彝族
	母亲的哥哥	包车	65	基诺	巴破	初中	基诺语,熟练	汉语,熟练	
	母亲的弟弟	包周	51	基诺	巴破	小学	基诺语,熟练	汉语,熟练	
	母亲的妹妹	包则	53	基诺	巴破	文盲	基诺语,熟练	汉语,一般	
	母亲的弟弟	包吕	52	基诺	巴破	文盲	基诺语,熟练	汉语,略懂	
	母亲的妹妹	包机	49	基诺	巴破	小学	基诺语,熟练	汉语,熟练	
第三代	儿子	先资	30	基诺	巴亚老寨	大专	基诺语,熟练	汉语,熟练	
	儿子	先布鲁	30	基诺	巴亚老寨	大专	基诺语,熟练	汉语,熟练	普通话水平达一乙
	儿子	先者	27	基诺	巴亚老寨	大专	基诺语,熟练	汉语,熟练	普通话水平达一乙

家庭内部语言使用情况调查表(一)

调查对象:新司土村巴朵组小扫者、资麦家

(家庭成员包括:父亲小扫者、母亲资麦、儿子周白、儿媳周会琴、孙女周灵丽)

调查时间:2006年7月3日

交际双方		基诺语	汉语
长辈对晚辈	父母对儿子	√	
	爷爷奶奶对孙女	√	
	公婆对儿媳		√
晚辈对长辈	儿子对父母	√	
	孙女对爷爷奶奶	√	
	儿媳对公婆		√
	儿子与儿媳		√
同辈之间	父亲与母亲	√	
主人对客人	对基诺族客人	√	
	对哈尼族客人		√
	对基诺族干部	√	
	对汉族客人		√
	对基诺族老师	√	√
	对汉族老师		√
	对陌生人		√

家庭内部语言使用情况调查表(二)

调查对象:巴朵组布鲁先、切飘一家
(家庭成员包括:父亲布鲁先、母亲切飘、儿子先白、儿媳八妹、孙子包肖、包杰)
调查时间:2006年7月3日

交际双方		基诺语	汉语
长辈对晚辈	父母对儿子	√	
	爷爷奶奶对孙子	√	
晚辈对长辈	儿子对父母	√	
	孙子对爷爷奶奶	√	
同辈之间	父亲与母亲	√	
主人对客人	对基诺族客人	√	
	对基诺族干部	√	
	对汉族客人		√
	对基诺族老师	√	√
	对汉族老师		√
	对陌生人		√

基诺乡不同时期、不同场合语言使用情况调查表(一)

调查对象:沙车(原乡文化站站长,76岁,一直生活在基诺乡)
调查时间:2006年7月13日

交际场合	解放前 (1949年以前)	改革开放前 (1949—1978)	改革开放后 (1978年以后)
见面打招呼	基诺语	基诺语	基诺语、汉语
聊天	基诺语	基诺语	基诺语、汉语
生产劳动	基诺语	基诺语	基诺语
买卖	基诺语、傣语	基诺语	基诺语、汉语
看病	基诺语	基诺语、汉语	基诺语、汉语

开会	开场白	基诺语	基诺语、汉语	基诺语、汉语
	传达上级指示	基诺语	基诺语、汉语	汉语
	讨论、发言	基诺语	基诺语、汉语	基诺语、汉语
公务用语		基诺语	基诺语、汉语	基诺语、汉语
广播用语		无	基诺语、汉语	基诺语、汉语
学校	课堂用语	基诺语、汉语	汉语	汉语
	课外用语	基诺语	基诺语、汉语	基诺语、汉语
节日,集会		基诺语	基诺语	基诺语
婚嫁		基诺语	基诺语	基诺语
丧葬		基诺语	基诺语	基诺语

基诺乡巴朵组不同时期、不同场合语言使用情况调查表(二)

调查对象:沙金寿(46岁,新司土村巴朵组组长)

调查时间:2006年7月12日

	交际场合	改革开放前(1949—1978)	改革开放后(1978年以后)
	见面打招呼	基诺语	基诺语、汉语
	聊天	基诺语	基诺语、汉语
	生产劳动	基诺语	基诺语、汉语
	买卖	基诺语、汉语	基诺语、汉语
	看病	基诺语	基诺语、汉语
开会	开场白	基诺语	基诺语
	传达上级指示	汉语	汉语
	讨论、发言	基诺语、汉语	基诺语、汉语
公务用语		基诺语	基诺语、汉语
广播用语		基诺语	基诺语、汉语
学校	课堂用语	汉语	汉语
	课外用语	基诺语、汉语	基诺语、汉语
节日,集会		基诺语	基诺语、汉语
婚嫁		基诺语	基诺语
丧葬		基诺语	基诺语

基诺乡曼哇新寨不同时期、
不同场合语言使用情况调查表(三)

调查对象:李继伟(30多岁,茄玛村曼哇新寨人)
调查时间:2006年7月12日

交际场合		改革开放前(1949—1978)	改革开放后(1978年以后)
见面打招呼		汉语、基诺语	汉语
聊天		基诺语	汉语
生产劳动		基诺语	汉语
买卖		汉语	汉语
看病		基诺语	汉语
开会	开场白	基诺语	基诺语
	传达上级指示	汉语	汉语
	讨论、发言	汉语	汉语
公务用语		基诺语	汉语
广播用语		基诺语	基诺语、汉语
学校	课堂用语	汉语	汉语
	课外用语	汉语	汉语
节日,集会		基诺语	汉语
婚嫁		基诺语	基诺语
丧葬		基诺语	基诺语

基诺族语言观念调查问卷(一)

请在您所选答案前的拉丁字母下划横线。例如:"<u>A</u>"。

1. 您怎么看待基诺族掌握汉语文的作用?
   <u>A</u> 很有用　　　B 有些用　　　C 没有用

2. 您认为学好汉语的目的是:(按重要程度依次标出顺序,最重要的标"1",依次类推)
   A 找到好的工作,得到更多的收入(3)　　　B 升学的需要(1)
   C 便于与外族人交流(2)　　　D 了解汉族文化(4)

3. 您怎么看待基诺族掌握基诺语的作用?
   <u>A</u> 很有用　　　B 有些用　　　C 没有用

4. 您认为掌握基诺语的目的是什么?(按重要程度依次标出顺序,最重要的标"1",依次类推)
   A 找到好的工作,得到更多的收入(3)　　　B 便于与本族人交流(2)
   C 了解本族文化(1)

5. 您对基诺人都成为"基诺语—汉语"双语人的态度是什么?
   <u>A</u> 迫切希望　　　B 顺其自然　　　C 无所谓　　　D 不希望

6. 如果基诺人成为汉语单语人,您的态度是什么?
   A 迫切希望　　　B 顺其自然　　　C 无所谓　　　<u>D</u> 不希望

7. 如果有人在外地学习或工作几年后回到基诺山,不再说基诺语,您如何看待?
   A 可以理解　　　B 反感　　　C 听着别扭　　　<u>D</u> 不习惯　　　E 无所谓

8. 您希望子女最好会说什么语言?
   A 普通话　　　B 基诺语　　　C 当地汉语方言　　　<u>D</u> 普通话和基诺语　　　E 无所谓

9. 您愿意把子女送到什么学校学习?
   A 用汉语授课的学校　　　<u>B</u> 用汉语和英语授课的学校
   C 用汉语和基诺语授课的学校

10. 您希望本地广播站使用什么语言播音?
　　　A 基诺语　　　B 普通话　　　C 当地汉语方言　　　D 汉语和基诺语　　　E 无所谓

基诺族语言观念调查问卷(二)

请在您所选答案前的拉丁字母下划横线。例如:"A"。

1. 您怎么看待基诺族掌握汉语文的作用?
　　　A 很有用　　　B 有些用　　　C 没有用

2. 您认为学好汉语的目的是:(按重要程度依次标出顺序,最重要的标"1",依次类推)
　　　A 找到好的工作,得到更多的收入(4)　　　B 升学的需要(3)
　　　C 便于与外族人交流(1)　　　D 了解汉族文化(2)

3. 您怎么看待基诺族掌握基诺语的作用?
　　　A 很有用　　　B 有些用　　　C 没有用

4. 您认为掌握基诺语的目的是什么?(按重要程度依次标出顺序,最重要的标"1",依次类推)
　　　A 找到好的工作,得到更多的收入(3)　　　B 便于与本族人交流(1)
　　　C 了解本族文化(2)

5. 您对基诺人都成为"基诺语—汉语"双语人的态度是什么?
　　　A 迫切希望　　　B 顺其自然　　　C 无所谓　　　D 不希望

6. 如果基诺人成为汉语单语人,您的态度是什么?
　　　A 迫切希望　　　B 顺其自然　　　C 无所谓　　　D 不希望

7. 如果有人在外地学习或工作几年后回到基诺山,不再说基诺语,您如何看待?
　　　A 可以理解　　　B 反感　　　C 听着别扭　　　D 不习惯　　　E 无所谓

8. 您希望子女最好会说什么语言?
　　　A 普通话　　　B 基诺语　　　C 当地汉语方言　　　D 普通话和基诺语　　　E 无所谓

9. 您愿意把子女送到什么学校学习？
   A 用汉语授课的学校   B 用汉语和英语授课的学校
   C 用汉语和基诺语授课的学校

10. 您希望本地广播站使用什么语言播音？
    A 基诺语   B 普通话   C 当地汉语方言   D 汉语和基诺语   E 无所谓

基诺族语言观念调查问卷（三）

请在您所选答案前的拉丁字母下划横线。例如："A"。

1. 您怎么看待基诺族掌握汉语文的作用？
   A 很有用   B 有些用   C 没有用

2. 您认为学好汉语的目的是：（按重要程度依次标出顺序，最重要的标"1"，依次类推）
   A 找到好的工作，得到更多的收入（4）   B 升学的需要（3）
   C 便于与外族人交流（1）   D 了解汉族文化（2）

3. 您怎么看待基诺族掌握基诺语的作用？
   A 很有用   B 有些用   C 没有用

4. 您认为掌握基诺语的目的是什么？（按重要程度依次标出顺序，最重要的标"1"，依次类推）
   A 找到好的工作，得到更多的收入（3）   B 便于与本族人交流（1）
   C 了解本族文化（2）

5. 您对基诺人都成为"基诺语—汉语"双语人的态度是什么？
   A 迫切希望   B 顺其自然   C 无所谓   D 不希望

6. 如果基诺人成为汉语单语人，您的态度是什么？
   A 迫切希望   B 顺其自然   C 无所谓   D 不希望

7. 如果有人在外地学习或工作几年后回到基诺山，不再说基诺语，您如何看待？
   A 可以理解   B 反感   C 听着别扭   D 不习惯   E 无所谓

8. 您希望子女最好会说什么语言?
    A 普通话   B 基诺语   C 当地汉语方言   D 普通话和基诺语   E 无所谓

9. 您愿意把子女送到什么学校学习?
    A 用汉语授课的学校   B 用汉语和英语授课的学校   C 用汉语和基诺语授课的学校

10. 您希望本地广播站使用什么语言播音?
    A 基诺语   B 普通话   C 当地汉语方言   D 汉语和基诺语   E 无所谓

六 照片

1. 基诺乡乡政府所在地俯瞰

2. 调查组成员在基诺乡太阳广场合影留念

3. 基诺乡中心小学教学楼

4. 基诺乡民族中学教学楼

5. 过上幸福生活的基诺族老乡

6. 基诺人开上了自家的汽车

7. 巴亚新寨基诺族老人在编织采茶箩筐

8. 快乐的基诺族少年儿童

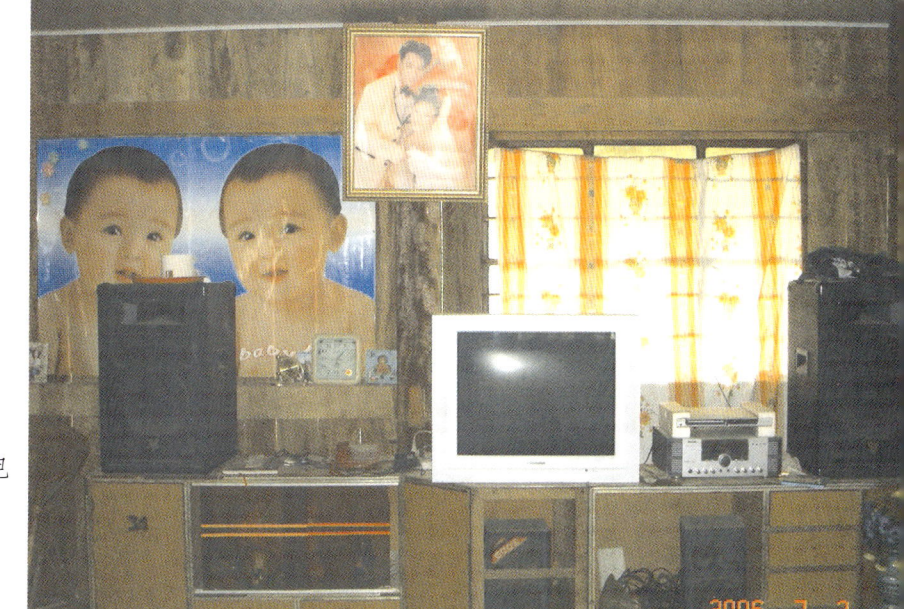

9. 家家都用上了彩电和电话

10. 巴亚新寨村口一家聚会时停放的摩托车

11. 昔日住家下层的牛圈、鸡圈，如今已成了停放摩托车、拖拉机的车库

12. 基诺族妇女在织布

13. 基诺人传统民居

14. 基诺族新居

15. 基诺人经营的橡胶林和茶园

16. 不会说汉语的基诺族老人

17. 幸福的基诺人（胡锦涛主席2006年5月15日曾到该户看望 左四为该户主人）

18. 村委会主任、书记带领课题组成员到示范村茄玛寨考察

19. 在巴亚老寨测试基诺族青年基诺语能力

20. 了解巴破组社会经济文化情况

21. 调查巴朵组基诺语使用情况

22. 调查基诺族小学教师的基诺语能力

23. 访谈基诺族民间艺人白腊先

24. 调查基诺族中学生基诺语能力

25. 测试基诺族中学生的普通话水平

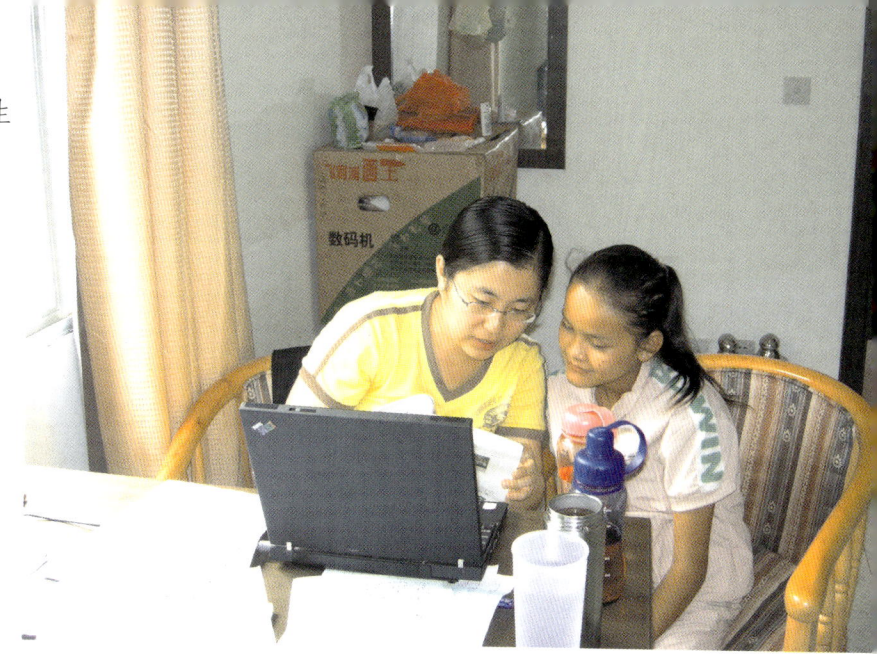

26. 测试外来哈尼族媳妇的基诺语能力

27. 调查在乡政府长大的基诺族中学生的基诺语水平

28. 戴庆厦教授与沙车长老20年后喜相逢

29. 向几位外来媳妇(左一佤族,左二、左三哈尼族爱尼人)调查族际婚姻家庭语言使用情况

30. 在巴亚老寨路边小卖部调查商店语言使用情况

参考文献

1. 戴庆厦 1994《语言与民族》,中央民族大学出版社。
2. 戴庆厦 2004《社会语言学概论》,商务印书馆。
3. 刀瑞廷主编 2006《透视:站在历史与现实的交汇点上——西双版纳傣族教育发展战略研究报告》,云南美术出版社。
4. 杜玉亭 1985《基诺族简史》,云南人民出版社。
5. 盖兴之 1986《基诺语简志》,民族出版社。
6. 国家民委问题五种丛书编辑委员会《中国少数民族》编写组 1984《中国少数民族》,人民出版社。
7. 基诺山基诺族乡材料《民族"直过区"社会经济发展情况》(内部资料)。
8. 云南民族村寨调查基诺族调查组 2001《基诺族——景洪基诺山基诺族乡》,云南大学出版社。
9. 中国大百科全书总编辑委员会《民族》编辑委员会 1986《中国大百科全书》(民族卷),中国大百科全书出版社。
10. 中国大百科全书总编辑委员会《语言文字》编辑委员会 1988《中国大百科全书》(语言文字卷),中国大百科全书出版社。
11. 中国社会科学院民族研究所、国家民族事务委员会文化宣传司主编 1994《中国少数民族语言使用情况》,中国藏学出版社。
12. 西双版纳傣族自治州民族宗教局材料《景洪市基诺山基诺族扶贫综合开发情况》(内部资料)。

后 记

1986年9月,我带了两名最早的硕士研究生傅爱兰、刘菊黄到基诺山调查我们所陌生的一种新语言——基诺语。当时只知道基诺语使用人口少,说这个语言的民族在新中国建立之前还处于原始社会末期的农村公社阶段,保留母系氏族公社的遗迹。这次调查,主要是语言本体的调查,调查记录了基诺语的语音、词汇、语法,还做了一些语言使用方面的调查,大致了解了基诺语的使用情况。可惜的是,这些材料除了写了一篇短文《普及教育、开放经济是双语发展的重要因素——基诺山双语现象调查》发表在《民族团结》(1987年第3期)以外,均没有公开发表。

记得当年我们住在乡政府的破旧办公室里,每天自己做饭吃。村寨的交通也不方便,得徒步到村寨做调查。幸好我们遇到了在文化站工作的沙车先生,他一直陪伴我们工作,成为我们获取基诺语语料的主要合作者。现被誉为基诺族长老的沙车先生,他的基诺语水平很高,而且有丰富的基诺族文化、习俗等各方面的知识。我们记录的基诺语语料,主要是以他的口语为依据的。

20年弹指一挥间。到了2006年,适逢中央民族大学985工程中国少数民族语言文化教育与边疆史地研究基地建立,我又萌生了调查基诺语的念头。回忆起20年前的调查,我们看到了基诺人在新中国建立后不长的时间里,实现了由单语到双语(基诺语-汉语)的双语类型转变。当时对这种现象进行了一些理论思索,但来不及做深入的调查。20年后的今天,基诺族的语言又有什么变化?在经济大潮的冲击下,在与强势语言的接触中,还能不能稳定地保持母语的使用?如果能,又是什么因素在起作用?这些有意义的的问题一直在我脑中打转,促使我有了再上一次基诺山做基诺语调查的决心。

2006年6月底,我们还等不及学校放暑假就启程前往基诺山了。这次调查,我一共带了7个人(在站博士后1人、博士1人、在读博士生5人),是我几十年语言田野调查中人数最多的一次。我们的目的是通过这次调查,能够从微观上获取基诺族语言使用的第一手材料,为我国少数民族语言使用的国情调查增添一份可靠的、有说服力的文献材料。虽然现在的调查条件比过去好了许多,人也多些,但任务繁重,要在一个月之内获取基诺族语言使用的情况,包括其历史演变、语言结构的变化,是有相当难度的。但决心已下,无论如何必须完成任务。

一到美丽的西双版纳基诺山,大家都顾不上去欣赏向往已久的景致,主动开始了入寨调查。一个寨一个寨的逐人调查,一个个人的真情访谈,不同对象的语言能力测试,还有录音、拍照等一系列相关的工作,把大家忙得不可开交。我们白天进寨调查,夜晚整理材料、统计数据,除了吃饭睡觉以外,日夜都在工作,连房间里的电视都没时间打开看。全体课题组成员齐心协力,互相支持,互相帮助,共同为完成课题任务而努力地工作。令我高兴的是,这次调查成果都是我们自己亲自调查的,有着我们自己的汗水和愿望。对每个统计数据,每个例证,大家都感到亲切、可及。

这次调查虽然很辛苦,但还比较顺利。几次巧遇也说明"天助我成"。我们一到西双版纳自治州,州民族宗教局办公室主任打电话给基诺乡文教助理杨少华,请他接待我们,见面后才知他就是我 20 年前的一个基诺语发音合作人。第二天杨助理给我们找来了另一个发音合作人,见面一聊又知他竟然是我 20 年前发音合作人沙车的儿子,现为巴朵村村长沙金寿。沙村长又像当年他父亲一样尽力帮助我们工作。

过去的 50 年,我做过无数次的田野调查,对田野调查有着无穷回味的感情。记得一次有人专访我,问我过去几十年中最高兴的事是什么,我不假思索地脱口而出:"做语言田野调查。"田野调查使人得真知,使人知道生活的真谛。过去的学生,做过田野调查的和不做田野调查的大不一样。做过田野调查的,与语言的实际就更接近一些,真正懂得语言是什么,怎样才能认识语言;做过田野调查的,才能具有民族感情、群众感情。田野调查是培养青年学生的好课堂。过去的学生,不管是本科生、硕士生,还是博士生,每经过一次田野调查,他们不仅在业务上,而且在思想素质上都会有很大的提高。

完成这本书稿是不易的,这当中既有着课题组成员的共同努力,又有各方面的帮助和支持。我们要衷心感谢基诺山的父老乡亲、兄弟姐妹热情、无私的帮助。几乎我们遇到的每一个基诺人——不论是普通群众,还是各级领导;是相识的,还是不相识的;不论是农民,还是教师,当我们问及基诺族的情况,他们都会像老朋友一样热情地回答。当我们给他们少量的补贴时,几乎都在推辞,有的说:"你们在为基诺族做事,我们拿了报酬实在于心不忍。"多么感人的话呀!我心中不由自主地迸发出"基诺山真是个礼仪之乡"的感慨。协助我们做好这次调查的人很多,比如沙车老先生和他的儿子沙金寿,基诺乡副乡长陶篝旺、乡政府宣传干事刘祖宏、文教助理杨少华、秘书王玲等,还有各村寨的干部,以及接受我们调查的各方面人士,我们在这里都一并表示对他们的衷心感谢。

这次调查多亏有了 1986 年我与傅爱兰、刘菊黄调查的底本。当我在调查中不断翻阅、参考、使用当年的材料时,她俩的笔迹以及数次核对记录稿的字样,不禁引起我对她们的深深思念。如今,傅爱兰在北京师范大学担任教授、博士生导师,并担任北京师范大学珠海分校常务副校长,刘菊黄在加拿大做电脑工作。当年她俩才 20 岁出头,如今已过不惑之年。我要把这次调查的收获以及基诺山的变化告诉她俩,让她俩也分享我们的喜悦。

我们愿意把此书献给朴实、尚进的基诺人,愿他们在现代化进程中飞得更高!

戴 庆 厦

2006 年 7 月 25 日

于基诺山茶乡宾馆